Visuelles Wörterbuch
NIEDERLÄNDISCH – DEUTSCH

Visuelles Wörterbuch

NIEDERLÄNDISCH – DEUTSCH

coventgarden

coventgarden

Lektorat Simon Tuite
Bildredaktion Vicky Short
Herstellung Phil Sergeant, Rita Sinha
Cheflektorat Julie Oughton
Chefbildlektorat Louise Dick
Art Director Bryn Walls
Programmleitung Liz Wheeler, Jonathan Metcalf

Design für DK WaltonCreative.com
Bildbetreuung Colin Walton, Tracy Musson
Gestaltung Peter Radcliffe, Earl Neish, Ann Cannings
Bildrecherche Marissa Keating

Für die deutsche Ausgabe:
Programmleitung Monika Schlitzer
Projektbetreuung Florian Bucher
Herstellungsleitung Dorothee Whittaker
Herstellung Beate Fellner

Bibliografische Information Der Deutschen Bibliothek
Die Deutsche Bibliothek verzeichnet diese Publikation in der
Deutschen Nationalbibliografie;
detaillierte bibliografische Daten sind im Internet
über http://dnb.ddb.de abrufbar.

© Dorling Kindersley Limited, London, 2005, 2010
Ein Unternehmen der Penguin Random House Group

© dieser Ausgabe by
Dorling Kindersley Verlag GmbH, München, 2010
Alle deutschsprachigen Rechte vorbehalten

Übersetzung Koert Braches
Bearbeitung Asterisk*, redactie & productie, Amsterdam

ISBN 978-3-8310-9094-5

Colour reproduction by Colourscan, Singapore
Printed and bound by TBB in Slovakia

Besuchen Sie uns im Internet
www.dorlingkindersley.de

inhoud
Inhalt

42
de gezondheid
die Gesundheit

146
uit eten
auswärts essen

252
de vrije tijd
die Freizeit

over het woordenboek
über das Wörterbuch

hoe wordt dit boek gebruikt
die Benutzung des Buchs

de mensen
die Menschen

het uiterlijk
die äußere Erscheinung

het huis
das Haus

de diensten
die Dienstleistungen

de boodschappen/ het winkelen
der Einkauf

de levensmiddelen
die Nahrungsmittel

de studie
das Lernen

het werk
die Arbeit

het verkeer
der Verkehr

de sport
der Sport

de wereld om ons heen
die Umwelt

de informatie
die Information

register
Register

dankwoord
Dank

INHOUD • INHALT

de mensen • die Menschen

het lichaam | der Körper	12
het gezicht | das Gesicht	14
de hand | die Hand	15
de voet | der Fuß	15
de spieren | die Muskeln	16
het skelet | das Skelett	17
de inwendige organen die inneren Organe	18
de voortplantingsorganen die Fortpflanzungsorgane	20
de familie | die Familie	22
de relaties | die Beziehungen	24
de gevoelens, de emoties die Gefühle	25
de gebeurtenissen in het leven die Ereignisse des Lebens	26

het uiterlijk • die äußere Erscheinung

de kinderkleding die Kinderkleidung	30
de herenkleding die Herrenkleidung	32
de dameskleding die Damenkleidung	34
de accessoires | die Accessoires	36
het haar | das Haar	38
de schoonheid | die Schönheit	40

de gezondheid • die Gesundheit

de ziekte | die Krankheit	44
de dokter, de arts | der Arzt	45
de verwonding | die Verletzung	46
de eerste hulp | die erste Hilfe	47
het ziekenhuis das Krankenhaus	48
de tandarts | der Zahnarzt	50
de opticien | der Augenoptiker	51
de zwangerschap die Schwangerschaft	52
de geboorte | die Geburt	53
de alternatieve geneeswijzen die Alternativtherapien	54

het huis • das Haus

het huis | das Haus	58
de technische voorzieningen die Hausanschlüsse	60
de woonkamer das Wohnzimmer	62
de eetkamer | das Esszimmer	64
de keuken | die Küche	66
het kookgerei | die Küchengeräte	68
de slaapkamer das Schlafzimmer	70
de badkamer l das Badezimmer	72
de kinderkamer das Kinderzimmer	74
de waskamer der Haushaltsraum	76
de hobbykamer die Heimwerkstatt	78
de gereedschapskist der Werkzeugkasten	80
renoveren | Renovieren	82
de tuin | der Garten	84
de tuinplanten die Gartenpflanzen	86
de tuingereedschappen die Gartengeräte	88
het tuinieren | die Gartenarbeit	90

de diensten • die Dienstleistungen

de nooddiensten die Notdienste	94
de bank | die Bank	96

de communicatie die Kommunikation	98
het hotel | das Hotel	100

de boodschappen/ het winkelen • der Einkauf

het winkelcentrum das Einkaufszentrum	104
het warenhuis l das Kaufhaus	105
de supermarkt l der Supermarkt	106
de apotheek | die Apotheke	108
de bloemist das Blumengeschäft	110
de tijdschriftenwinkel der Zeitungshändler	112
de snoepwinkel | der Konditor	113
andere winkels andere Geschäfte	114

de levensmiddelen • die Nahrungsmittel

het vlees | das Fleisch	118
de vis | der Fisch	120
de groenten | das Gemüse	122
het fruit | das Obst	126
de granen en de peulvruchten die Getreidearten und die Hülsenfrüchte	130
de kruiden en specerijen die Kräuter und Gewürze	132
de levensmiddelen in flessen die Nahrungsmittel in Flaschen	134
de zuivel | die Milchprodukte	136
het brood en het meel das Brot und das Mehl	138
het gebak, de taart en de nagerechten die Kuchen und die Nachspeisen	140
de delicatessen | die Feinkost	142
de dranken | die Getränke	144

nederlands • deutsch

INHOUD • INHALT

uit eten •
auswärts essen

het café	das Café	148
de bar	die Bar	150
het restaurant	das Restaurant	152
de snackbar	der Schnellimbiss	154
het ontbijt	das Frühstück	156
de hoofdmaaltijd die Hauptmahlzeit		158

de studie •
das Lernen

de school	die Schule	162
de wiskunde	die Mathematik	164
de natuurwetenschappen die Naturwissenschaften		166
de hogeschool/de universiteit die Hochschule		168

het werk • die Arbeit

het kantoor	das Büro	172
de computer	der Computer	176
de media	die Medien	178
het recht	das Recht	180
de boerderij	der Bauernhof	182
de bouw	der Bau	186
de beroepen	die Berufe	188

het verkeer •
der Verkehr

de wegen	die Straßen	194
de bus	der Bus	196
de auto	das Auto	198
de motorfiets	das Motorrad	204
de fiets	das Fahrrad	206
de trein	der Zug	208
het vliegtuig	das Flugzeug	210
het vliegveld	der Flughafen	212
het schip	das Schiff	214
de haven	der Hafen	216

de sport • der Sport

het Amerikaans football der Football		220
het rugby	das Rugby	221
het voetbal	der Fußball	222
het hockey	das Hockey	224
het cricket	das Kricket	225
het basketbal	der Basketball	226
het honkbal	der Baseball	228
het tennis	das Tennis	230
het golf	das Golf	232
de atletiek	die Leichtathletik	234
de vechtsport	der Kampfsport	236
de zwemsport der Schwimmsport		238
de zeilsport	der Segelsport	240
de paardensport	der Reitsport	242
het sportvissen	der Angelsport	244
de skisport	der Skisport	246
de andere sporten die anderen Sportarten		248
de fitness	die Fitness	250

de vrije tijd • die Freizeit

het theater	das Theater	254
het orkest	das Orchester	256
het concert	das Konzert	258
het toerisme die Besichtigungstour		260
de buitenactiviteiten die Aktivitäten im Freien		262
het strand	der Strand	264
de camping	das Camping	266
de consumentenelektronica die Unterhaltungselektronik		268
de fotografie	die Fotografie	270
de spelen	die Spiele	272
de kunstnijverheid das Kunsthandwerk		274

de wereld om ons heen • die Umwelt

de ruimte	der Weltraum	280
de aarde	die Erde	282
het landschap	die Landschaft	284
het weer	das Wetter	286
het gesteente	das Gestein	288
de mineralen	die Mineralien	289
de dieren	die Tiere	290
de planten	die Pflanzen	296
de stad	die Stadt	298
de architectuur	die Architektur	300

de informatie • die Information

de tijd	die Uhrzeit	304
de kalender	der Kalender	306
de getallen	die Zahlen	308
de maten en gewichten die Maße und Gewichte		310
de wereldkaart	die Weltkarte	312
voorzetsels en bijvoeglijk naamwoorden Partikeln und Antonyme		320
handige woorden en zinnen praktische Redewendungen		322

nederlands • deutsch

over het woordenboek

Afbeeldingen kunnen een hulpmiddel zijn om informatie te begrijpen en te onthouden. Dit tweetalige woordenboek bevat veel afbeeldingen en daarnaast een schat aan actueel woordgebruik in twee Europese talen.

Het woordenboek is thematisch geordend en gaat uitgebreid in op de meeste thema's uit het alledaagse leven van nu: restaurant en fitnesscenter, thuis en werk en zelfs het dierenrijk en de ruimte. Verder bevat het woorden en zinnen die in gesprekken kunnen worden gebruikt en die een uitbreiding vormen op de woordenschat.

Dit is een belangrijk naslagwerk voor iedereen die geïnteresseerd is in talen – het is praktisch, stimulerend en gemakkelijk in het gebruik.

Enkele opmerkingen

De twee talen staan altijd in de zelfde volgorde: Nederlands en Duits.

Zelfstandig naamwoorden worden genoemd met hun lidwoord, waaruit blijkt of een woord mannelijk, vrouwelijk of onzijdig is en die aangeven of het om een enkelvoud of een meervoud gaat:

het zaad **de amandelen**
der Samen   die Mandeln

De werkwoorden zijn niet voorzien van verdere kenmerken:

oogsten
ernten

Aan het einde van het boek is een register opgenomen voor beide talen. U kunt daarin woorden opzoeken en bekijken op de betreffende pagina. Het geslacht is als volgt aangeduid:

m = mannelijk
v = vrouwelijk
o = onzijdig

über das Wörterbuch

Bilder helfen erwiesenermaßen, Informationen zu verstehen und zu behalten. Dieses zweisprachige Wörterbuch enthält eine Fülle von Illustrationen und präsentiert gleichzeitig ein umfangreiches aktuelles Vokabular in zwei europäischen Sprachen.

Das Wörterbuch ist thematisch gegliedert und behandelt eingehend die meisten Bereiche des heutigen Alltags, vom Restaurant und Fitnesscenter, Heim und Arbeitsplatz bis zum Tierreich und Weltraum. Es enthält außerdem Wörter und Redewendungen, die für die Unterhaltung nützlich sind und das Vokabular erweitern.

Dies ist ein wichtiges Nachschlagewerk für jeden, der sich für Sprachen interessiert – es ist praktisch, anregend und leicht zu benutzen.

Einige Anmerkungen

Die zwei Sprachen werden immer in der gleichen Reihenfolge aufgeführt – Niederländisch und Deutsch.

Substantive werden mit den bestimmten Artikeln, die das Geschlecht (Maskulinum, Femininum oder Neutrum) und den Numerus (Singular oder Plural) ausdrücken, angegeben, zum Beispiel:

het zaad **de amandelen**
der Samen   die Mandeln

Die Verben haben keine weitere Kennzeichnung:

oogsten
ernten

Am Ende des Buchs befinden sich Register für jede Sprache. Sie können dort ein Wort in einer der zwei Sprachen und die jeweilige Seitenzahl nachsehen. Die Geschlechtsangabe erfolgt mit folgenden Abkürzungen:

m = Maskulinum
f = Femininum
n = Neutrum

hoe dit boek wordt gebruikt

Ongeacht of u een taal leert voor zakelijke doeleinden, voor uw plezier of als voorbereiding op een buitenlandse reis, of omdat u van een taal die u al kent uw woordenschat wilt uitbreiden, dit woordenboek is een nuttig hulpmiddel dat u op vele manieren kunt gebruiken. Wanneer u een nieuwe taal leert, let u op woorden die in de verschillende talen op elkaar lijken en op 'valse vrienden' (woorden die wel op elkaar lijken, maar een heel andere betekenis hebben).

Praktische oefeningen
• Probeer of u zich thuis, op uw werk of tijdens uw studie de pagina's kunt inprenten die over uw omgeving gaan. Doe het boek dan dicht en controleer hoeveel voorwerpen u in de andere taal kunt noemen.
• Schrijf een verhaal, een brief of een dialoog waarin u zo veel mogelijk begrippen en uitdrukkingen van een bepaalde pagina van het woordenboek gebruikt. Dit is een goede manier om de woorden en hun schrijfwijze te onthouden. U kunt beginnen met korte zinnen van twee of drie woorden en dan stapje voor stapje langere zinnen en langere teksten gaan schrijven.
• Als u een fotografisch geheugen heeft, kunt u voorwerpen uit het boek overtekenen of overtrekken, het boek dichtdoen en onder uw tekeningen de juiste woorden zetten.
• Als u al wat meer vertrouwen heeft in uw taalvaardigheid, kunt u woorden opzoeken in het register van de vreemde taal, de betekenis opschrijven en dan ter controle op de bijbehorende pagina kijken.

die Benutzung des Buchs

Ganz gleich, ob Sie eine Sprache aus Geschäftsgründen, zum Vergnügen oder als Vorbereitung für einen Auslandsurlaub lernen, oder Ihr Vokabular in einer Ihnen bereits vertrauten Sprache erweitern möchten, dieses Wörterbuch ist ein wertvolles Lernmittel, das Sie auf vielfältige Art und Weise benutzen können.
    Wenn Sie eine neue Sprache lernen, achten Sie auf Wörter, die in verschiedenen Sprachen ähnlich sind sowie auf falsche Freunde (Wörter, die ähnlich aussehen aber wesentlich andere Bedeutungen haben).

Praktische Übungen
• Versuchen Sie sich zu Hause, am Arbeits- oder Studienplatz den Inhalt der Seiten einzuprägen, die Ihre Umgebung behandeln. Schließen Sie dann das Buch und prüfen Sie, wie viele Gegenstände Sie in der anderen Sprache sagen können.
• Schreiben Sie eine Geschichte, einen Brief oder Dialog und benutzen Sie dabei möglichst viele Ausdrücke von einer bestimmten Seite des Wörterbuchs. Dies ist eine gute Methode, sich das Vokabular und die Schreibweise einzuprägen. Sie können mit kurzen Sätzen von zwei bis drei Worten anfangen und dann nach und nach längere Texte schreiben.
• Wenn Sie ein visuelles Gedächtnis haben, können Sie Gegenstände aus dem Buch abzeichnen oder abpausen. Schließen Sie dann das Buch und schreiben Sie die passenden Wörter unter die Bilder.
• Wenn Sie mehr Sicherheit haben, können Sie Wörter aus einem der Fremdsprachenregister aussuchen und deren Bedeutung aufschreiben, bevor Sie auf der entsprechenden Seite nachsehen.

nederlands • deutsch

de mensen
die Menschen

DE MENSEN • DIE MENSCHEN

het lichaam • der Körper

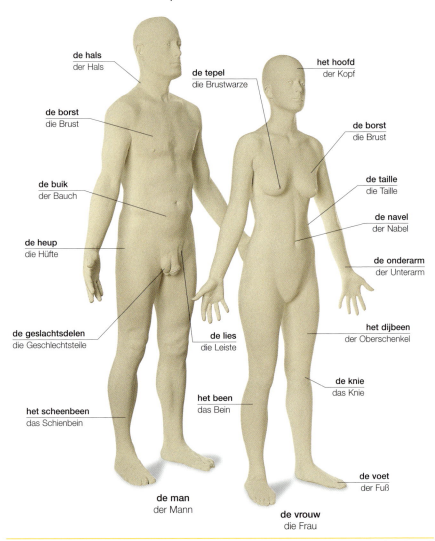

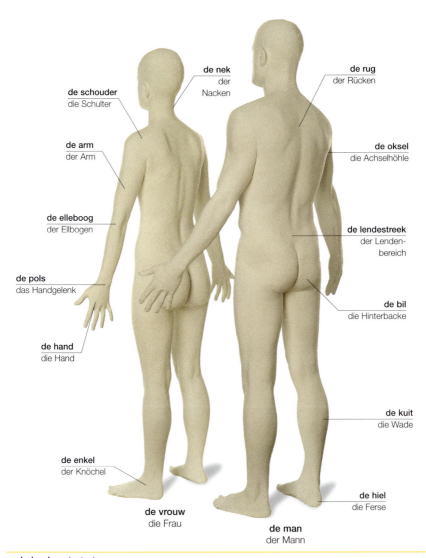

DE MENSEN • DIE MENSCHEN

het gezicht • das Gesicht

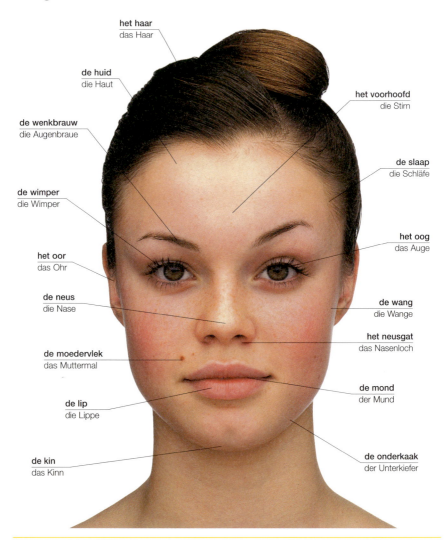

DE MENSEN • DIE MENSCHEN

de rimpel
die Falte

de zomersproet
die Sommersprosse

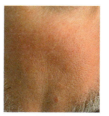

de porie
die Pore

het kuiltje
das Grübchen

de hand • die Hand

- **de ringvinger** — der Ringfinger
- **de middelvinger** — der Mittelfinger
- **de wijsvinger** — der Zeigefinger
- **de pink** — der kleine Finger
- **de duim** — der Daumen
- **de pols** — das Handgelenk
- **de handpalm** — die Handfläche
- **de vingernagel** — der Fingernagel
- **de nagelriem** — die Nagelhaut
- **de knokkel** — der Handknöchel
- **de vuist** — die Faust

de voet • der Fuß

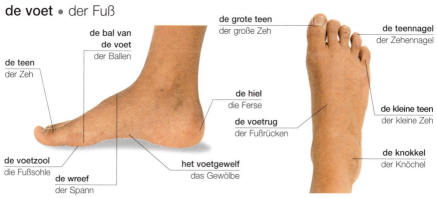

- **de bal van de voet** — der Ballen
- **de grote teen** — der große Zeh
- **de teennagel** — der Zehennagel
- **de teen** — der Zeh
- **de hiel** — die Ferse
- **de voetrug** — der Fußrücken
- **de kleine teen** — der kleine Zeh
- **de voetzool** — die Fußsohle
- **de wreef** — der Spann
- **het voetgewelf** — das Gewölbe
- **de knokkel** — der Knöchel

nederlands • deutsch

DE MENSEN • DIE MENSCHEN

de spieren • die Muskeln

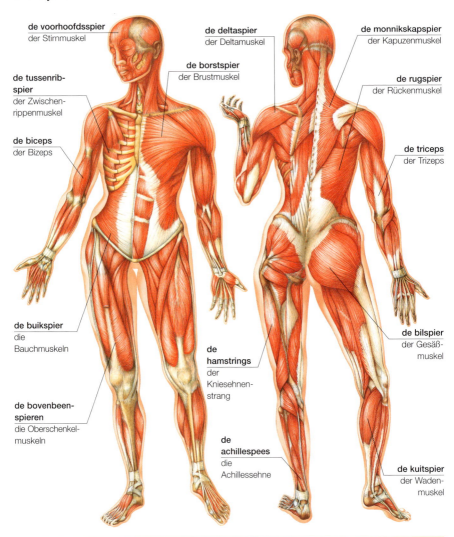

nederlands • deutsch

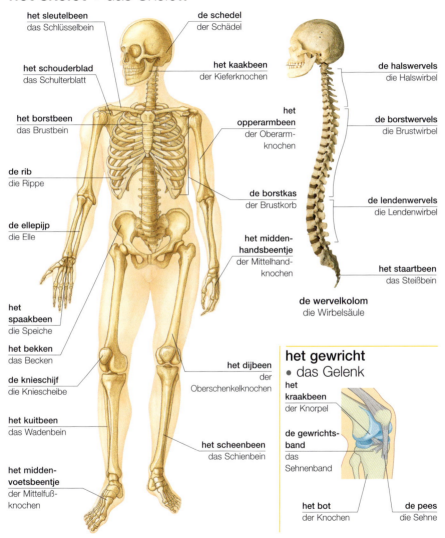

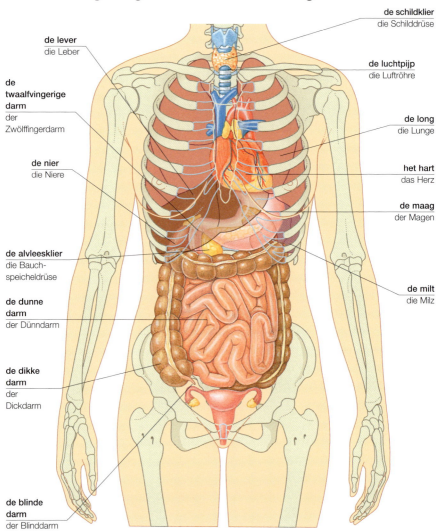

DE MENSEN • DIE MENSCHEN

de inwendige organen • die inneren Organe

nederlands • deutsch

DE MENSEN • DIE MENSCHEN

het hoofd • der Kopf

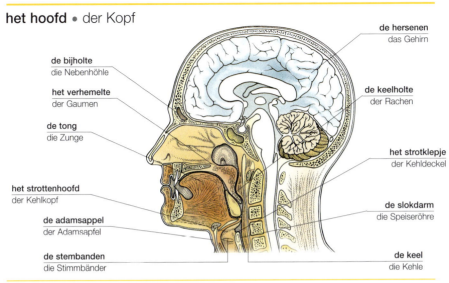

- de hersenen / das Gehirn
- de bijholte / die Nebenhöhle
- het verhemelte / der Gaumen
- de tong / die Zunge
- de keelholte / der Rachen
- het strotklepje / der Kehldeckel
- het strottenhoofd / der Kehlkopf
- de adamsappel / der Adamsapfel
- de slokdarm / die Speiseröhre
- de stembanden / die Stimmbänder
- de keel / die Kehle

de lichaamsstelsels • die Körpersysteme

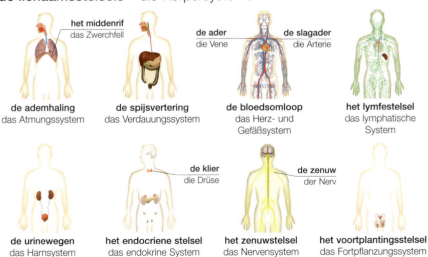

- het middenrif / das Zwerchfell
- de ademhaling / das Atmungssystem
- de spijsvertering / das Verdauungssystem
- de ader / die Vene
- de slagader / die Arterie
- de bloedsomloop / das Herz- und Gefäßsystem
- het lymfestelsel / das lymphatische System
- de urinewegen / das Harnsystem
- de klier / die Drüse
- het endocriene stelsel / das endokrine System
- de zenuw / der Nerv
- het zenuwstelsel / das Nervensystem
- het voortplantingsstelsel / das Fortpflanzungssystem

nederlands • deutsch

DE MENSEN • DIE MENSCHEN

de voortplantingsorganen • die Fortpflanzungsorgane

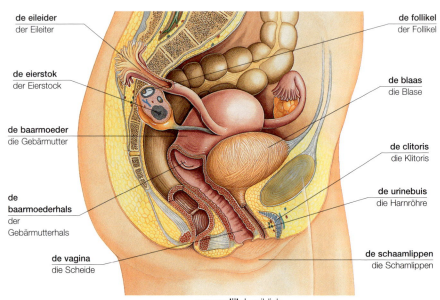

| de eileider | de follikel |
| der Eileiter | der Follikel |

de eierstok — der Eierstock

de baarmoeder — die Gebärmutter

de baarmoederhals — der Gebärmutterhals

de vagina — die Scheide

de blaas — die Blase

de clitoris — die Klitoris

de urinebuis — die Harnröhre

de schaamlippen — die Schamlippen

vrouwelijk | weiblich

de voortplanting
• die Fortpflanzung

het eitje, de eicel — das Ei

de zaadcel — das Spermium

de bevruchting | die Befruchtung

woorden • Vokabular

| onvruchtbaar | impotent | de menstruatie |
| steril | impotent | die Menstruation |

| vruchtbaar | zwanger worden | het geslachtsverkeer |
| fruchtbar | empfangen | der Geschlechtsverkehr |

| het hormoon | de eisprong | de geslachtsziekte, de soa |
| das Hormon | der Eisprung | die Geschlechtskrankheit |

nederlands • deutsch

DE MENSEN • DIE MENSCHEN

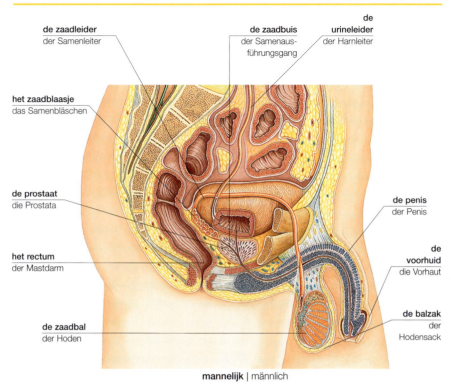

Nederlands	Deutsch
de zaadleider	der Samenleiter
de zaadbuis	der Samenausführungsgang
de urineleider	der Harnleiter
het zaadblaasje	das Samenbläschen
de prostaat	die Prostata
de penis	der Penis
het rectum	der Mastdarm
de voorhuid	die Vorhaut
de zaadbal	der Hoden
de balzak	der Hodensack

mannelijk | männlich

de voorbehoedsmiddelen • die Empfängnisverhütung

Nederlands	Deutsch
het pessarium	das Pessar
het diafragma	das Diaphragma
het condoom	das Kondom
het spiraaltje	die Spirale
de pil	die Pille

nederlands • deutsch

DE MENSEN • DIE MENSCHEN

de familie • die Familie

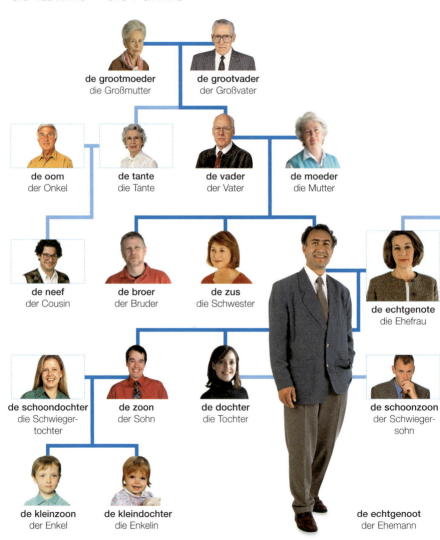

22   nederlands • deutsch

DE MENSEN · DIE MENSCHEN

woorden • Vokabular

de grootouders die Großeltern	**de familieleden** die Verwandten	**de kleinkinderen** die Enkelkinder	**de stiefmoeder** die Stiefmutter	**de stiefdochter** die Stieftochter	**de generatie** die Generation
de ouders die Eltern	**de kinderen** die Kinder	**de stiefvader** der Stiefvater	**de stiefzoon** der Stiefsohn	**de partner** der Partner/ die Partnerin	**de tweeling** die Zwillinge

de schoonmoeder
die Schwiegermutter

de schoonvader
der Schwiegervater

de levensfasen
die Stadien

de baby
das Baby

het kind
das Kind

de zwager
der Schwager

de schoonzus
die Schwägerin

de jongen
der Junge

het meisje
das Mädchen

de nicht
die Nichte

de neef
der Neffe

de jongere
die Jugendliche

de volwassene
der Erwachsene

de aanspreekvormen
die Anreden

mevrouw
Frau

mijnheer
Herr

jongedame
Fräulein

de man
der Mann

de vrouw
die Frau

nederlands • deutsch

DE MENSEN • DIE MENSCHEN
de relaties • die Beziehungen

de chef | der Chef
de assistente | die Assistentin
de zakenpartner | die Geschäftspartnerin
de werkgeefster | die Arbeitgeberin
de werknemer | der Arbeitnehmer
de collega | der Kollege

het kantoor | das Büro

de buurman | der Nachbar
de vriend | der Freund
de kennis | der Bekannte
de penvriend | der Brieffreund

de vriend | der Freund
de vriendin | die Freundin
de verloofde | der Verlobte
de verloofde | die Verlobte

het paar | das Paar
de verloofden | die Verlobten

nederlands • deutsch

DE MENSEN • DIE MENSCHEN

de gevoelens, de emoties • die Gefühle

de glimlach / das Lächeln

gelukkig
glücklich

bedroefd
traurig

opgewonden
begeistert

verveeld
gelangweilt

verrast
überrascht

geschrokken
erschrocken

fronsen / das Stirnrunzeln

geïrriteerd
verärgert

verward
verwirrt

bezorgd, ongerust
besorgt

zenuwachtig
nervös

trots
stolz

zelfverzekerd
selbstsicher

beschaamd
beschämt

verlegen
schüchtern

woorden • Vokabular

ontdaan	**zuchten**	**lachen**	**schreeuwen**
aufgebracht	seufzen	lachen	schreien
geschokt	**gapen**	**huilen**	**flauwvallen**
schockiert	gähnen	weinen	in Ohnmacht fallen

nederlands • deutsch 25

DE MENSEN • DIE MENSCHEN

de gebeurtenissen in het leven
die Ereignisse des Lebens

geboren worden
geboren werden

naar school gaan
zur Schule kommen

vrienden maken
sich anfreunden

afstuderen
graduieren

een baan krijgen
eine Stelle bekommen

verliefd raken
sich verlieben

trouwen
heiraten

een kind krijgen
ein Kind bekommen

de bruiloft | die Hochzeit

de scheiding
die Scheiding

de begrafenis
das Begräbnis

woorden • Vokabular

de doop
die Taufe

de bar mitswa
die Bar Mizwa

de huwelijksdag
der Hochzeitstag

met pensioen gaan
in den Ruhestand
treten

testament opmaken
sein Testament
machen

emigreren
emigrieren

overlijden
sterben

**het
huwelijksfeest**
die Hochzeitsfeier

de huwelijksreis
die Hochzeitsreise

de geboorteakte
die Geburts-
urkunde

nederlands • deutsch

DE MENSEN • DIE MENSCHEN

de feesten • die Feste

het verjaarsfeest
die Geburtstagsfeier

het kaartje
die Karte

de verjaardag
der Geburtstag

het cadeau
das Geschenk

Kerstmis, het kerstfeest
das Weihnachten

de feestdagen
die Feste

het Pesach
das Passah

oud en nieuw, nieuwjaar
das Neujahr

het lint
das Band

carnaval, het carnavalsfeest
der Karneval

de optocht
der Umzug

de ramadan
der Ramadan

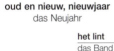

de dankdag voor het gewas
das Erntedankfest

Pasen, het paasfeest
das Ostern

Halloween
das Halloween

Divali
das Diwali

nederlands • deutsch   27

het uiterlijk
die äußere Erscheinung

HET UITERLIJK • DIE ÄUSSERE ERSCHEINUNG

de kinderkleding • die Kinderkleidung

de baby • das Baby

de sneeuwoverall
der Schneeanzug

de romper
der Body

de drukknoop
der Druckknopf

het kruippakje
der Strampelanzug

de pyjama
der Schlafanzug

het speelpakje
der Spielanzug

het slabbetje
das Lätzchen

de baby-handschoentjes
die Babyhandschuhe

de babyschoentjes
die Babyschuhe

de stoffen luier
die Stoffwindel

de wegwerpluier
die Wegwerfwindel

het rubber broekje
das Gummihöschen

de peuter, de kleuter • das Kleinkind

het T-shirt
das T-Shirt

de tuinbroek
die Latzhose

de zonnehoed
der Sonnenhut

de korte broek
die Shorts

de rok
der Rock

het schort
die Schürze

nederlands • deutsch

HET UITERLIJK • DIE ÄUSSERE ERSCHEINUNG

de herenkleding • die Herrenkleidung

de kraag / der Kragen

de stropdas / die Krawatte

de revers / das Revers

de ceintuur / der Gürtel

het knoopsgat / das Knopfloch

het colbertjasje / die Jacke

de pantalon / die Hose

de manchet / die Manschette

de zak / die Tasche

de knoop / der Knopf

het kostuum / der Straßenanzug

de overjas / der Mantel

de voering / das Futter

de leren schoenen / die Lederschuhe

woorden • Vokabular

het overhemd das Hemd	**de badjas** der Bademantel	**de regenjas** der Regenmantel	**lang** lang
het vest die Strickjacke	**het ondergoed** die Unterwäsche	**het trainingspak** der Trainingsanzug	**kort** kurz

Heeft u dit een maat groter/kleiner?
Haben Sie das eine Nummer größer/kleiner?

Kan ik dit passen?
Kann ich das anprobieren?

nederlands • deutsch

HET UITERLIJK • DIE ÄUSSERE ERSCHEINUNG

de blazer
der Blazer

het sportjasje
das Sportjackett

het gilet
die Weste

de V-hals
der V-Ausschnitt

de ronde hals
der runde Ausschnitt

het T-shirt
das T-Shirt

de parka
der Anorak

het sweatshirt
das Sweatshirt

het windjack
die Windjacke

de trainingsbroek
die Trainingshose

de trui
der Pullover

de pyjama
der Schlafanzug

het hemd
das Unterhemd

de vrijetijdskleding
die Freizeitkleidung

de shorts
die Shorts

de slip
der Slip

de boxershorts
die Boxershorts

de sokken
die Socken

nederlands • deutsch

HET UITERLIJK • DIE ÄUSSERE ERSCHEINUNG

de lingerie • die Unterwäsche

het négligé
das Negligé

de onderjurk
der Unterrock

de schouder-
bandjes
der Träger

het lijfje, het corset
das Mieder

de jarretels
der Strumpfhalter

de bustier
das Bustier

de pantykousen
die Strümpfe

de panty
die Strumpfhose

het topje
das Unterhemd

de bh
der Büstenhalter

de slip
der Slip

het nachthemd
das Nachthemd

de bruiloft • die Hochzeit

de sluier
der Schleier

het kant
die Spitze

het boeket
das Bukett

de sleep
die Schleppe

de bruidsjurk
das Hochzeitskleid

woorden • Vokabular

het corset das Korsett	**goede pasvorm** gut geschnitten
met rugdecolleté rückenfrei	**de kousenband** das Strumpfband
de ceintuur der Rockbund	**de sport-bh** der Sport-BH
de schoudervulling das Schulterpolster	**voorgevormd** mit Formbügeln

nederlands • deutsch

HET UITERLIJK • DIE ÄUSSERE ERSCHEINUNG

de accessoires • die Accessoires

de gesp / die Gürtelschnalle
de handgreep / der Griff
de pet / die Mütze
de hoed / der Hut
de halsdoek / das Halstuch
de riem / der Gürtel
de punt / die Spitze
de zakdoek / das Taschentuch
het vlinderstrikje / die Fliege
de dasspeld / die Krawattennadel
de handschoenen / die Handschuhe
de paraplu / der Regenschirm

de juwelen • der Schmuck

de parelketting / die Perlenkette
de hanger / der Anhänger
de broche / die Brosche
de manchetknoop / der Manschettenknopf
de schakel / das Glied
de sluiting / der Verschluss
de oorbel / der Ohrring
de ring / der Ring
de edelsteen / der Edelstein
de halsketting / die Halskette
het horloge / die Armbanduhr
de armband / das Armband
de ketting / die Kette
het juwelenkistje | der Schmuckkasten

nederlands • deutsch

HET UITERLIJK • DIE ÄUSSERE ERSCHEINUNG

de tassen • die Taschen

de portefeuille
die Brieftasche

de portemonnee
das Portemonee

de schoudertas
die Umhängetasche

de sluiting
der Verschluss

de hengsels
die Griffe

de schouderriemen
die Schulterriemen

de reistas
die Reisetasche

de aktetas
die Aktentasche

de handtas
die Handtasche

de rugzak
der Rucksack

de schoenen • die Schuhe

de wandelschoen
der Wanderschuh

de sportschoen
der Sportschuh

de veter
der Schnürsenkel

de tong
die Zunge

het vetergat
die Öse

de zool
die Sohle

de hak
der Absatz

de veterschoen
der Schnürschuh

de leren schoen
der Lederschuh

de slipper
die Strandsandale

de pump
der Pumps

de plateauschoen
der Plateauschuh

de sandaal
die Sandale

de mocassin
der Slipper

de halfhoge herenschoen
der Herrenhalbschuh

nederlands • deutsch

HET UITERLIJK • DIE ÄUSSERE ERSCHEINUNG

het haar • das Haar

de kam
der Kamm

kammen
kämmen

de haarborstel
die Haarbürste

de kapster
die Friseurin

de wasbak
das Waschbecken

de klant
die Kundin

borstelen | bürsten

wassen | waschen

de kapmantel
der Frisierumhang

uitspoelen
ausspülen

knippen
schneiden

föhnen
föhnen

in vorm brengen
legen

de kapartikelen • die Frisierartikel

de föhn
der Föhn

de shampoo
das Shampoo

de conditioner
die Haarspülung

de gel
das Haargel

de haarspray
das Haarspray

de krultang
der Lockenstab

de schaar
die Schere

het diadeem
der Haarreif

de krulspelden
der Lockenwickler

de haarspelden
die Haarklammer

nederlands • deutsch

HET UITERLIJK • DIE ÄUSSERE ERSCHEINUNG

de kapsels • die Frisuren

de paardenstaart
der Pferdeschwanz

de band
das Band
de vlecht
der Zopf

het opgestoken haar
die Hochsteckfrisur

de knot
der Haarknoten

de vlechtjes
die Rattenschwänze

halflang
halblang

kort
kurz

gekruld
lockig

de permanent
die Dauerwelle

glad
glatt

de haarwortels
die Wurzeln
de lokken
die Strähnchen

kaal
kahl

de pruik
die Perücke

de haarkleuren • die Haarfarben

blond
blond

bruin
brünett

roodbruin
rotbraun

rood
rot

zwart
schwarz

grijs
grau

wit
weiß

geverfd
gefärbt

---

woorden • Vokabular

de haarband
das Haarband

vet
fettig

bijknippen
nachschneiden

droog
trocken

de herenkapper
der Herrenfriseur

normaal
normal

de roos
die Schuppen

gladmaken
glätten

de gespleten haarpunten
der Haarspliss

de hoofdhuid
die Kopfhaut

---

nederlands • deutsch

HET UITERLIJK • DIE ÄUSSERE ERSCHEINUNG

de schoonheidsbehandelingen
• die Schönheitsbehandlungen

het gezichtsmasker
die Gesichts-
maske

de zonnebank
die Sonnenbank

de gezichtsbehandeling
die Gesichtsbehandlung

de peeling
das Peeling

ontharen met hars
die Enthaarung

de pedicure
die Pediküre

de manicure • die Maniküre

de nagellakverwijderaar
der Nagellackentferner

de nagelvijl
die Nagelfeile

de nagellak
der Nagellack

de nagelschaar
die Nagel-
schere

de nagelknipper
der Nagel-
knipser

de toiletartikelen
• die Toilettenartikel

de gezichtsmelk
der Gesichts-
reiniger

de tonic
das Gesichts-
wasser

**de vocht-
inbrengende crème**
die Feuchtig-
keitscreme

de zelfbruiner
die Selbst-
bräunungscreme

het parfum
das Parfum

de eau de toilette
das Eau de Toilette

---

woorden • Vokabular

het zonnebaden
die Sonnenbräune

gevoelig
empfindlich

licht
hell

de tatoeage
die Tätowierung

de kleurtint
der Farbton

donker
dunkel

de wattenbolletjes
die Wattebällchen

anti-rimpel-
Antifalten-

droog
trocken

hypoallergeen
hypoallergen

de tint
der Teint

vettig
fettig

---

nederlands • deutsch

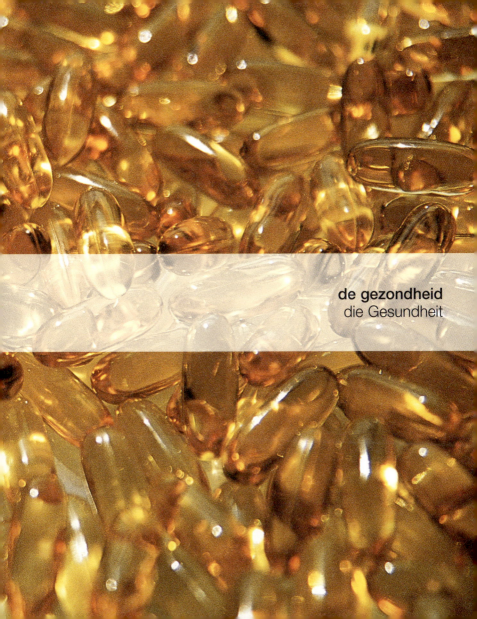

de gezondheid
die Gesundheit

DE GEZONDHEID • DIE GESUNDHEIT

de ziekte • die Krankheit

de koorts | das Fieber

de hoofdpijn
die Kopfschmerzen

de bloedneus
das Nasenbluten

de hoest
der Husten

het niezen
das Niesen

de verkoudheid
die Erkältung

de griep
die Grippe

de inhalator
der Inhalator

de astma
das Asthma

de krampen
die Krämpfe

de misselijkheid
die Übelkeit

de waterpokken
die Windpocken

de huiduitslag
der Hautausschlag

---

woorden • Vokabular

het hartinfarct der Herzinfarkt	**de allergie** die Allergie	**het eczeem** das Ekzem	**de onderkoeling** die Verkühlung	**de epilepsie** die Epilepsie	**de diarree** der Durchfall
de bloeddruk der Blutdruck	**de bof** der Mumps	**het virus** der Virus	**de migraine** die Migräne	**overgeven** sich übergeben	**de mazelen** die Masern
de beroerte der Schlaganfall	**de suikerziekte, de diabetes** die Zuckerkrankheit	**de infectie** die Infektion	**de maagpijn** die Magenschmerzen	**flauwvallen** in Ohnmacht fallen	**de hooikoorts** der Heuschnupfen

nederlands • deutsch

DE GEZONDHEID • DIE GESUNDHEIT

de dokter, de arts • der Arzt
het consult • die Konsultation

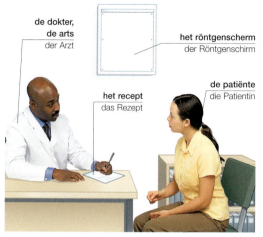

de dokter, de arts — der Arzt
het röntgenscherm — der Röntgenschirm
het recept — das Rezept
de patiënte — die Patientin

de meetlat — die Messleiste
de verpleegkundige — die Krankenschwester
de weegschaal — die Personenwaage

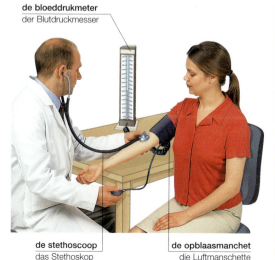

de bloeddrukmeter — der Blutdruckmesser
de stethoscoop — das Stethoskop
de opblaasmanchet — die Luftmanschette

woorden • Vokabular

de afspraak — der Termin

de inenting — die Impfung

de wachtkamer — das Wartezimmer

het medisch onderzoek — die Untersuchung

de thermometer — das Thermometer

de spreekkamer — das Sprechzimmer

Ik moet een dokter spreken.
Ich muss mit einem Arzt sprechen.

Hier doet het pijn.
Es tut hier weh.

nederlands • deutsch

DE GEZONDHEID · DIE GESUNDHEIT

de verwonding · die Verletzung

de verstuiking | die Verstauchung

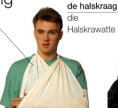

de mitella
die Schlinge

de breuk
die Fraktur

de halskraag
die Halskrawatte

de whiplash
das Schleudertrauma

de snee
der Schnitt

de schaafwond
die Abschürfung

de kneuzing
die Prellung

de splinter
der Splitter

de zonnebrand
der Sonnenbrand

de brandwond
die Brandwunde

de beet
der Biss

de steek
der Stich

---

woorden · Vokabular

het ongeval der Unfall	**de bloeding** die Blutung	**de hoofdwond** die Kopfverletzung	**Gaat hij/zij het redden?** Wird er/sie es gut überstehen?
het noodgeval der Notfall	**de blaar** die Blase	**de vergiftiging** die Vergiftung	**Bel alstublieft een ambulance.** Rufen Sie bitte einen Krankenwagen.
de wond die Wunde	**de elektrische schok** der elektrische Schlag	**de hersenschudding** die Gehirnerschütterung	**Waar heeft u pijn?** Wo haben Sie Schmerzen?

nederlands · deutsch

DE GEZONDHEID • DIE GESUNDHEIT

de eerste hulp • die erste Hilfe

de zalf
die Salbe

de pleister
das Pflaster

de veiligheidsspeld
die Sicherheitsnadel

de zwachtel
die Bandage

de pijnstillers
die Schmerztabletten

het desinfectiedoekje
das Desinfektionstuch

de pincet
die Pinzette

de schaar
die Schere

het ontsmettingsmiddel
das Antiseptikum

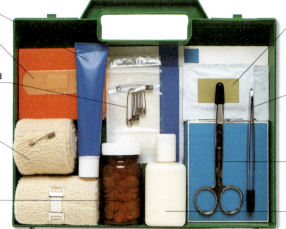

de EHBO-doos | der Erste-Hilfe-Kasten

het gaas
die Gaze

het verband
der Verband

de spalk | die Schiene

de leukoplast
das Leukoplast

de reanimatie
die Wiederbelebung

woorden • Vokabular			
de shock der Schock	**de pols** der Puls	**stikken** ersticken	**Kunt u mij helpen?** Können Sie mir helfen?
bewusteloos bewusstlos	**de ademhaling** die Atmung	**steriel** steril	**Kunt u eerste hulp geven?** Beherrschen Sie die Erste Hilfe?

nederlands • deutsch

DE GEZONDHEID • DIE GESUNDHEIT

het ziekenhuis • das Krankenhaus

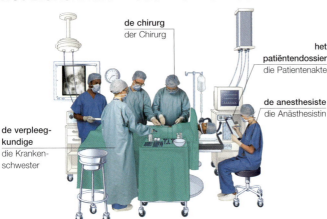

de chirurg
der Chirurg

het patiëntendossier
die Patientenakte

de anesthesiste
die Anästhesistin

de verpleegkundige
die Krankenschwester

de operatiekamer
der Operationssaal

het bloedonderzoek
die Blutuntersuchung

de injectie
die Spritze

de röntgenfoto
die Röntgenaufnahme

de CT-scan
der CT-Scan

de verrijdbare ligbank
die fahrbare Liege

de afdeling spoedeisende hulp
die Notaufnahme

de oproepknop
der Rufknopf

de patiëntenkamer
das Patientenzimmer

de rolstoel
der Rollstuhl

---

woorden • Vokabular

de operatie die Operation	**ontslaan** entlassen	**de bezoekuren** die Besuchszeiten	**de kraamafdeling** die Entbindungsstation	**de ambulante patiënt** der ambulante Patient
opgenomen aufgenommen	**de kliniek** die Klinik	**de kinderafdeling** die Kinderstation	**de privékamer** das Privatzimmer	**de afdeling intensieve zorg** die Intensivstation

DE GEZONDHEID • DIE GESUNDHEIT

de afdelingen • die Abteilungen

de KNO-afdeling
die HNO-Abteilung

de cardiologie
die Kardiologie

de orthopedie
die Orthopädie

de gynaecologie
die Gynäkologie

de fysiotherapie
die Physiotherapie

de dermatologie
die Dermatologie

de kindergeneeskunde
die Kinderheilkunde

de radiologie
die Radiologie

de chirurgie
die Chirurgie

de kraamafdeling
die Entbindungsstation

de psychiatrie
die Psychiatrie

de oogheelkunde
die Augenheilkunde

woorden • Vokabular

de neurologie die Neurologie	de urologie die Urologie	de plastische chirurgie die plastische Chirurgie	de pathologie die Pathologie	de uitslag der Befund
de oncologie die Onkologie	de endocrinologie die Endokrinologie	de doorverwijzing die Überweisung	het onderzoek die Untersuchung	de specialist der Facharzt

nederlands • deutsch

DE GEZONDHEID • DIE GESUNDHEIT

de tandarts • der Zahnarzt

de tand • der Zahn

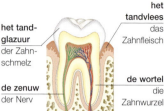

- het tandglazuur / der Zahnschmelz
- het tandvlees / das Zahnfleisch
- de zenuw / der Nerv
- de wortel / die Zahnwurzel

- de voorste kies / der vordere Backenzahn
- de snijtand / der Schneidezahn
- de kies / der Backenzahn
- de hoektand / der Eckzahn

de controle • der Check-up

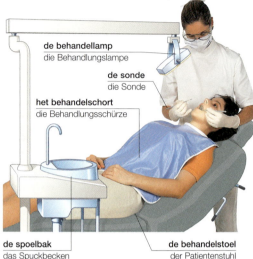

- de behandellamp / die Behandlungslampe
- de sonde / die Sonde
- het behandelschort / die Behandlungsschürze
- de spoelbak / das Spuckbecken
- de behandelstoel / der Patientenstuhl

woorden • Vokabular

de tandplak / der Zahnbelag	de boor / der Bohrer
de cariës / die Karies	de tandzijde / die Zahnseide
de vulling / die Zahnfüllung	het trekken van een tand of kies / die Extraktion
de kiespijn / die Zahnschmerzen	de kroon / die Krone

tandzijde gebruiken, flossen
mit Zahnseide reinigen

tandenpoetsen
bürsten

de beugel
die Zahnspange

een röntgenfoto maken
die Röntgenaufnahme

de röntgenfoto
das Röntgenbild

het kunstgebit
die Zahnprothese

nederlands • deutsch

DE GEZONDHEID · DIE GESUNDHEIT

de opticien · der Augenoptiker

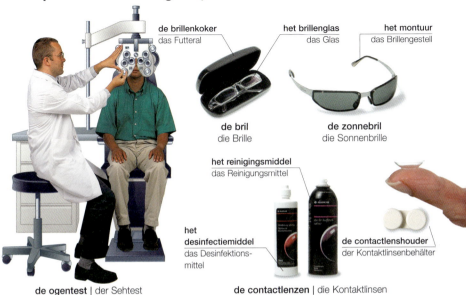

de brillenkoker / das Futteral

het brillenglas / das Glas

het montuur / das Brillengestell

de bril | die Brille

de zonnebril | die Sonnenbrille

het reinigingsmiddel / das Reinigungsmittel

het desinfectiemiddel / das Desinfektionsmittel

de contactlenshouder / der Kontaktlinsenbehälter

de ogentest | der Sehtest

de contactlenzen | die Kontaktlinsen

het oog · das Auge

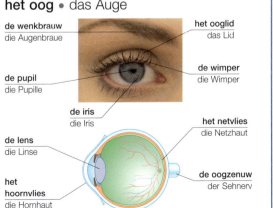

de wenkbrauw / die Augenbraue

het ooglid / das Lid

de pupil / die Pupille

de wimper / die Wimper

de iris / die Iris

het netvlies / die Netzhaut

de lens / die Linse

de oogzenuw / der Sehnerv

het hoornvlies / die Hornhaut

woorden · Vokabular

het gezichtsvermogen / die Sehkraft	het astigmatisme / der Astigmatismus
de dioptrie / die Dioptrie	de verziendheid / die Weitsichtigkeit
de traan / die Träne	de bijziendheid / die Kurzsichtigkeit
de grijze staar / der graue Star	bifocaal / bifokal

nederlands · deutsch

DE GEZONDHEID • DIE GESUNDHEIT

de zwangerschap • die Schwangerschaft

de verpleegkundige
die Krankenschwester

de zwangerschapstest
der Schwangerschaftstest

de echografie
die Ultraschallaufnahme

de echo | der Ultraschall

de navelstreng
die Nabelschnur

de placenta
die Plazenta

de baarmoederhals
der Gebärmutterhals

de baarmoeder
die Gebärmutter

de foetus | der Fetus

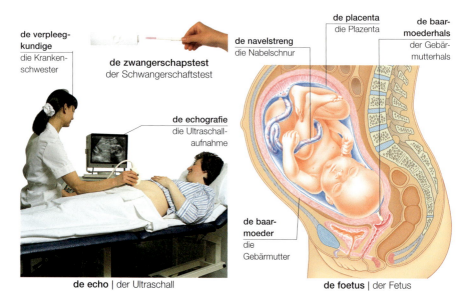

woorden • Vokabular

de eisprong der Eisprung	**prenataal** vorgeburtlich	**het vruchtwater** das Fruchtwasser	**de ontsluiting** die Muttermundöffnung	**de hechting** die Naht	**stuit-** Steiß-
zwanger schwanger	**het embryo** der Embryo	**de vruchtwaterpunctie** die Amniozentese	**de keizersnede** der Kaiserschnitt	**de geboorte** die Geburt	**prematuur** vorzeitig
de bevruchting die Empfängnis	**de baarmoeder** die Gebärmutter	**de vliezen breken** das Fruchtwasser geht ab	**de ruggenprik** die Periduralanästhesie	**de bevalling** die Entbindung	**de gynaecoloog** der Gynäkologe
	het trimester das Trimester	**de wee** die Wehe	**de insnijding van het perineum** der Dammschnitt	**de miskraam** die Fehlgeburt	**de verloskundige** der Geburtshelfer

nederlands • deutsch

DE GEZONDHEID • DIE GESUNDHEIT

de geboorte • die Geburt

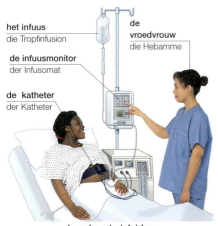

het infuus
die Tropfinfusion

de infuusmonitor
der Infusomat

de katheter
der Katheter

de vroedvrouw
die Hebamme

de geboorte inleiden
die Geburt einleiten

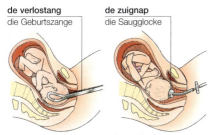

de verlostang
die Geburtszange

de zuignap
die Sauglocke

de ondersteunde verlossing
die assistierte Entbindung

het naambandje
das Namensbändchen

de pasgeborene
das Neugeborene

de couveuse | der Brutkasten

de weegschaal
die Waage

het geboortegewicht | das Geburtsgewicht

de borstvoeding • das Stillen

de borstpomp
die Milchpumpe

de voedingsbeha
der Stillbüstenhalter

borstvoeden, zogen
stillen

de zoogcompressen
die Einlagen

nederlands • deutsch 53

DE GEZONDHEID · DIE GESUNDHEIT

de therapeut
der Therapeut

de groepstherapie
die Gruppentherapie

de reiki
das Reiki

de acupunctuur
die Akupunktur

de ayurveda
das Ayurveda

de hypnotherapie
die Hypnotherapie

de kruidengeneeskunde
die Kräuterheilkunde

de etherische oliën
die ätherischen Öle

de aromatherapie
die Aromatherapie

de homeopathie
die Homöopathie

de acupressuur
die Akupressur

de therapeute
die Therapeutin

de psychotherapie
die Psychotherapie

woorden • Vokabular			
de kristaltherapie die Kristalltherapie	de natuurgeneeswijze die Naturheilkunde	de ontspanning die Entspannung	het geneeskrachtige kruid das Heilkraut
de watertherapie die Wasserbehandlung	de feng shui das Feng Shui	de stress der Stress	

nederlands • deutsch

het huis
das Haus

het huis • das Haus

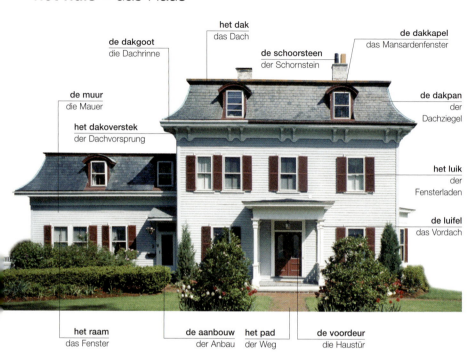

het dak / das Dach
de dakgoot / die Dachrinne
de dakkapel / das Mansardenfenster
de schoorsteen / der Schornstein
de muur / die Mauer
de dakpan / der Dachziegel
het dakoverstek / der Dachvorsprung
het luik / der Fensterladen
de luifel / das Vordach
het raam / das Fenster
de aanbouw / der Anbau
het pad / der Weg
de voordeur / die Haustür

woorden • Vokabular

Nederlands	Deutsch
de verhuurder	der Vermieter
de huurder	der Mieter
de garage	die Garage
de verdieping	das Stockwerk
de alarminstallatie	die Alarmanlage
huren	mieten
de twee-onder-een-kapwoning	das Doppelhaus
de bungalow	der Bungalow
de kamer	das Zimmer
de binnenhof	der Hof
de brievenbus	der Briefkasten
de huur	die Miete
de kelder	das Kellergeschoss
de zolder	der Dachboden
de voordeurlamp	die Haustürlampe
het vrijstaande huis	das Einzelhaus
het rijtjeshuis	das Reihenhaus

HET HUIS • DAS HAUS

de ingang • der Eingang

het appartement • die Wohnung

de traptrede
der Treppen-
absatz

de trapleuning
das Treppen-
geländer

de trap
die Treppe

de hal, de gang
die Diele

het balkon
der Balkon

de flat
der Wohnblock

de deurbel
die Türklingel

de deurmat
der Fußabtreter

de deurklopper
der Türklopfer

de intercom
die Sprechanlage

de deurketting
die Türkette

het slot
das Schloss

de sleutel
der Schlüssel

het deurscharnier
der Türriegel

de lift
der Fahrstuhl

nederlands • deutsch

HET HUIS • DAS HAUS

de technische voorzieningen • die Hausanschlüsse

de wiek
der Flügel

de ventilator
der Ventilator

de radiator
der Heizkörper

de kachel
der Heizofen

het straalkacheltje
der Heizlüfter

de elektriciteit • die Elektrizität

de aarde
die Erdung

de gloeidraad
der Glühfaden

de bajonetfitting
die Bajonettfassung

de gloeilamp,
het peertje
die Birne

de stekker
der Stecker

de pool
der Pol

neutraal
neutral

fase
geladen

het snoer
die Leitung

---

woorden • Vokabular

de spanning die Spannung	de zekering, de stop die Sicherung	het stopcontact die Steckdose	de gelijkstroom der Gleichstrom	de transformator der Transformator
de ampère das Ampère	de generator der Generator	de schakelaar der Schalter	de elektriciteitsmeter der Stromzähler	het elektriciteitsnet das Stromnetz
de stroom der Strom	de stoppenkast der Sicherungskasten	de wisselstroom der Wechselstrom	de stroomuitval der Stromausfall	

nederlands • deutsch

HET HUIS • DAS HAUS

het loodgieterswerk • die Sanitärtechnik

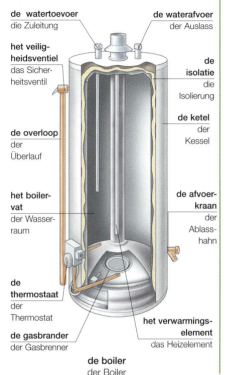

het aanrecht • die Spüle

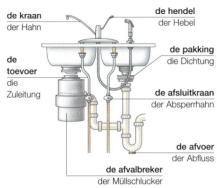

de wc • das WC

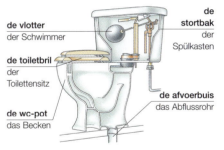

de afvalverwijdering • die Abfallentsorgung

de recyclingbak
der Recyclingbehälter

de afvalemmer
der Abfalleimer

het afvalscheidingssysteem
die Abfallsortiereinheit

het gft-afval
der Bio-Abfall

nederlands • deutsch   61

HET HUIS • DAS HAUS
de woonkamer • das Wohnzimmer

het schilderij / das Gemälde

de schilderijlijst / der Bilderrahmen

de lamp / die Lampe

de wandlamp / die Wandlampe

de klok / die Uhr

het plafond / die Decke

de vitrinekast / die Vitrine

de bank / das Sofa

het kussen / das Sofakissen

de salontafel / der Couchtisch

de vloer / der Fußboden

HET HUIS • DAS HAUS

de spiegel der Spiegel

de vaas die Vase

de schoorsteenmantel der Kaminsims

de open haard der Kamin

het haardscherm das Kamingitter

de kaars die Kerze

het gordijn der Vorhang

de vitrage die Gardine

de jaloezie die Jalousie

het rolgordijn das Rollo

de stuclijst der Stuckrahmen

de fauteuil der Sessel

de boekenkast das Bücherregal

de bedbank die Bettcouch

het tapijt der Teppich

de werkkamer | das Arbeitszimmer

nederlands • deutsch

HET HUIS • DAS HAUS

de eetkamer • das Esszimmer

de peper / der Pfeffer
het zout / das Salz
de tafel / der Tisch
het servies / das Geschirr
het bestek / das Besteck
de stoel / der Stuhl
de stoelleuning / die Lehne
de zitting / die Sitzfläche
de poot / das Bein

woorden • Vokabular

het tafelkleed die Tischdecke	**de gastvrouw** die Gastgeberin	**de portie** die Portion	**tafeldekken** den Tisch decken	**het ontbijt** das Frühstück	**Heeft u nog een beetje voor mij?** Könnte ich bitte noch ein bisschen haben?
de placemat das Set	**de gast** der Gast	**hongerig** hungrig	**opdienen** servieren	**het middageten** das Mittagessen	**Ik heb genoeg gehad, dank u wel.** Ich bin satt, danke.
de maaltijd die Mahlzeit	**de gastheer** der Gastgeber	**verzadigd** satt	**eten** essen	**het avondeten** das Abendessen	**Het was lekker.** Das war lecker.

nederlands • deutsch

HET HUIS • DAS HAUS

het servies en het bestek • das Geschirr und das Besteck

HET HUIS • DAS HAUS

de keuken • die Küche

de keukenplank
das Küchenregal

het spatscherm
der Spritzschutz

de kraan
der Wasserhahn

de spoelbak
das Spülbecken

de keukenlade
die Schublade

de afzuigkap
der Dunstabzug

de keramische kookplaat
das Glaskeramikkochfeld

het werkblad
die Arbeitsfläche

de oven
der Backofen

het keukenkastje
der Küchenschrank

de keukenapparatuur • die Küchengeräte

de magnetron
die Mikrowelle

de waterkoker
der Elektrokessel

de broodrooster
der Toaster

de mengkom
die Mixerschüssel

het mes
das Messer

de keukenmachine
die Küchenmaschine

de deksel
der Deckel

de mixer
der Mixer

de afwasmachine
die Spülmaschine

nederlands • deutsch

HET HUIS • DAS HAUS

het diepvriesvak das Eisfach	de koelkast der Kühlschrank
het rooster der Rost	
het vriesvak das Gefrierfach	
	de groentela das Gemüsefach

de koel-vriescombinatie | der Gefrier-Kühlschrank

woorden • Vokabular

de kookplaat das Kochfeld	**invriezen** einfrieren
het afdruiprek das Abtropfbrett	**ontdooien** auftauen
de brander der Brenner	**aanbraden** anbraten
de vuilnisemmer der Mülleimer	**stomen** dämpfen

koken • kochen

schillen
schälen

snijden
schneiden

raspen
reiben

gieten
gießen

mengen
verrühren

slaan
schlagen

koken
kochen

bakken/braden
braten

uitrollen
ausrollen

roeren
rühren

laten pruttelen
köcheln lassen

pocheren, blancheren
pochieren

bakken
backen

braden
braten

grillen
grillen

nederlands • deutsch

HET HUIS • DAS HAUS

het kookgerei • die Küchengeräte

de snijplank	het broodmes	het hakmes	de messenslijper	de vleesklopper
das Schneidebrett	das Brotmesser	das Hackmesser	der Messerschärfer	der Fleischklopfer
	het keukenmesje			
	das Küchenmesser			

de spies
der Spieß

de stamper
der Stößel

| het schilmesje | de appelboor | de rasp | de vijzel | de aardappelstamper |
| der Schäler | der Apfelstecher | die Reibe | der Mörser | der Kartoffelstampfer |

| de blikopener | de flesopener | de knoflookpers | de opscheplepel | de bakspaan |
| der Dosenöffner | der Flaschenöffner | die Knoblauchpresse | der Servierlöffel | der Pfannenwender |

| het vergiet | de pannenlikker | de houten lepel | de schuimspaan | de soeplepel |
| das Sieb | der Teigschaber | der Holzlöffel | der Schaumlöffel | der Schöpflöffel |

| de trancheervork | de ijslepel | de garde | de zeef |
| die Tranchiergabel | der Portionierer | der Schneebesen | das Sieb |

nederlands • deutsch

HET HUIS • DAS HAUS

de slaapkamer • das Schlafzimmer

de klerenkast
der Kleiderschrank

het bedlampje
die Nachttisch-
lampe

het hoofdeinde
das Kopfende

het nachtkastje
der Nachttisch

de commode
die Kommode

de la — die Schublade
het bed — das Bett
de matras — die Matratze
de sprei — die Tagesdecke
het hoofdkussen — das Kopfkissen

de kruik
die Wärmflasche

de radiowekker
der Radiowecker

de wekker
der Wecker

de tissuedoos
die Papiertaschen-
tuchschachtel

de kleerhanger
der Kleiderbügel

nederlands • deutsch

HET HUIS • DAS HAUS

het beddengoed • die Bettwäsche

de kussensloop
der Kissenbezug

het hoeslaken
das Bettlaken

de volant
der Volant

de spiegel
der Spiegel

de kaptafel
der Frisiertisch

het dekbed
die Bettdecke

het donsdekbed
die Steppdecke

de vloer
der Fußboden

de deken
die Decke

woorden • Vokabular

het een-persoonsbed das Einzelbett	**het voeteneinde** das Fußende	**de slapeloosheid** die Schlaflosigkeit	**wakker worden** aufwachen	**de wekker zetten** den Wecker stellen
het twee-persoonsbed das Doppelbett	**de veer** die Sprungfeder	**gaan slapen** schlafen gehen	**opstaan** aufstehen	**snurken** schnarchen
de elektrische deken die Heizdecke	**het tapijt** der Teppich	**in slaap vallen** einschlafen	**bed opmaken** das Bett machen	**de inbouwkast** der Einbauschrank

nederlands • deutsch

HET HUIS • DAS HAUS

de badkamer • das Badezimmer

de handdoekhouder
der Handtuchhalter

de douchedeur
die Duschtür

de koudwaterkraan
der Kaltwasserhahn

de warmwaterkraan
der Heißwasserhahn

de wastafel
das Waschbecken

de stop
der Stöpsel

de douchekop
der Duschkopf

de douche
die Dusche

de afvoer
der Abfluss

de toiletbril
der Toilettensitz

de stortbak
der Spülkasten

de wc-borstel
die Toilettenbürste

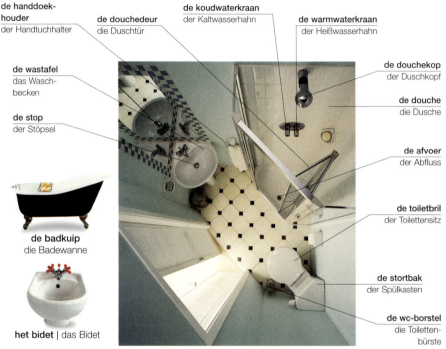

de badkuip
die Badewanne

het bidet | das Bidet

---

woorden • Vokabular

de huisapotheek
die Hausapotheke

de badmat
die Badematte

het toiletpapier
das Toilettenpapier

het douchegordijn
der Duschvorhang

douchen
duschen

baden
baden

de gebitsverzorging • die Zahnpflege

de tandenborstel
die Zahnbürste

de tandpasta
die Zahnpasta

de tandzijde
die Zahnseide

het mondwater
das Mundwasser

nederlands • deutsch

HET HUIS • DAS HAUS

de luffaspons
der Luffaschwamm

de spons
der Schwamm

de puimsteen
der Bimsstein

de rugborstel
die Rückenbürste

de deodorant
das Deo

het zeepbakje
die Seifenschale

de zeep
die Seife

de gezichtscrème
die Gesichtscreme

de douchegel
das Duschgel

het badschuim
das Schaumbad

de handdoek
das Handtuch

de badhanddoek
das Badetuch

de handdoeken
die Handtücher

de lotion
die Körperlotion

het talkpoeder
der Körperpuder

de badjas
der Bademantel

scheren • rasieren

het elektrische scheerapparaat
der Elektrorasierer

het scheerschuim
der Rasierschaum

het wegwerpscheermesje
der Einwegrasierer

het scheermesje
die Rasierklinge

de aftershave
das Rasierwasser

nederlands • deutsch

HET HUIS • DAS HAUS

de kinderkamer • das Kinderzimmer

de babyverzorging • die Säuglingspflege

het reinigingsdoekje
das Feuchttuch

de wondzalf
die Wundsalbe

de spons
der Schwamm

het babybadje
die Babywanne

de pot
das Töpfchen

de verschoningsmat
die Wickelmatte

slapen • schlafen

het mobile
das Mobile

het laken
das Laken

de deken
die Decke

de spijlen
die Gitterstäbe

de pelsdeken
die Flauschdecke

het beddengoed
das Bettzeug

de hoofdbescherming
der Kopfschutz

de matras
die Matratze

het kinderbed | das Kinderbett

de rammelaar
die Rassel

het babymandje
das Körbchen

nederlands • deutsch

HET HUIS • DAS HAUS

spelen • spielen

de pop / die Puppe

het knuffeldier / das Kuscheltier

het poppenhuis / das Puppenhaus

het speelhuis / das Spielhaus

de veiligheid • die Sicherheit

het kinderslot / die Kindersicherung

de babyfoon / das Babyfon

de teddybeer / der Teddy

het speelgoed / das Spielzeug

de speelgoedmand / der Spielzeugkorb

de bal / der Ball

de box / der Laufstall

het traphekje / das Treppengitter

eten • essen

de kinderstoel / der Kinderstuhl

de zuigfles / der Sauger

de tuitbeker / der Schnabelbecher

het babyflesje / die Babyflasche

wandelen • Spazierengehen

de buggy / der Sportwagen

de kap / das Verdeck

de kinderwagen / der Kinderwagen

het draagbedje / das Tragebettchen

de luier / die Windel

de babytas / die Babytasche

de draagzak / die Babytrageschlinge

nederlands • deutsch

HET HUIS • DAS HAUS

de waskamer • der Haushaltsraum

de was • die Wäsche

de vuile was
die schmutzige Wäsche

de wasmand
der Wäschekorb

de wasmachine
die Waschmaschine

de wasmachine met droger
der Waschmaschine mit Trockner

de droger
der Trockner

de schone was
die saubere Wäsche

de wasmand
der Wäschekorb

de waslijn
die Wäscheleine

de wasknijper
die Wäscheklammer

drogen
trocknen

het strijkijzer
das Bügeleisen

de strijkplank | das Bügelbrett

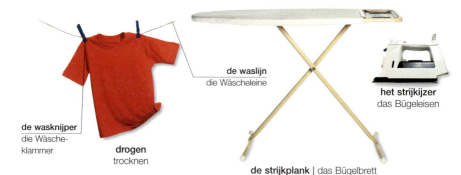

---

woorden • Vokabular

vullen füllen	**centrifugeren** schleudern	**strijken** bügeln	**Hoe gebruik ik de wasmachine** Wie benutze ich die Waschmaschine?
spoelen spülen	**de centrifuge** die Wäscheschleuder	**de wasverzachter** der Weichspüler	**Welk programma is bedoeld voor de bonte/witte was?** Welches Programm nehme ich für farbige/weiße Wäsche?

nederlands • deutsch

HET HUIS • DAS HAUS

de schoonmaakartikelen • die Reinigungsartikel

de stofzuigerslang / der Saugschlauch

de stoffer / der Handfeger

het blik / das Kehrblech

het schoonmaakmiddel / das Reinigungsmittel

de emmer / der Eimer

het waspoeder / das Waschpulver

de vloeibare reiniger / der Flüssigreiniger

de stofdoek / das Staubtuch

de stofzuiger / der Staubsauger

de vloermop / der Mopp

het wasmiddel / das Waschmittel

de poetswas / die Politur

de werkzaamheden • die Tätigkeiten

schoonmaken
putzen

afwassen
spülen

opnemen
wischen

schrobben
schrubben

afkrabben
kratzen

de bezem / der Besen

vegen
fegen

stof afnemen
Staub wischen

opwrijven
polieren

nederlands • deutsch

HET HUIS • DAS HAUS

de hobbykamer • die Heimwerkstatt

de boorhouder / das Bohrfutter

de boor / der Bohrer

de batterij / der Akku

de decoupeerzaag / die Stichsäge

de accuschroevendraaier / der Akkuschrauber

de elektrische boor / die elektrische Bohrmaschine

het lijmpistool / die Klebepistole

de klem / die Zwinge

het zaagblad / das Sägeblatt

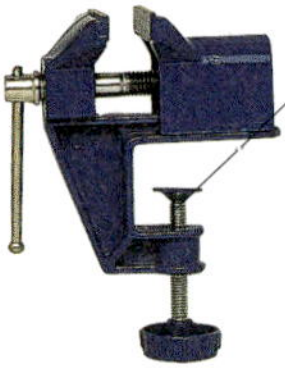

de bankschroef / der Schraubstock

de schuurmachine / die Schleifmaschine

de cirkelzaag / die Kreissäge

de werkbank / die Werkbank

de houtlijm / der Holzleim

de gereedschapshouder / das Werkzeuggestell

de freesmachine / die Oberfräse

de handboor / die Bohrwinde

de houtkrullen / die Holzspäne

het verlengsnoer / das Verlängerungskabel

nederlands • deutsch

HET HUIS • DAS HAUS

de technieken • die Techniken

snijden
schneiden

zagen
sägen

boren
bohren

hameren
hämmern

schaven
hobeln

draaien, frezen
drechseln

houtsnijwerk
schnitzen

het soldeer
der Lötzinn

solderen
löten

de materialen • die Materialien

het MDF
die MDF-Platte

het triplex, het multiplex
das Sperrholz

de spaanplaat
das Spanholz

de houtvezelplaat
die Hartfaserplatte

het vuren-hout
das Weichholz

het hardhout
das Hartholz

de lak
der Lack

de beits
die Beize

het hout | das Holz

het draad
der Draht

de kabel, het snoer
das Kabel

het roestvrij staal
der rostfreie Stahl

het verzinkte staal
der verzinkte Stahl

het metaal | das Metall

nederlands • deutsch

HET HUIS • DAS HAUS

de gereedschapskist • der Werkzeugkasten

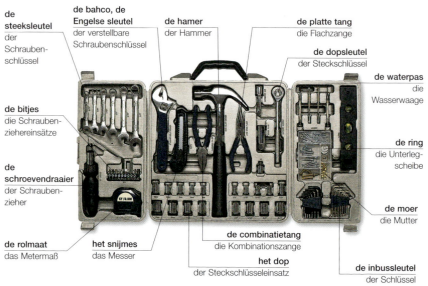

de steeksleutel
der Schraubenschlüssel

de bahco, de Engelse sleutel
der verstellbare Schraubenschlüssel

de hamer
der Hammer

de platte tang
die Flachzange

de dopsleutel
der Steckschlüssel

de waterpas
die Wasserwaage

de bitjes
die Schraubenziehereinsätze

de ring
die Unterlegscheibe

de schroevendraaier
der Schraubenzieher

de moer
die Mutter

de rolmaat
das Metermaß

het snijmes
das Messer

de combinatietang
die Kombinationszange

het dop
der Steckschlüsseleinsatz

de inbussleutel
der Schlüssel

de boren • die Bohrer

de metaalboren
der Metallbohrer

de platte houtboren
der Flachholzbohrer

de kruiskopschroevendraaier
der Kreuzschlitzschraubenzieher

het ruimijzer
die Reibahle

de kop van de spijker
der Nagelkopf

de veiligheidsboor
der Sicherheitsbohrer

de spijker
der Nagel

de houtboren
die Holzbohrer

de steenboor
der Mauerwerkbohrer

de schroef
die Schraube

HET HUIS · DAS HAUS

- de kabelstripper — die Abisolierzange
- de kniptang — der Seitenschneider
- het soldeerijzer — der Lötkolben
- het isolatieband — das Isolierband
- het soldeer — der Lötzinn
- het scalpel — das Skalpell
- de figuurzaag — die Laubsäge
- de veiligheidsbril — die Schutzbrille
- de schaaf — der Hobel
- de verstekzaag, de kapzaag — die Profilsäge
- de verstekbak — die Gehrungslade
- de handzaag — der Fuchsschwanz
- de handboor — der Handbohrer
- de staalwol — die Stahlwolle
- de metaalzaag — die Metallsäge
- het schuurpapier — das Schmirgelpapier
- de waterpomptang — die Rohrzange
- de beitel — der Stechbeitel
- de plopper — die Saugglocke
- de vijl — die Feile
- het wetstaal — der Wetzstahl
- de buizensnijder | der Rohrabschneider

nederlands • deutsch

HET HUIS • DAS HAUS

renoveren • renovieren

de behangersschaar
die Tapezierschere

het behangersmes
das Tapeziermesser

het peillood
das Senkblei

het plamuurmes
der Spachtel

het behang | die Tapete

het trapje | die Trittleiter

de behangersborstel | die Tapezierbürste

de behangerstafel | der Tapeziertisch

de lijmkwast | die Kleisterbürste

de behangplak | der Tapetenkleister

de emmer | der Eimer

behangen | tapezieren

behang verwijderen
abziehen

plamuren
spachteln

schuren
schmirgeln

stucadoren | verputzen

aanbrengen | anbringen

betegelen | kacheln

nederlands • deutsch

HET HUIS • DAS HAUS

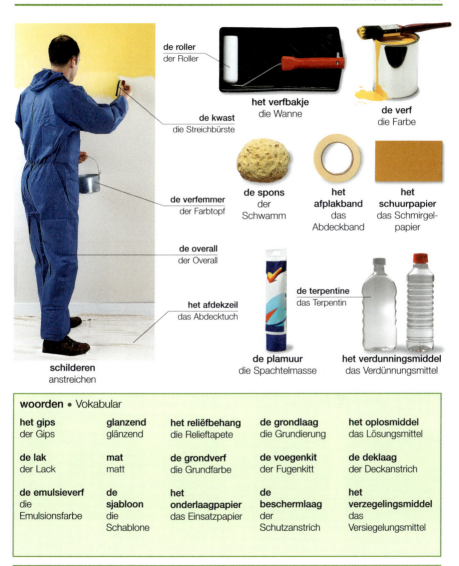

nederlands	deutsch
de roller	der Roller
het verfbakje	die Wanne
de kwast	die Streichbürste
de verf	die Farbe
de verfemmer	der Farbtopf
de spons	der Schwamm
het afplakband	das Abdeckband
het schuurpapier	das Schmirgelpapier
de overall	der Overall
de terpentine	das Terpentin
het afdekzeil	das Abdecktuch
de plamuur	die Spachtelmasse
het verdunningsmiddel	das Verdünnungsmittel
schilderen	anstreichen

woorden • Vokabular

nederlands	deutsch
het gips	der Gips
glanzend	glänzend
het reliëfbehang	die Relieftapete
de grondlaag	die Grundierung
het oplosmiddel	das Lösungsmittel
de lak	der Lack
mat	matt
de grondverf	die Grundfarbe
de voegenkit	der Fugenkitt
de deklaag	der Deckanstrich
de emulsieverf	die Emulsionsfarbe
de sjabloon	die Schablone
het onderlaagpapier	das Einsatzpapier
de beschermlaag	der Schutzanstrich
het verzegelingsmiddel	das Versiegelungsmittel

nederlands • deutsch

HET HUIS • DAS HAUS

de tuin • der Garten

de verschillende typen tuinen • die Gartentypen

de patiotuin
der Patiogarten

de formele tuin | der architektonische Garten

de boerentuin
der Bauerngarten

de kruidentuin
der Kräutergarten

de daktuin
der Dachgarten

de rotstuin
der Steingarten

de binnenhof
der Hof

de watertuin
der Wassergarten

de tuinornamenten
die Gartenornamente

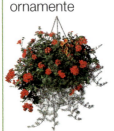
de hangmand
die Blumenampel

het trellis
das Spalier

de pergola
die Pergola

nederlands • deutsch

HET HUIS • DAS HAUS

het tuinpad / der Weg
de composthoop / der Komposthaufen
de tuinpoort / das Tor
de border / das Blumenbeet
de schuur / der Schuppen
de kas / das Gewächshaus
het gazon / der Rasen
de vijver / der Teich
het hek / der Zaun
de heg / die Hecke
de boog / der Bogen
de groentetuin / der Gemüsegarten
de vasteplantenborder / die Staudenrabatte

de grond
• der Boden

de aarde / die Erde

het zand / der Sand

de kalk / der Kalk

de silt / der Schluff

de klei / der Lehm

het terras / die Terrasse

de fontein | der Springbrunnen

nederlands • deutsch

HET HUIS • DAS HAUS

de tuinplanten • die Gartenpflanzen

de plantensoorten • die Pflanzenarten

de eenjarigen
einjährig

de tweejarigen
zweijährig

de vaste planten
mehrjährig

de bolgewassen
die Zwiebel

de varen
der Farn

het riet
die Binse

de bamboe
der Bambus

het onkruid
das Unkraut

de kruiden
das Kraut

de waterplanten
die Wasserpflanzen

de boom
der Baum

de palm
die Palme

de naaldboom
der Nadelbaum

de groenblijvende heester
immergrün

de loofboom
der Laubbaum

nederlands • deutsch

HET HUIS • DAS HAUS

de vormsnoei
der Formschnitt

de alpenplant
die Alpenpflanze

de vetplant
die Sukkulente

de cactus
der Kaktus

- **de kuipplant** — die Topfpflanze
- **de schaduwplant** — die Schattenpflanze
- **de klimplant** — die Kletterpflanze
- **de sierheester** — der Zierstrauch
- **de bodembedekker** — der Bodendecker
- **de kruipplant** — die Kriechpflanze
- **decoratief** — dekorativ
- **het gras** — das Gras

nederlands • deutsch

HET HUIS • DAS HAUS

de handvork / die Handgabel

de snoeischaar / die Rosenschere

de tuinhandschoenen / die Gartenhandschuhe

het pootschepje / die Pflanzschaufel

het garen / der Zwirn

de plantenetiketjes / die Pflanzenschildchen

de opbindmaterialen / die Befestigungen

het lemmet / die Klinge

het zaaikistje / der Setzkasten

de opbindringen / die Ringbefestigungen

de tuinstokken / die Gartenstöcke

de heggenschaar / die Heckenschere

de zeef / das Sieb

het pesticide / das Pestizid

de bloempot / der Blumentopf

de rubberlaarzen / die Gummistiefel

de snoeizaag / die Handsäge

het gieten • das Gießen

de plantenspuit / die Gartenspritze

de spuit / die Düse

de grassproeier / der Rasensprenger

de gieter / die Gießkanne

de tuinslang / der Gartenschlauch

de broes / die Brause

de slanghaspel / der Schlauchwagen

nederlands • deutsch

HET HUIS • DAS HAUS

het tuinieren • die Gartenarbeit

het gazon
der Rasen

de border
das Blumenbeet

de grasmaaier
der Rasenmäher

de heg
die Hecke

de stok
die Stange

maaien | mähen

afdekken met gras
mit Rasen bedecken

steken
stechen

harken
harken

bijknippen
stutzen

graven
graben

zaaien
säen

bemesten
mit Kopfdünger düngen

sproeien
gießen

nederlands • deutsch

HET HUIS • DAS HAUS

opbinden
hochbinden

dode bloemen verwijderen
ausputzen

bespuiten
sprühen

de stok
der Stock

stekken
vermehren

het stekje
der Ableger

enten
pfropfen

snoeien
beschneiden

leiden
stützen

verplanten
umpflanzen

onkruid wieden
jäten

met mulch bedekken
mulchen

oogsten
ernten

---

woorden • Vokabular

kweken züchten	**inrichten** gestalten	**bemesten** düngen	**zeven** sieben	**biologisch** biologisch	**de afwatering** die Entwässerung	**de (kunst)mest** der Dünger
verzorgen hegen	**verpotten** eintopfen	**plukken** pflücken	**losmaken** auflockern	**de ondergrond** der Untergrund	**de onkruidverdelger** der Unkrautvernichter	**de zaailing** der Sämling

nederlands • deutsch

de diensten
die Dienstleistungen

DE DIENSTEN · DIE DIENSTLEISTUNGEN

de nooddiensten · die Notdienste

de ambulance · der Krankenwagen

de ambulance, de ziekenwagen
der Krankenwagen

de brancard
die Tragbahre

de ambulancebroeder
der Rettungssanitäter

de politie · die Polizei

de penning
die Kennmarke

het uniform
die Uniform

de sirene
die Sirene

het licht
das Licht

de politieauto
das Polizeiauto

het politiebureau
die Polizeiwache

de gummiknuppel
der Gummiknüppel

de revolver
die Pistole

de handboeien
die Handschellen

de politieagent
der Polizist

woorden · Vokabular

de inspecteur der Inspektor	de misdaad das Verbrechen	de aangifte die Anzeige	de arrestatie die Festnahme
de rechercheur der Kriminalbeamte	de inbraak der Einbruchdiebstahl	het onderzoek die Ermittlung	de aanklacht die Anklage
de politiecel die Zelle	het letsel die Körperverletzung	de verdachte der Verdächtige	de vingerafdruk der Fingerabdruck

nederlands · deutsch

DE DIENSTEN • DIE DIENSTLEISTUNGEN

de brandweer • die Feuerwehr

de brandweerhelm
der Schutzhelm

de rook
der Rauch

de brandslang
der Schlauch

de ladderkorf
der Auslegerkorb

de brandweerlieden
die Feuerwehrleute

de waterstraal
der Wasserstrahl

de bestuurders-
cabine
die Fahrer-kabine

de ladder
die Leiter

de schuifladder
der Ausleger

de brand | der Brand

de brandweerkazerne
die Feuerwache

de noodtrap
die Feuertreppe

het blusvoertuig
das Löschfahrzeug

de rookmelder
der Rauchmelder

de brandmelder
der Feuermelder

de bijl
das Beil

de brandblusser
der Feuerlöscher

de brandkraan
der Hydrant

De politie/de brandweer/een ambulance alstublieft.
Die Polizei/die Feuerwehr/einen Krankenwagen, bitte.

Er is brand in...
Es brennt in…

Er is een ongeval gebeurd.
Es ist ein Unfall passiert.

Bel de politie an!
Rufen Sie die Polizei!

nederlands • deutsch

DE DIENSTEN • DIE DIENSTLEISTUNGEN

de bank • die Bank

de klant
der Kunde

het loket
der Schalter

de bankmedewerker
der Kassierer

de brochures
die Broschüren

de balie
der Schalter

**de stortings-
formulieren**
die Einzahlungs-
formulare

de bankpas
die EC-Karte

de souche
der Abriss

het rekeningnummer
die Kontonummer

de handtekening
die Unterschrift

het bedrag
der Betrag

de bankdirecteur
der Bankdirektor

de creditcard
die Kreditkarte

het chequeboek
das Scheckheft

de cheque
der Scheck

---

woorden • Vokabular

de belastingen
die Steuer

het krediet
das Darlehen

het spaargeld
die Spareinlagen

de hypotheek
die Hypothek

het rentepercentage
der Zinssatz

**de krediet-
overschrijding**
die Kontoüberziehung

de betaling
die Zahlung

**de incasso-
opdracht**
der Einzugsauftrag

het opnameformulier
das Abhebungs-
formular

storten
einzahlen

de bankkosten
die Bankgebühr

de overmaking
die Banküber-
weisung

de betaalrekening
das Girokonto

de spaarrekening
das Sparkonto

de pincode
der PIN-Kode

DE DIENSTEN • DIE DIENSTLEISTUNGEN

de munten
die Münze

het biljet
der Schein

het scherm
der Bildschirm

het toetsenbord
das Tastenfeld

de kaartsleuf
der Kartenschlitz

het geld
das Geld

de geldautomaat
der Geldautomat

de valuta • die Währung

de reischeque
der Reisescheck

het wisselkantoor
die Wechselstube

de wisselkoers
der Wechselkurs

de geldmarkt • die Geldwirtschaft

de aandelenkoers
der Aktienpreis

de beursmakelaar
der Börsenmakler

de financieel adviseur
die Finanzberaterin

de beurs | die Börse

woorden • Vokabular

innen, verzilveren
einlösen

de nominale waarde
der Nennwert

de provisie
die Provision

de waardepapieren
die Wertpapiere

de investering
die Kapitalanlage

de buitenlandse valuta
die ausländische Währung

de aandelen
die Aktien

het dividend
die Dividende

de portefeuille
das Portefeuille

de accountant
der Buchhalter

Kan ik dit wisselen, alstublieft?
Könnte ich das bitte wechseln?

Wat is de huidige wisselkoers?
Wie ist der heutige Wechselkurs?

nederlands • deutsch

DE DIENSTEN • DIE DIENSTLEISTUNGEN

de communicatie • die Kommunikation

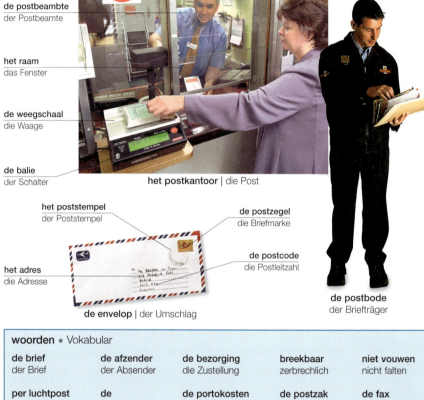

de postbeambte
der Postbeamte

het raam
das Fenster

de weegschaal
die Waage

de balie
der Schalter

het postkantoor | die Post

het poststempel
der Poststempel

de postzegel
die Briefmarke

de postcode
die Postleitzahl

het adres
die Adresse

de envelop | der Umschlag

de postbode
der Briefträger

woorden • Vokabular

de brief der Brief	**de afzender** der Absender	**de bezorging** die Zustellung	**breekbaar** zerbrechlich	**niet vouwen** nicht falten
per luchtpost per Luftpost	**de handtekening** die Unterschrift	**de portokosten** die Postgebühr	**de postzak** der Postsack	**de fax** das Fax
de aangetekende brief das Einschreiben	**de lichting** die Leerung	**de postwissel** die Postanweisung	**het telegram** das Telegramm	**deze kant boven** oben

nederlands • deutsch

DE DIENSTEN • DIE DIENSTLEISTUNGEN

de brievenbus
der Briefkasten

de brievenbus
der Hausbriefkasten

het pakket
das Paket

de koeriersdienst
der Kurierdienst

de telefoon • das Telefon

het toestel
der Hörer

het basisstation
die Basisstation

het antwoordapparaat
der Anrufbeantworter

de draadloze telefoon
das schnurlose Telefon

de beeldtelefoon
das Bildtelefon

de telefooncel
die Telefonzelle

het toetsenbord
das Tastenfeld

de mobiele telefoon
das Handy

de hoorn
der Hörer

het muntenvakje
die Münzrückgabe

de munttelefoon
das Münztelefon

de kaarttelefoon
das Kartentelefon

---

woorden • Vokabular

opnemen
abheben

kiezen
wählen

het collect-callgesprek
das R-Gespräch

de nummerinformatie
die Auskunft

de sms
die SMS

het ingesproken bericht, de voicemail
die Sprachmitteilung

in gesprek
besetzt

onderbroken
unterbrochen

de telefonist(e)
die Vermittlung

Kunt u mij het nummer geven van...?
Können Sie mir die Nummer für… geben?

Wat is het netnummer van...?
Was ist die Vorwahl für…?

---

nederlands • deutsch

DE DIENSTEN • DIE DIENSTLEISTUNGEN

het hotel • das Hotel
de lobby • die Empfangshalle

de gast / der Gast

de kamersleutel / der Zimmerschlüssel

de berichten / die Nachrichten

het vak / das Fach

de receptioniste / die Empfangsdame

het gastenboek / das Gästebuch

de balie / der Schalter

de receptie | der Empfang

de hotelbediende / der Hoteldiener

de bagage / das Gepäck

het bagagewagentje / der Kofferkuli

de lift / der Fahrstuhl

het kamernummer / die Zimmernummer

de kamers • die Zimmer

de eenpersoonskamer / das Einzelzimmer

de tweepersoonskamer / das Doppelzimmer

de tweepersoonskamer met aparte bedden / das Zweibettzimmer

de eigen badkamer / das Privatbadezimmer

nederlands • deutsch

DE DIENSTEN • DIE DIENSTLEISTUNGEN

de diensten • die Dienstleistungen

het dienblad met het ontbijt
das Frühstückstablett

het schoonmaken van de kamer
die Zimmerreinigung

de wasservice
der Wäschedienst

de roomservice | der Zimmerservice

de minibar
die Minibar

het restaurant
das Restaurant

de fitnessruimte
der Fitnessraum

het zwembad
das Schwimmbad

---

woorden • Vokabular

volpension
die Vollpension

halfpension
die Halbpension

overnachting met ontbijt
die Übernachtung mit Frühstück

Heeft u een kamer vrij?
Haben Sie ein Zimmer frei?

Ik wil graag een eenpersoonskamer.
Ich möchte ein Einzelzimmer.

Ik heb een kamer gereserveerd.
Ich habe ein Zimmer reserviert.

Ik wil een kamer voor drie nachten.
Ich möchte ein Zimmer für drei Nächte.

Wat kost een kamer per nacht?
Was kostet das Zimmer pro Nacht?

Wanneer moet ik de kamer uit?
Wann muss ich das Zimmer räumen?

---

nederlands • deutsch

de boodschappen/het winkelen
der Einkauf

DE BOODSCHAPPEN/HET WINKELEN • DER EINKAUF

het winkelcentrum • das Einkaufszentrum

het atrium / das Atrium

het bord / das Schild

de lift / der Fahrstuhl

de tweede etage / die zweite Etage

de eerste etage / die erste Etage

de roltrap / die Rolltreppe

de begane grond / das Erdgeschoss

de klant / der Kunde

woorden • Vokabular

de kinderafdeling die Kinderabteilung	**het informatiebord** die Anzeigetafel	**het pashokje** die Anprobe	**Wat kost dit?** Was kostet das?
de bagageafdeling die Gepäckabteilung	**de verkoper** der Verkäufer	**de babyverschoonruimte** der Wickelraum	**Kan ik dit ruilen?** Kann ich das umtauschen?
de schoenenafdeling die Schuhabteilung	**de klantenservice** der Kundendienst	**de toiletten** die Toiletten	

nederlands • deutsch

DE BOODSCHAPPEN/HET WINKELEN • DER EINKAUF

het warenhuis • das Kaufhaus

de herenkleding
die Herrenbekleidung

de dameskleding
die Damenoberbekleidung

de lingerie
die Damenwäsche

de parfumerie
die Parfümerie

de schoonheidsproducten
die Schönheitspflege

het linnengoed
die Haushaltswäsche

de meubels
die Möbel

de fournituren
die Kurzwaren

het keukengerei
die Küchengeräte

het porselein
das Porzellan

de elektrische artikelen
die Elektroartikel

de verlichting
die Lampen

de sportartikelen
die Sportartikel

het speelgoed
die Spielwaren

de kantoorartikelen
die Schreibwaren

de supermarkt
die Lebensmittelabteilung

nederlands • deutsch

DE BOODSCHAPPEN/HET WINKELEN • DER EINKAUF

de supermarkt • der Supermarkt

- **de gang** / der Gang
- **het schap** / das Warenregal
- **de lopende band** / das Laufband
- **de kassabediende** / der Kassierer
- **de aanbiedingen** / die Angebote
- **de kassa** | die Kasse
- **de klant** / der Kunde
- **de kassa** / die Kasse
- **de boodschappentas** / die Einkaufstasche
- **de levensmiddelen** / die Lebensmittel
- **het hengsel** / der Henkel
- **de streepjescode** / der Strichkode
- **de winkelwagen** / der Einkaufswagen
- **het winkelmandje** / der Einkaufskorb
- **de scanner** / der Scanner

nederlands • deutsch

DE BOODSCHAPPEN/HET WINKELEN • DER EINKAUF

het brood en banket
die Backwaren

de zuivelproducten
die Milchprodukte

de ontbijtgranen
die Getreideflocken

de conserven
die Konserven

het snoepgoed
die Süßwaren

de groenten
das Gemüse

het fruit
das Obst

het gevogelte
das Geflügel

de vis
der Fisch

de delicatessen
die Feinkost

de diepvriesproducten
die Tiefkühlkost

de kant-en-klaarmaaltijden
die Fertiggerichte

de dranken
die Getränke

de schoonmaakmiddelen
die Haushaltswaren

de toiletartikelen
die Toilettenartikel

de babyproducten
die Babyprodukte

de elektrische artikelen
die Elektroartikel

het dierenvoer
das Tierfutter

de tijdschriften | die Zeitschriften

nederlands • deutsch

DE BOODSCHAPPEN/HET WINKELEN • DER EINKAUF

de apotheek • die Apotheke

- de gebitsverzorging / die Zahnpflege
- de dameshygiëne / die Monatshygiene
- de deodorant / die Deos
- de vitaminen / die Vitamintabletten
- de geneesmiddelenbalie / die Arzneiausgabe
- de apotheker / der Apotheker
- de hoestsiroop / das Hustenmedikament
- de kruidenpreparaten / die Kräuterheilmittel
- de huidverzorging / die Hautpflege

de zonnebrandcrème
die Sonnenschutzcreme

de aftersunlotion / die After-Sun-Lotion

het sunblock
der Sonnenblocker

het insectenwerende middel
das Insektenschutzmittel

het reinigingsdoekje
das Reinigungstuch

het papieren zakdoekje
das Papiertaschentuch

het maandverband
die Damenbinde

de tampon
der Tampon

het inlegkruisje
die Slipeinlage

nederlands • deutsch

DE BOODSCHAPPEN/HET WINKELEN • DER EINKAUF

de maatlepel
der Messlöffel

de gebruiks-aanwijzing
die Gebrauchsanweisung

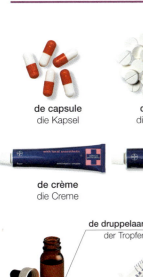

de capsule
die Kapsel

de tablet
die Tablette

de siroop
der Saft

de inhalator
der Inhalierstift

de crème
die Creme

de zalf
die Salbe

de gel
das Gel

de zetpil
das Zäpfchen

de druppelaar
der Tropfer

de naald
die Nadel

de druppels
die Tropfen

de spuit
die Spritze

de spray
das Spray

de poeder
der Puder

---

woorden • Vokabular

het ijzer das Eisen	**het multivitaminecomplex** das Multivitaminmittel	**wegwerp-** Einweg-	**het geneesmiddel** das Medikament	**de pijnstiller** das Schmerzmittel
het calcium das Kalzium	**de bijwerkingen** die Nebenwirkungen	**oplosbaar** löslich	**de diarree** der Durchfall	**het kalmeringsmiddel** das Beruhigungsmittel
de insuline das Insulin	**de vervaldatum** das Verfallsdatum	**de dosering** die Dosierung	**het recept** das Rezept	**de slaappil** die Schlaftablette
het magnesium das Magnesium	**de middelen tegen reisziekte** die Reisekrankheitstabletten	**de keelpastille** die Halspastille	**het laxeermiddel** das Abführmittel	**de ontstekingsremmer** der Entzündungshemmer

nederlands • deutsch

DE BOODSCHAPPEN/HET WINKELEN • DER EINKAUF

de bloemist • das Blumengeschäft

de bloemen
die Blumen

de lelie
die Lilie

de acacia
die Akazie

de anjer
die Nelke

de potplant
die Topfpflanze

de gladiool
die Gladiole

de iris
die Iris

de margriet
die Margerite

de chrysant
die Chrysantheme

het gipskruid
das Schleierkraut

de violier
die Levkoje

de gerbera
die Gerbera

het groen
die Blätter

de roos
die Rose

de fresia
die Freesie

nederlands • deutsch

DE BOODSCHAPPEN/HET WINKELEN • DER EINKAUF

de vaas / die Blumenvase

de orchidee / die Orchidee

de pioen / die Pfingstrose

de bos / der Strauß

de steel / der Stiel

de narcis / die Osterglocke

de knop / die Knospe

het inpakpapier / das Einwickelpapier

de tulp | die Tulpe

de bloemenarrangementen • die Blumenarrangements

het lint / das Band

het boeket / der Blumenstrauß

de droogbloemen / die Trockenblumen

de potpourri | das Potpourri

de krans | der Kranz

de bloemenslinger / die Blumengirlande

Ik wil graag een bos....
Ich möchte einen Strauß..., bitte.

Kunt u de bloemen voor mij inpakken?
Können Sie die Blumen bitte einwickeln?

Kan ik er een kaartje bij doen?
Kann ich eine Nachricht mitschicken?

Hoelang blijven ze goed?
Wie lange halten sie?

Hebben ze een lekkere geur?
Duften sie?

Kunt u de bloemen naar... sturen?
Können Sie die Blumen an... schicken?

nederlands • deutsch

DE BOODSCHAPPEN/HET WINKELEN • DER EINKAUF

de tijdschriftenwinkel • der Zeitungshändler

de sigaren
die Zigarren

het pakje sigaretten
das Päckchen Zigaretten

de lucifers
die Streichhölzer

de lottobiljetten
die Lottoscheine

de postzegels
die Briefmarken

de briefkaart
die Postkarte

het stripboek
das Comicheft

het tijdschrift
die Zeitschrift

de krant
die Zeitung

roken • rauchen

de tabak
der Tabak

de aansteker
das Feuerzeug

het mondstuk
das Mundstück

de kop
der Kopf

de pijp
die Pfeife

de sigaar
die Zigarre

112   nederlands • deutsch

DE BOODSCHAPPEN/HET WINKELEN • DER EINKAUF

de snoepwinkel • der Süßwarenladen

de bonbondoos
die Schachtel Pralinen

de chocoladerepen
die Schokoriegel

de chips
die Chips

het snoepschap | das Süßwarengeschäft

woorden • Vokabular

de melkchocolade die Milchschokolade	de witte chocolade die weiße Schokolade
het gemengd snoepgoed die bunte Mischung	de pure chocolade die Zartbitterschokolade
het koekje der Keks	de truffel der Trüffel
het karamelsnoepje der Karamell	de snoepjes die Bonbons

het snoep • die Süßwaren

de bonbon
die Praline

het chocoladetablet
die Tafel Schokolade

de snoepjes
die Bonbons

de lolly
der Lutscher

de toffee
das Toffee

de noga
der Nugat

de marshmallow
das Marshmallow

het pepermuntje
das Pfefferminz

de kauwgom
der Kaugummi

de winegum
der Geleebonbon

het fruitsnoepje
der Fruchtgummi

de drop
die Lakritze

nederlands • deutsch

DE BOODSCHAPPEN/HET WINKELEN • DER EINKAUF

andere winkels • andere Geschäfte

de bakkerswinkel
die Bäckerei

de banketbakkerij
die Konditorei

de slagerij
die Metzgerei

de viswinkel
das Fischgeschäft

de groentewinkel
der Gemüseladen

de levensmiddelenwinkel
das Lebensmittelgeschäft

de schoenenzaak
das Schuhgeschäft

de ijzerwinkel
die Eisenwarenhandlung

de antiekwinkel
der Antiquitätenladen

de cadeauwinkel
der Geschenkartikelladen

het reisbureau
das Reisebüro

de juwelier
das Juweliergeschäft

nederlands • deutsch

DE BOODSCHAPPEN/HET WINKELEN • DER EINKAUF

de boekwinkel
der Buchladen

de platenwinkel
das Plattengeschäft

**de wijnhandel,
de slijterij**
die Weinhandlung

de dierenwinkel
die Tierhandlung

de meubelwinkel
das Möbelgeschäft

de boetiek
die Boutique

woorden • Vokabular

**het tuincentrum,
de kwekerij**
das Gartencenter

de stomerij
die Reinigung

de wassalon
der Waschsalon

de makelaardij
der Immobilienmakler

de fotowinkel
das Fotogeschäft

de natuurvoedingswinkel
der Naturkostladen

de kunsthandel
die Kunsthandlung

de tweedehandswinkel
der Gebrauchtwarenhändler

de kleermakerij
die Schneiderei

de kapper
der Frisiersalon

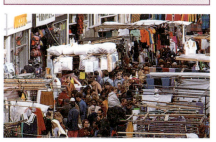
de markt | der Markt

nederlands • deutsch

de levensmiddelen
die Nahrungsmittel

DE LEVENSMIDDELEN • DIE NAHRUNGSMITTEL

het vlees • das Fleisch

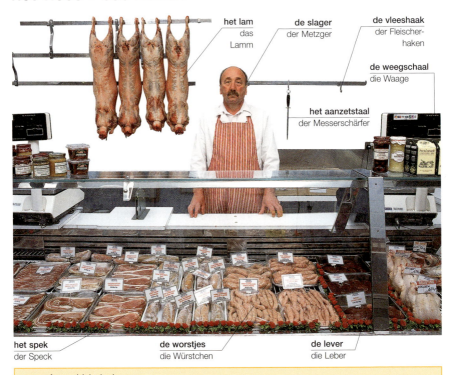

- het lam / das Lamm
- de slager / der Metzger
- de vleeshaak / der Fleischerhaken
- de weegschaal / die Waage
- het aanzetstaal / der Messerschärfer
- het spek / der Speck
- de worstjes / die Würstchen
- de lever / die Leber

woorden • Vokabular

het rundvlees das Rindfleisch	**het wild** das Wild	**de tong** die Zunge
het kalfsvlees das Kalbfleisch	**het konijn** das Kaninchen	**gepekeld** gepökelt
het varkensvlees das Schweinefleisch	**de ingewanden** die Innereien	**gerookt** geräuchert

scharrelvlees aus Freilandhaltung

biologisch gecontroleerd biologisch kontrolliert

het witte vlees das weiße Fleisch

het rode vlees das rote Fleisch

het magere vlees das magere Fleisch

de vleeswaren der Aufschnitt

nederlands • deutsch

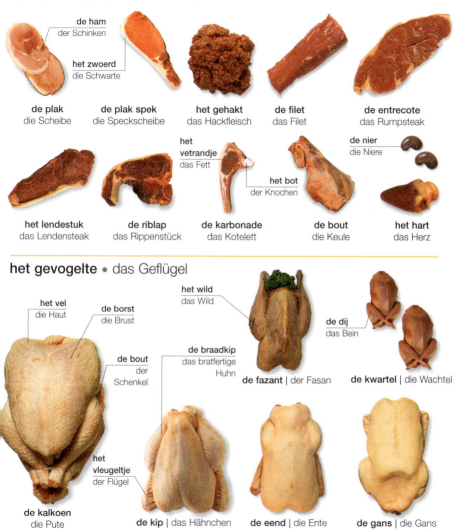

DE LEVENSMIDDELEN • DIE NAHRUNGSMITTEL

de vis • der Fisch

DE LEVENSMIDDELEN · DIE NAHRUNGSMITTEL

de schaal- en schelpdieren · die Meeresfrüchte

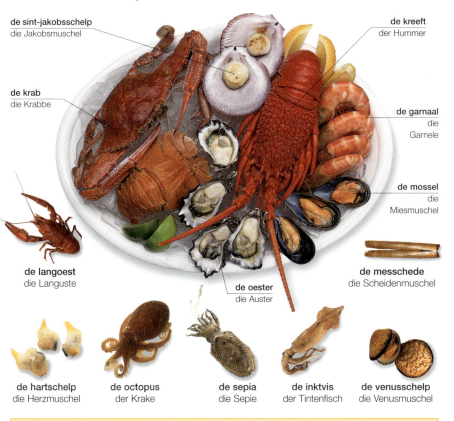

de sint-jakobsschelp / die Jakobsmuschel
de kreeft / der Hummer
de krab / die Krabbe
de garnaal / die Garnele
de mossel / die Miesmuschel
de messchede / die Scheidenmuschel
de langoest / die Languste
de oester / die Auster
de hartschelp / die Herzmuschel
de octopus / der Krake
de sepia / die Sepie
de inktvis / der Tintenfisch
de venusschelp / die Venusmuschel

woorden · Vokabular							
diepvries tiefgefroren	gezouten gesalzen	schoon- gemaakt gesäubert	ontschubd entschuppt	ontveld enthäutet	de lende die Lende	de graat die Gräte	de filet das Filet
vers frisch	gerookt geräuchert	gefileerd filetiert	ontgraat entgrätet	de schub die Schuppe	de staart der Schwanz	de stokvis der Klipp- fisch	

nederlands · deutsch

DE LEVENSMIDDELEN • DIE NAHRUNGSMITTEL

de groenten 1 • das Gemüse 1

de boon / die Bohne

de tuinboon / die dicke Bohne

de spekboon / die Stangenbohne

de sperzieboon / die grüne Bohne

de groene erwt / die grüne Erbse

de peul / die Schote

de taugé / die Sojabohnensprossen

de bamboe / der Bambus

de okra / die Okra

de suikermaïs / der Mais

de witlof / der Chicorée

de venkel / der Fenchel

de palmharten / die Palmherzen

de bleekselderij / der Stangensellerie

---

woorden • Vokabular

het blad das Blatt	**het roosje** das Röschen	**de punt** die Spitze	**biologisch** biologisch	**Verkoopt u biologische groenten?** Verkaufen Sie Biogemüse?
de stronk der Strunk	**de pit** der Kern	**het hart** das Herz	**de plastic zak** die Plastiktüte	**Zijn het streekproducten?** Werden sie in dieser Gegend angebaut?

DE LEVENSMIDDELEN • DIE NAHRUNGSMITTEL

de rucola
der Rucola

de waterkers
die Brunnenkresse

de radicchio
der Radicchio

de spruitjes
der Rosenkohl

de snijbiet
der Mangold

de boerenkool
der Grünkohl

de zuring
der Garten-Sauerampfer

de andijvie
die Endivie

de paardenbloem
der Löwenzahn

de spinazie
der Spinat

de koolrabi
der Kohlrabi

de paksoi
der Pak-Choi

de sla
der Salat

de broccoli
der Brokkoli

de groene kool
der Kohl

de voorjaarskool
der Frühkohl

nederlands • deutsch

DE LEVENSMIDDELEN • DIE NAHRUNGSMITTEL

de groenten 2 • das Gemüse 2

de artisjok / die Artischocke
de radijs / das Radieschen
de bloemkool / der Blumenkohl
de knol / die Rübe
de aardappel / die Kartoffel
de asperge / der Spargel
de ui / die Zwiebel
de paprika / die Paprika
de spaanse peper / die Peperoni
de mergpompoen / der Gartenkürbis

woorden • Vokabular

de kerstomaat die Kirschtomate	**de selderij** der Sellerie	**diepgevroren** tiefgefroren	**bitter** bitter	**Mag ik een kilo aardappelen van u?** Könnte ich bitte ein Kilo Kartoffeln haben?
de wortel die Karotte	**de mierikswortel** der Meerrettich	**rauw** roh	**stevig** fest	**Wat kost een kilo?** Was kostet ein Kilo?
de broodvrucht die Brotfrucht	**de maniok** der Maniok	**scherp** scharf	**het vlees** das Fleisch	**Hoe heten deze?** Wie heißen diese?
de nieuwe aardappel die neue Kartoffel	**de waterkastanje** die Wasserkastanie	**zoet** süß	**de wortel** die Wurzel	

nederlands • deutsch

DE LEVENSMIDDELEN • DIE NAHRUNGSMITTEL

de bataat / die Süßkartoffel
de yamwortel / die Yamswurzel
de rode biet / die Rote Bete
de knolraap / die Kohlrübe
de topinamboer / der Topinambur

de rettich / der Rettich
de pastinaak / die Pastinake
de gember / der Ingwer
de aubergine / die Aubergine
de tomaat / die Tomate

de bosui / die Frühlingszwiebel
de prei / der Lauch
de sjalot / die Schalotte
de knoflook / der Knoblauch
het teentje / die Zehe

de truffel / die Trüffel
de paddenstoel / der Pilz
de komkommer / die Gurke
de courgette / die Zucchini
de butternut / der Butternusskürbis
de eikelpompoen / der Eichelkürbis
de pompoen / der Kürbis

nederlands • deutsch

DE LEVENSMIDDELEN • DIE NAHRUNGSMITTEL

het fruit 1 • das Obst 1

het citrusfruit • die Zitrusfrüchte | de steenvruchten • das Steinobst

de sinaasappel
die Orange

de clementine
die Klementine

de perzik
der Pfirsich

de nectarine
die Nektarine

de pomelo
die Tangelo

de witte schil
die weiße Haut

de grapefruit
die Grapefruit

de abrikoos
die Aprikose

de pruim
die Pflaume

de kers
die Kirsche

de mandarijn
die Mandarine

het partje
der Schnitz

de satsuma
die Satsuma

de peer
die Birne

de appel
der Apfel

de schil
die Schale

de limoen
die Limone

de citroen
die Zitrone

de kumquat
die Kumquat

de fruitschaal | der Obstkorb

nederlands • deutsch

DE LEVENSMIDDELEN · DIE NAHRUNGSMITTEL

de bessen en de meloenen · das Beerenobst und die Melonen

de aardbei
die Erdbeere

de framboos
die Himbeere

de meloen
die Melone

de druif
die Weintrauben

de braam
die Brombeere

de aalbes
die Johannisbeere

de vossenbes
die Preiselbeere

de zwarte bes
die schwarze Johannisbeere

de schil
die Schale

de pit
der Kern

het vruchtvlees
das Fruchtfleisch

de watermeloen
die Wassermelone

de bosbes
die Heidelbeere

de witte bes
die weiße Johannisbeere

de loganbes
die Loganbeere

de kruisbes
die Stachelbeere

---

woorden • Vokabular

sappig saftig	**zuur** sauer	**knapperig** knackig	**zonder pitjes** kernlos	**Zijn ze rijp?** Sind sie reif?
de ballaststoffen die Ballaststoffe	**fris** frisch	**rot** faul	**het sap** der Saft	**Mag ik er een proberen?** Könnte ich eine probieren?
zoet süß	**de rabarber** der Rhabarber	**de vruchtenmoes** das Fruchtmark	**de kern** das Kerngehäuse	**Hoelang blijven ze goed?** Wie lange halten sie sich?

nederlands • deutsch

DE LEVENSMIDDELEN • DIE NAHRUNGSMITTEL

het fruit 2 • das Obst 2

DE LEVENSMIDDELEN • DIE NAHRUNGSMITTEL

de noten en de gedroogde vruchten •
die Nüsse und das Dörrobst

de pijnboompit
der Pinienkern

de pistachenoot
die Pistazie

de cashewnoot
die Cashewnuss

de pinda
die Erdnuss

de hazelnoot
die Haselnuss

de paranoot
die Paranuss

de pecannoot
die Pecannuss

de amandel
die Mandel

de walnoot
die Walnuss

de tamme kastanje
die Esskastanie

de macadamianoot
die Macadamianuss

de vijg
die Feige

de dadel
die Dattel

de gedroogde pruim
die Backpflaume

de schil
die Schale

het vruchtvlees
das Fruchtfleisch

de sultana
die Sultanine

de rozijn
die Rosine

de krent
die Korinthe

de kokosnoot
die Kokosnuss

---

woorden • Vokabular

groen grün	**hard** hart	**de pit** der Kern	**gezouten** gesalzen	**geroosterd** geröstet	**de zuidvruchten** die Südfrüchte	**gepeld** geschält
rijp reif	**zacht** weich	**gedroogd** getrocknet	**rauw** roh	**seizoens-** Saison-	**de geconfijte vruchten** die kandierten Früchte	**heel** ganz

nederlands • deutsch

DE LEVENSMIDDELEN · DIE NAHRUNGSMITTEL

de granen en de peulvruchten · die Getreidearten und die Hülsenfrüchte

de granen · das Getreide

de tarwe
der Weizen

de haver
der Hafer

de gerst
die Gerste

de gierst
die Hirse

de maïs
der Mais

de quinoa
die Quinoa

woorden · Vokabular		
droog trocken	**vers** frisch	**volkoren** Vollkorn
de peul die Hülse	**geurig** aromatisch	**langkorrelig** Langkorn
de korrel der Kern	**weken** einweichen	**rondkorrelig** Rundkorn
het zaad der Samen	**de graanvlokken** die Getreideflocken	**gemakkelijk te koken** leicht zu kochen

de rijst · der Reis

de witte rijst
der weiße Reis

de zilvervliesrijst
der Naturreis

de wilde rijst
der Wildreis

de paprijst
der Milchreis

de bewerkte graansoorten · die verarbeiteten Getreidearten

de couscous
der Couscous

de grofgemalen tarwe
das Weizenschrot

het griesmeel
der Grieß

de zemelen
die Kleie

nederlands · deutsch

DE LEVENSMIDDELEN • DIE NAHRUNGSMITTEL

de peulvruchten • die Bohnen und die Erbsen

de limabonen
die Limabohnen

de witte bonen
die weißen Bohnen

de bruine bonen
die roten Bohnen

de adukibonen
die Adzukibohnen

de tuinbonen
die Saubohnen

de sojabonen
die Sojabohnen

de ogenbonen
die Kuhbohnen

de vuurbonen
die Gartenbohnen

de mungbonen
die Mungbohnen

de Franse bonen
die französischen Bohnen

de bruine linzen
die braunen Linsen

de rode linzen
die roten Linsen

de groene erwten
die grünen Erbsen

de kikkererwten
die Kichererbsen

de spliterwten
die getrockneten Erbsen

de zaden/de pitten • die Körner

de pompoenpit
der Kürbiskern

het mosterdzaad
das Senfkorn

de kummel
der Kümmel

het sesamzaad
das Sesamkorn

de zonnebloempit
der Sonnenblumenkern

nederlands • deutsch

DE LEVENSMIDDELEN • DIE NAHRUNGSMITTEL

de kruiden en specerijen • die Kräuter und Gewürze

de specerijen • die Gewürze

de vanille
die Vanille

de nootmuskaat
die Muskatnuss

de foelie
die Muskatblüte

de kurkuma
die Gelbwurz

de komijn
der Kreuzkümmel

het kruidenmengsel
die Kräutermischung

het piment
der Piment

de peperkorrel
das Pfefferkorn

de fenegriek
der Bockshornklee

de chilivlokken
der Chili

heel
ganz

geplet
zerstoßen

de saffraan
der Safran

de kardemom
der Kardamom

het kerriepoeder
das Currypulver

gemalen
gemahlen

de paprikapoeder
der Paprika

in vlokken
gerebelt

de knoflook
der Knoblauch

nederlands • deutsch

DE LEVENSMIDDELEN • DIE NAHRUNGSMITTEL

de kruiden • die Kräuter

de stokjes
die Stangen

de kaneel
der Zimt

de venkel
der Fenchel

het venkelzaad
die Fenchelsamen

de laurier
das Lorbeerblatt

de peterselie
die Petersilie

het citroengras
das Zitronengras

de bieslook
der Schnittlauch

de munt
die Minze

de tijm
der Thymian

de salie
der Salbei

de kruidnagel
die Gewürznelke

de dragon
der Estragon

de majoraan
der Majoran

het basilicum
das Basilikum

de steranijs
der Sternanis

de gember
der Ingwer

de oregano
der Oregano

de koriander
der Koriander

de dille
der Dill

de rozemarijn
der Rosmarin

nederlands • deutsch

133

DE LEVENSMIDDELEN • DIE NAHRUNGSMITTEL

de levensmiddelen in flessen
• die Nahrungsmittel in Flaschen

de walnotenolie — das Walnussöl
de druivenpitolie — das Traubenkernöl
de kurk — der Korken
de zonnebloemolie — das Sonnenblumenöl
de amandelolie — das Mandelöl
de sesamolie — das Sesamöl
de hazelnootolie — das Haselnussöl
de olijfolie — das Olivenöl
de kruiden — die Kräuter
de kruidenolie — das aromatische Öl
de olieën — die Öle

het zoete broodbeleg • der süße Aufstrich

de pot — das Glas
de honingraat — die Honigwabe
de stijve honing — der feste Honig
de citroenmarmelade — die Zitronenmarmelade
de frambozenjam — die Himbeerkonfitüre
de marmelade — die Orangenmarmelade
de vloeibare honing — der flüssige Honig
de ahornsiroop — der Ahornsirup

nederlands • deutsch

DE LEVENSMIDDELEN • DIE NAHRUNGSMITTEL

de smaakmakers • die Würzmittel

- de appelazijn — der Apfelweinessig
- de balsamicoazijn — der Gewürzessig
- de fles — die Flasche
- de mayonaise — die Majonäse
- de ketchup — der Ketchup
- de mosterd — der Senf
- de Franse mosterd — der französische Senf
- de chutney — das Chutney
- de moutazijn — der Malzessig
- de wijnazijn — der Weinessig
- de azijn — der Essig
- de saus — die Soße
- de grove mosterd — der grobe Senf

- de weckfles — das Einmachglas
- de pindakaas — die Erdnussbutter
- de chocoladepasta — der Schokoladenaufstrich
- het ingemaakte fruit — das eingemachte Obst

woorden • Vokabular

de plantaardige olie — das Pflanzenöl	de raapolie — das Rapsöl
de maïsolie — das Maiskeimöl	de koudgeperste olie — das kaltgepresste Öl
de arachideolie — das Erdnussöl	

nederlands • deutsch

DE LEVENSMIDDELEN • DIE NAHRUNGSMITTEL

de zuivel • die Milchprodukte

de kazen • der Käse

de korst / die Rinde

de belegen kaas / der mittelharte Käse

de geraspte kaas / der geriebene Käse

de oude kaas / der Hartkäse

de halfharde kaas / der halbfeste Käse

de cottagechees / der Hüttenkä

de roomkaas / der Rahmkäse

de blauwschimmelkaas / der Blauschimmelkäse

de zachte kaas / der Weichkäse

de verse kaas | der Frischkäse

de melk • die Milch

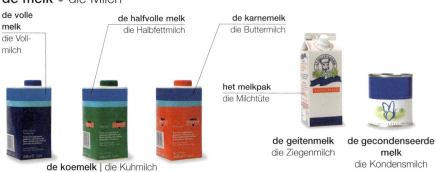

de volle melk / die Vollmilch

de halfvolle melk / die Halbfettmilch

de karnemelk / die Buttermilch

het melkpak / die Milchtüte

de koemelk | die Kuhmilch

de geitenmelk / die Ziegenmilch

de gecondenseerde melk / die Kondensmilch

nederlands • deutsch

DE LEVENSMIDDELEN • DIE NAHRUNGSMITTEL

de boter
die Butter

de margarine
die Margarine

de room
die Sahne

de vetarme room
die fettarme Sahne

de zoete room
die süße Sahne

de slagroom
die Schlagsahne

de crème fraîche
die saure Sahne

de yoghurt
der Joghurt

het ijs
das Eis

de eieren • die Eier

het eigeel — das Eigelb
het eiwit — das Eiweiß
de eierschaal — die Eierschale
het eierdopje — der Eierbecher
het gekookte ei — das gekochte Ei
het kippenei — das Hühnerei
het eendenei — das Entenei
het ganzenei — das Gänseei
het kwartelei — das Wachtelei

woorden • Vokabular

nederlands	deutsch
gepasteuriseerd	pasteurisiert
niet gepasteuriseerd	unpasteurisiert
vetvrij	fettfrei
het melkpoeder	das Milchpulver
gezouten	gesalzen
ongezouten	ungesalzen
de schapenmelk	die Schafmilch
de magere melk	die Magermilch
de lactose	die Laktose
gehomogeniseerd	homogenisiert
de milkshake	der Milchshake

nederlands • deutsch

DE LEVENSMIDDELEN • DIE NAHRUNGSMITTEL

het brood en het meel • das Brot und das Mehl

het gesneden brood
das Scheibenbrot

het maanzaad
der Mohn

het roggebrood
das Roggenbrot

de baguette
das Baguette

de bakkerswinkel | die Bäckerei

brood bakken • Brot backen

de tarwebloem
das Weizenmehl

het roggemeel
das Roggenmehl

het volkorenmeel
das Vollkornmehl

de gist
die Hefe

zeven | sieben

mengen | verrühren

het deeg
der Teig

kneden | kneten

bakken | backen

nederlands • deutsch

DE LEVENSMIDDELEN • DIE NAHRUNGSMITTEL

de korst / die Kruste

het brood / der Laib

de boterham / die Scheibe

het witbrood
das Weißbrot

het bruinbrood
das Graubrot

het volkorenbrood
das Vollkornbrot

het meergranenbrood
das Mehrkornbrot

het maïsbrood
das Maisbrot

het sodabrood
das Sodabrot

het zuurdesembrood
das Sauerteigbrot

het Turkse brood
das Fladenbrot

de bagel
der Bagel

het broodje
das Brötchen

het zoete gistbrood
der Hefeknoten

het krentenbrood
das Rosinenbrot

de focaccia
die Focaccia

de naan
der Naan

het pitabrood
das Pitabrot

het knäckebröd
das Knäckebrot

---

woorden • Vokabular

het zelfrijzend bakmeel
das Mehl mit Backpulver

het paneermeel
das Paniermehl

laten rijzen
gehen lassen

glazuren
glasieren

rijzen
aufgehen

de broodsnijmachine
der Brotschneider

de bakker
der Bäcker

---

nederlands • deutsch

DE LEVENSMIDDELEN · DIE NAHRUNGSMITTEL

het gebak, de taart en de nagerechten
• die Kuchen und die Nachspeisen

de eclair / das Eclair

de room / die Sahne

de vulling / die Füllung

het soezendeeg / der Brandteig

het bladerdeeg / der Blätterteig

het filodeeg / der Filoteig

het chocoladeglazuur / der Schokoladenüberzug

het vruchtengebakje / das Obsttortelett

de muffin / der Muffin

de madeleine / das Biskuittörtchen

het schuimpje / das Baiser

het gebak | das Gebäck

---

woorden • Vokabular

de banketbakkersroom
die Konditorcreme

de chocoladetaart
die Schokoladentorte

het gebakje
das Teilchen

de vanillepudding
der Vanillepudding

het deeg
der Teig

het stuk/ de punt
das Stück

de rijstebrij
der Milchreis

het feest
die Feier

Mag ik een punt daarvan?
Könnte ich bitte ein Stück haben?

DE LEVENSMIDDELEN • DIE NAHRUNGSMITTEL

het stukje chocola
das Schokoladenstückchen

de lange vingers
die Löffelbiskuits

de trifle
das Trifle

de florentijn
der Florentiner

de koekjes | die Kekse

de mousse
die Mousse

de sorbet
das Sorbet

de slagroomtaart
die Sahnetorte

de flan
der Flan

de feesttaarten • die festlichen Kuchen

de bovenste laag
der obere Kuchenteil

de onderste laag
der untere Kuchenteil

de marsepein
das Marzipan

het lint
das Band

het suikerglazuur
der Zuckerguss

de versiering
die Dekoration

de verjaarskaarsjes
die Geburtstagskerzen

uitblazen
ausblasen

de bruidstaart | die Hochzeitstorte

de verjaardagstaart | der Geburtstagskuchen

nederlands • deutsch

DE LEVENSMIDDELEN • DIE NAHRUNGSMITTEL

de delicatessen • die Feinkost

de pikante worst
die pikante Wurst

de olie
das Öl

de azijn
der Essig

de salami
die Salami

de paprikaworst
die Peperoniwurst

de quiche
die Quiche

het verse vlees
das frische Fleisch

de toonbank
die Theke

de paté
die Pastete

de mozzarella
der Mozzarella

de brie
der Brie

de geitenkaas
der Ziegenkäse

de cheddar
der Cheddar

de Parmezaanse kaas
der Parmesan

de camembert
der Camembert

de korst
die Rinde

de edammer
der Edamer

de manchego
der Manchego

nederlands • deutsch

DE LEVENSMIDDELEN • DIE NAHRUNGSMITTEL

de patés — die Pasteten
de zwarte olijf — die schwarze Olive
de paprika — die Peperoni
de saus — die Soße
het broodje — das Brötchen
de vleeswaren — der Aufschnitt
de groene olijf — die grüne Olive
de ham — der Schinken
de broodjestoonbank — die Sandwichtheke

de gerookte vis — der Räucherfisch

de kappertjes — die Kapern

de chorizo — die Chorizo

de prosciutto — der Prosciutto

de gevulde olijf — die gefüllte Olive

woorden • Vokabular

in olie	gemarineerd	gerookt
in Öl	mariniert	geräuchert
in pekel	**gepekeld**	**gedroogd**
in Lake	gepökelt	getrocknet

Wilt u een nummertje trekken alstublieft?
Nehmen Sie bitte eine Nummer.

Mag ik daarvan wat proeven?
Kann ich bitte etwas davon probieren?

Ik wil graag zes plakken daarvan, alstublieft.
Ich hätte gerne sechs Scheiben davon, bitte.

nederlands • deutsch

DE LEVENSMIDDELEN • DIE NAHRUNGSMITTEL

de dranken • die Getränke

het water • das Wasser

het flessenwater
das Flaschenwasser

met koolzuur
mit Kohlensäure

zonder koolzuur
ohne Kohlensäure

het kraanwater
das Leitungswasser

de tonic
das Tonicwater

het sodawater
das Sodawasser

het mineraalwater
das Mineralwasser

de warme dranken • die heißen Getränke

het theezakje
der Teebeutel

de theebladen
die Teeblätter

de thee
der Tee

de koffiebonen
die Bohnen

de gemalen koffie
der gemahlene Kaffee

de koffie
der Kaffee

de warme chocolademelk
die heiße Schokolade

de maltkoffie
das Malzgetränk

de frisdranken • die alkoholfreien Getränke

het rietje
der Strohhalm

het tomatensap
der Tomatensaft

het druivensap
der Traubensaft

de limonade
die Limonade

de sinas
die Orangenlimonade

de cola
die Cola

DE LEVENSMIDDELEN • DIE NAHRUNGSMITTEL

de alcoholische dranken • die alkoholischen Getränke

het blikje
die Dose

het bier
das Bier

de cider
der Apfelwein

het donkerblonde bier
das halbdunkle Bier

het donkere bier
das Schwarzbier

de gin
der Gin

de wodka
der Wodka

de whisky
der Whisky

de rum
der Rum

de brandy
der Weinbrand

droog
trocken

rosé
rosé

wit
weiß

rood
rot

de port
der Portwein

de sherry
der Sherry

de campari
der Campari

de likeur
der Likör

de tequila
der Tequila

de champagne
der Champagner

de wijn
der Wein

nederlands • deutsch

uit eten
auswärts essen

UIT ETEN • AUSWÄRTS ESSEN

het café • das Café

de markies / die Markise

de menukaart / die Speisekarte

de parasol / der Sonnenschirm

het caféterras
das Terrassencafé

de kelner / der Kellner

de koffiemachine / die Kaffeemaschine

de tafel / der Tisch

het straatcafé | das Straßencafé

het eetcafé | das Esslokal

de koffie • der Kaffee

de koffie met melk / der Milchkaffee

de zwarte koffie / der schwarze Kaffee

het cacaopoeder / das Kakaopulver

het schuim / der Schaum

de filterkoffie
der Filterkaffee

de espresso
der Espresso

de cappuccino
der Cappuccino

de ijskoffie
der Eiskaffee

nederlands • deutsch

UIT ETEN • AUSWÄRTS ESSEN

de thee • der Tee

de kruidenthee
der Kräutertee

de kamillethee
der Kamillentee

de groene thee
der grüne Tee

de thee met melk
der Tee mit Milch

de zwarte thee
der schwarze Tee

de thee met citroen
der Tee mit Zitrone

de muntthee
der Pfefferminztee

de ijsthee
der Eistee

de sappen en milkshakes • die Säfte und Milchshakes

het sinaasappelsap
der Orangensaft

het appelsap
der Apfelsaft

het ananas-sap
der Ananassaft

het tomatensap
der Tomatensaft

de chocolademilkshake
der Schokoladenmilchshake

de aardbeien-milkshake
der Erdbeer-milchshake

de koffiemilkshake
der Kaffeemilchshake

het eten • das Essen

het volkorenbrood
das Vollkornbrot

de geroosterde sandwich
der getoastete Sandwich

de salade
der Salat

het bolletje
die Kugel

het ijs
das Eis

het gebak
das Gebäck

nederlands • deutsch

UIT ETEN • AUSWÄRTS ESSEN

de bar • die Bar

de maatbeker | das Maß
de kassa | die Kasse
de barman | der Barkeeper
de tap | der Zapfhahn
de espressomachine | die Kaffeemaschine
de glazen | die Gläser

de koeler | der Eiskübel
de barkruk | der Barhocker
de asbak | der Aschenbecher
het bierviltje | der Untersetzer
de bar | die Theke

de flesopener | der Flaschenöffner
de hefboom | der Hebel
de ijstang | die Eiszange
de cocktailmixer | der Cocktailrührer
de maatbeker | der Messbecher

de kurkentrekker | der Korkenzieher

de cocktailshaker | der Cocktailshaker

nederlands • deutsch

UIT ETEN • AUSWÄRTS ESSEN

de karaf | der Krug

het ijsblokje | der Eiswürfel

de gin-tonic
der Gin Tonic

de whisky met water
der Scotch mit Wasser

de rum-cola
der Rum mit Cola

de wodka met sinaasappelsap
der Wodka mit Orangensaft

de martini
der Martini

de cocktail
der Cocktail

de wijn
der Wein

het bier | das Bier

een neut/een borrel
ein Schuss

enkel | einfach

dubbel | doppelt

de maatbeker
das Maß

zonder ijs
ohne Eis

met ijs en citroen | mit Eis und Zitrone

met ijs
mit Eis

de borrelhapjes • die Knabbereien

de cashewnoten | die Cashewnüsse

de amandelen | die Mandeln

de pinda's | die Erdnüsse

de chips | die Kartoffelchips

de nootjes | die Nüsse

de olijven | die Oliven

nederlands • deutsch   151

UIT ETEN • AUSWÄRTS ESSEN

het restaurant • das Restaurant

het servet
die Serviette

de hulpkok
der Hilfskoch

het couvert
das Gedeck

de chefkok
der Küchenchef

het glas
das Glas

het dienblad
das Tablett

de keuken
die Küche

de kelner
der Kellner

woorden • Vokabular

het lunchmenu das Mittagsmenü	**de dagschotel** das Tagesgericht	**de prijs** der Preis	**de fooi** das Trinkgeld	**het buffet** das Buffet	**de klant** der Kunde
het avondmenu das Abendmenü	**à la carte** à la carte	**de rekening** die Rechnung	**bediening niet inbegrepen** ohne Bedienung	**de bar** die Bar	**het zout** das Salz
de wijnkaart die Weinkarte	**de dessertwagen** der Dessertwagen	**het bonnetje** die Quittung	**bediening inbegrepen** Bedienung inbegriffen		**de peper** der Pfeffer

nederlands • deutsch

UIT ETEN • AUSWÄRTS ESSEN

de menukaart
die Speisekarte

het kindermenu
die Kinderportion

bestellen
bestellen

betalen
bezahlen

de gangen • die Gänge

het aperitief
der Aperitif

het voorgerecht
die Vorspeise

de soep
die Suppe

het hoofdgerecht
das Hauptgericht

het bijgerecht
die Beilage

de vork
die Gabel

het koffielepeltje
der Kaffeelöffel

het nagerecht | der Nachtisch

de koffie | der Kaffee

Een tafel voor twee personen alstublieft.
Ein Tisch für zwei Personen bitte.

Heeft u voor mij de menukaart/ wijnkaart alstublieft?
Könnte ich bitte die Speisekarte/ Weinliste sehen?

Heeft u een dagmenu?
Gibt es ein Festpreismenü?

Heeft u vegetarische gerechten?
Haben Sie vegetarische Gerichte?

Heeft u voor mij de rekening?
Könnte ich die Rechnung/Quittung haben?

Kunnen wij apart betalen?
Könnten wir getrennt zahlen?

Waar vind ik de toiletten?
Wo sind die Toiletten bitte?

---

nederlands • deutsch

UITDEUR ETEN • AUSWÄRTS ESSEN

de snackbar • der Schnellimbiss

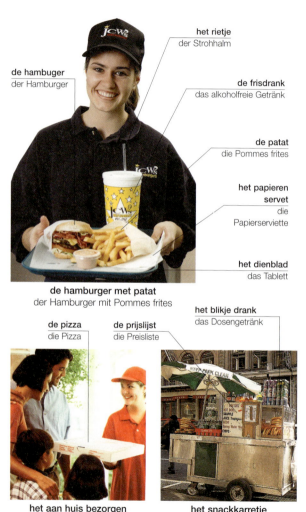

het rietje
der Strohhalm

de hamburger
der Hamburger

de frisdrank
das alkoholfreie Getränk

de patat
die Pommes frites

het papieren servet
die Papierserviette

het dienblad
das Tablett

de hamburger met patat
der Hamburger mit Pommes frites

de pizza
die Pizza

de prijslijst
die Preisliste

het blikje drank
das Dosengetränk

het aan huis bezorgen
die Lieferung ins Haus

het snackkarretje
der Imbissstand

---

woorden • Vokabular

de pizzeria
die Pizzeria

de snackbar
die Imbissstube

de menukaart
die Speisekarte

hier opeten
hier essen

om mee te nemen
zum Mitnehmen

opwarmen
aufwärmen

de ketchup
der Tomatenketchup

Kunt u het voor mij inpakken?
Können Sie es für mich einpacken zum Mitnehmen?

Bezorgt u ook aan huis?
Liefern Sie ins Haus?

nederlands • deutsch

UIT ETEN • AUSWÄRTS ESSEN

het broodje
das Brötchen

de mosterd
der Senf

de worst
die Wurst

de hamburger
der Hamburger

de kipburger
der Chickenburger

de vegaburger
der vegetarische Hamburger

de hotdog
das Hot Dog

de vulling
die Füllung

het belegde broodje
das belegte Brötchen

de clubsandwich
der Klubsandwich

de belegde boterham
das belegte Brot

de taco
der Taco

de saus
die Soße

gezouten
salzig

zoet
süß

de pizzavulling
der Pizzabelag

de vleesspies
der Fleischspieß

de kipnuggets
die Hähnchenstückchen

de crêpes | die Crêpes

de fish and chips
Fish and Chips

de krabbetjes
die Rippchen

de gebakken kip
das gebratene Hähnchen

de pizza
die Pizza

nederlands • deutsch

UIT ETEN • AUSWÄRTS ESSEN

het ontbijt • das Frühstück

de melk	de ontbijt- granen	de jam	het gedroogde fruit	de ham	de kaas	het knäckebröd
die Milch	die Getreide flocken	die Konfitüre	das Dörrobst	der Schinken	der Käse	das Knäckebrot

het ontbijtbuffet — das Frühstücksbuffet

de marmelade — die Orangenmarmelade

de paté — die Pastete

de boter — die Butter

het vruchtensap — der Obstsaft

de koffie — der Kaffee

de warme chocolademelk — die Schokolade

de croissant — das Croissant

de thee — der Tee

de ontbijttafel | der Frühstückstisch

de dranken | die Getränke

nederlands • deutsch

UIT ETEN • AUSWÄRTS ESSEN

de brioche
die Brioche

het brood
das Brot

de toast — der Toast
de tomaat — die Tomate
de bloedworst — die Blutwurst
het spiegelei — das Spiegelei
het worstje — das Würstchen
het ontbijtspek — der Frühstücksspeck

het Engelse ontbijt
das englische Frühstück

de gerookte haring
die Räucherheringe

de wentelteefjes
die Armen Ritter

het eigeel — das Eigelb

het gekookte ei
das gekochte Ei

het roerei
das Rührei

de pannenkoeken
die Pfannkuchen

de slagroom — die Sahne

de wafels
die Waffeln

de havermout
der Haferbrei

de vruchtenyoghurt — der Früchtejoghurt

de vruchtensalade
der Obstsalat

nederlands • deutsch

UIT ETEN • AUSWÄRTS ESSEN

de hoofdmaaltijd • die Hauptmahlzeit

de soep | die Suppe

de bouillon | die Brühe

de stoofschotel | der Eintopf

de curry | das Curry

het braadstuk
der Braten

de pastei
die Pastete

de soufflé
das Soufflé

de sjaslik
das Schaschlik

de bami
die Nudeln

de gehaktballetjes
die Fleischklöße

de omelet
das Omelett

het wokgerecht
das Pfannengericht

de pasta | die Nudeln

de rijst
der Reis

de gemengde sla
der gemischte Salat

de groene sla
der grüne Salat

de vinaigrette
die Salatsoße

nederlands • deutsch

UIT ETEN • AUSWÄRTS ESSEN

de toebereiding • die Zubereitung

gevuld | gefüllt

met saus/jus | in Soße

gegrild | gegrillt

gemarineerd | mariniert

gepocheerd
pochiert

gepureerd | püriert

gebakken
gebacken

kort gebakken
kurzgebraten

gebakken
gebraten

ingelegd in azijn
eingelegt

gerookt
geräuchert

gefrituuurd
frittiert

op sap
in Saft

aangemaakt
angemacht

gestoomd
gedämpft

gedroogd
getrocknet

nederlands • deutsch

de studie
das Lernen

DE STUDIE • DAS LERNEN

de school • die Schule

de lerares
die Lehrerin

het schoolbord
die Tafel

het klaslokaal | das Klassenzimmer

de schooljongen
der Schuljunge

de scholier
der Schüler

het schooluniform
die Schuluniform

de schoolbank
das Pult

de schooltas
die Schultasche

het krijtje
die Kreide

het schoolmeisje
das Schulmädchen

---

woorden • Vokabular

de literatuur die Literatur	**de kunst** die Kunst	**de natuurkunde** die Physik
de talen die Sprachen	**de muziek** die Musik	**de scheikunde** die Chemie
de aardrijkskunde die Erdkunde	**de wiskunde** die Mathematik	**de biologie** die Biologie
de geschiedenis die Geschichte	**de natuurwetenschap** die Naturwissenschaft	**de gymnastiek** der Sport

de activiteiten • die Aktivitäten

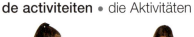

lezen | lesen   **schrijven** | schreiben

spellen
buchstabieren

tekenen
zeichnen

nederlands • deutsch

DE STUDIE • DAS LERNEN

de overheadprojector
der Overheadprojektor

de vulpen
der Füller

de veer
die Feder

het potlood
der Bleistift

het kleurpotlood
der Buntstift

de puntenslijper
der Anspitzer

het schrift
das Heft

het vlakgom
der Radiergummi

het schoolboek | das Schulbuch

de etui
das Federmäppchen

de liniaal
das Lineal

vragen
fragen

antwoorden
antworten

discussiëren
diskutieren

leren
lernen

woorden • Vokabular

de directeur
der Schulleiter

de les
die Stunde

de vraag
die Frage

aantekeningen maken
Notizen machen

het antwoord
die Antwort

het opstel
der Aufsatz

het proefwerk
die Prüfung

het huiswerk
die Hausaufgabe

het cijfer
die Note

de klas
die Klasse

de encyclopedie
das Lexikon

het woordenboek
das Wörterbuch

nederlands • deutsch

DE STUDIE · DAS LERNEN

de wiskunde · die Mathematik

de vormen · die Formen

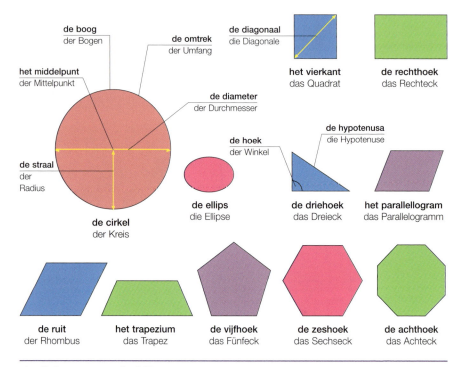

nederlands	deutsch
de boog	der Bogen
de omtrek	der Umfang
de diagonaal	die Diagonale
het middelpunt	der Mittelpunkt
het vierkant	das Quadrat
de rechthoek	das Rechteck
de diameter	der Durchmesser
de straal	der Radius
de hoek	der Winkel
de hypotenusa	die Hypotenuse
de ellips	die Ellipse
de driehoek	das Dreieck
het parallellogram	das Parallelogramm
de cirkel	der Kreis
de ruit	der Rhombus
het trapezium	das Trapez
de vijfhoek	das Fünfeck
de zeshoek	das Sechseck
de achthoek	das Achteck

de lichamen · die Körper

nederlands	deutsch
het zijvlak	die Seite
de top	die Spitze
de basis	die Grundfläche
de kegel	der Kegel
de cilinder	der Zylinder
de kubus	der Würfel
de piramide	die Pyramide
de bol	die Kugel

DE STUDIE • DAS LERNEN

de lijnen • die Linien

recht	**parallel**	**loodrecht**	**krom**
gerade	parallel	senkrecht	gekrümmt

de maten • die Maße

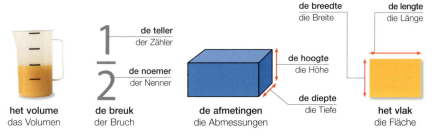

het volume — das Volumen
de breuk — der Bruch (de teller / der Zähler; de noemer / der Nenner)
de afmetingen — die Abmessungen (de breedte / die Breite; de hoogte / die Höhe; de diepte / die Tiefe)
het vlak — die Fläche (de lengte / die Länge)

de benodigdheden • die Ausrüstung

de tekendriehoek	**de gradenboog**	**de liniaal**	**de passer**	**de rekenmachine**
das Zeichendreieck	der Winkelmesser	das Lineal	der Zirkel	der Taschenrechner

---

woorden • Vokabular

de meetkunde die Geometrie	**plus** plus	**keer/maal** mal	**is gelijk aan** gleich	**optellen** addieren	**vermenigvuldigen** multiplizieren	**de vergelijking** die Gleichung
de rekenkunde die Arithmetik	**min** minus	**gedeeld door** geteilt durch	**tellen** zählen	**aftrekken** subtrahieren	**delen** dividieren	**het percentage** der Prozentsatz

nederlands • deutsch

DE STUDIE • DAS LERNEN

de natuurwetenschappen • die Naturwissenschaften

het laboratorium
das Labor

de laboratoriumweegschaal
die Laborwaage

het gewicht
das Gewicht

de unster/de veerbalans
die Federwaage

de smeltkroes
der Tiegel

de bunsenbrander
der Bunsenbrenner

de driepoot
der Dreifuß

de glazen fles
die Glasflasche

het statief
das Stativ

de reageerbuis
das Reagenzglas

de trechter
der Trichter

de klem
die Klammer

de reageerbuishouder
das Gestell

de kolf
der Kolben

de kurk
der Stöpsel

de stopwatch
der Zeitmesser

het petrischaaltje
die Petrischale

de proef | der Versuch

166   nederlands • deutsch

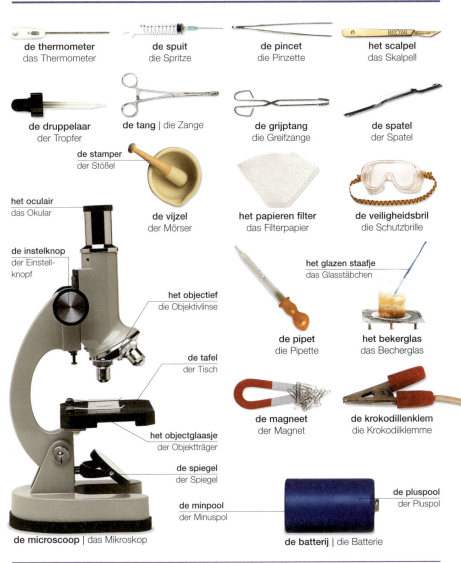

DE STUDIE • DAS LERNEN

de hogeschool/de universiteit • die Hochschule

het secretariaat
das Sekretariat

de mensa
die Mensa

het gezondheidscentrum
die Gesundheitsfürsorge

het sportterrein
der Sportplatz

de studentenflats
das Studentenwohnheim

de catalogus
der Katalog

de campus | der Campus

de bibliothecaresse
die Bibliothekarin

de uitleenbalie
die Ausleihe

de boekenkast
das Bücherregal

de periodiek
das Periodikum

het tijdschrift
die Zeitschrift

de bibliotheek | die Bibliothek

woorden • Vokabular

de bibliotheekkaart der Leserausweis	de informatiebalie die Auskunft	verlengen verlängern
de leeszaal der Lesesaal	reserveren vorbestellen	het boek das Buch
de literatuurlijst die Literaturliste	de gang der Gang	de titel der Titel
de uitleendatum das Rückgabedatum	de uitlening die Ausleihe	uitlenen ausleihen

DE STUDIE • DAS LERNEN

de student — der Student
de docent — der Dozent
de collegezaal — der Hörsaal

de afgestudeerde — die Graduierte
de toga — die Robe
het afstudeerfeest — die Graduierungsfeier

de beroepsopleidingen • die Fachhochschulen

het model — das Model
de kunstacademie — die Kunsthochschule

het conservatorium — die Musikhochschule

de dansacademie — die Tanzakademie

woorden • Vokabular

nederlands	deutsch
de beurs	das Stipendium
postdoc	postgraduiert
het diploma	das Diplom
de academische graad	der akademische Grad
het onderzoek	die Forschung
de master	der Magister
de promotie	die Promotion
het proefschrift	die Dissertation
de scriptie	die Examensarbeit
het vakgebied	der Fachbereich
de werktuigbouwkunde	der Maschinenbau
de kunstgeschiedenis	die Kunstgeschichte
de geneeskunde	die Medizin
de dierkunde	die Zoologie
de natuurkunde	die Physik
de rechtenstudie	die Rechtswissenschaft
de economie	die Wirtschaftswissenschaft
de filosofie	die Philosophie
de politicologie	die Politologie
de letteren	die Literatur

nederlands • deutsch

het werk
die Arbeit

HET WERK • DIE ARBEIT

het kantoor 1 • das Büro 1
het kantoor • das Büro

- het beeldscherm / der Bildschirm
- de pennenhouder / der Stifthalter
- de ordner / der Ordner
- de ingekomen post / die Ablage für Eingänge
- de computer / der Computer
- de uitgaande post / die Ablage für Ausgänge
- het toetsenbord / die Tastatur
- het notitieboek / das Notizbuch
- de telefoon / das Telefon
- het etiket / das Schild
- het bureau / der Schreibtisch
- de prullenmand / der Papierkorb
- de bureaustoel / der Drehstuhl
- het bureaukastje / das Schreibtischschränkchen
- de bureaulade / die Schublade
- de dossierkast / der Aktenschrank

de kantoormachines • die Büroausstattung

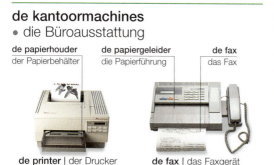

- de papierhouder / der Papierbehälter
- de papiergeleider / die Papierführung
- de fax / das Fax
- de printer | der Drucker
- de fax | das Faxgerät

---

woorden • Vokabular

| printen/afdrukken | vergroten |
| drucken | vergrößern |

| fotokopiëren | verkleinen |
| kopieren | verkleinern |

Ik zou graag een fotokopie maken.
Ich möchte fotokopieren.

---

nederlands • deutsch

HET WERK • DIE ARBEIT

de kantoorbenodigdheden • der Bürobedarf

het briefpapier
der Geschäftsbogen

het complimentenkaartje
der Empfehlungszettel

de envelop
der Briefumschlag

de dossierdoos
der Aktenordner

het klembord
das Klemmbrett

het notitieblok
der Notizblock

de ruiter
der Kartenreiter

de hangmap
der Hängeordner

het scheidingskarton
der Teiler

de waaiermap
der Fächerordner

de ringordner
der Ringordner

de agenda
der Terminkalender

de nietjes
die Klammern

de nietmachine
der Hefter

het plakband
der Tesafilm

de plakbandhouder
der Tesafilmhalter

de perforator
der Locher

het stempelkussen
das Stempelkissen

het stempel
der Stempel

het elastiekje
das Gummiband

de papierklem
die Papierklammer

de paperclip
die Büroklammer

de punaise
die Reißzwecke

het prikbord | die Pinnwand

nederlands • deutsch

HET WERK • DIE ARBEIT

het kantoor 2 • das Büro 2

de flip-over | das Flipchart
het onderstel | das Gestell
de offerte | das Angebot
het verslag | der Bericht
de manager | der Manager
het staflid | der leitende Angestellte
de notulen | das Protokoll

de vergadering | die Sitzung

woorden • Vokabular

de vergaderkamer
der Sitzungsraum

deelnemen
teilnehmen

de agenda
die Tagesordnung

voorzitten
den Vorsitz führen

Hoe laat begint de vergadering?
Um wieviel Uhr ist die Sitzung?

Wat zijn uw openingstijden?
Wie sind Ihre Geschäftszeiten?

de spreker | der Sprecher
de projector | der Projektor

de presentatie | die Präsentation

174   nederlands • deutsch

HET WERK • DIE ARBEIT

de zaken • das Geschäft

de laptop / der Laptop
de notities / die Notizen
de zakenman / der Geschäftsmann
de zakenvrouw / die Geschäftsfrau

de zakenlunch/het zakendiner
das Arbeitsessen

de zakenreis
die Geschäftsreise

de klant / der Kunde
de afspraak / der Termin
de palmtop / der Palmtop
de algemeen directeur / der Geschäftsführer

de agenda | der Terminkalender

de zakelijke overeenkomst
das Geschäftsabkommen

---

woorden • Vokabular

de firma die Firma	**het personeel** das Personal	**de marketingafdeling** die Marketingabteilung	**de juridische afdeling** die Rechtsabteilung
het hoofdkantoor die Zentrale	**het salaris** das Gehalt	**de afdeling verkoop** die Verkaufsabteilung	**de afdeling klantenservice** die Kundendienstabteilung
het filiaal die Zweigstelle	**de loonlijst** die Lohnliste	**de boekhouding** die Buchhaltung	**de afdeling personeelszaken** die Personalabteilung

nederlands • deutsch

HET WERK • DIE ARBEIT

de computer • der Computer

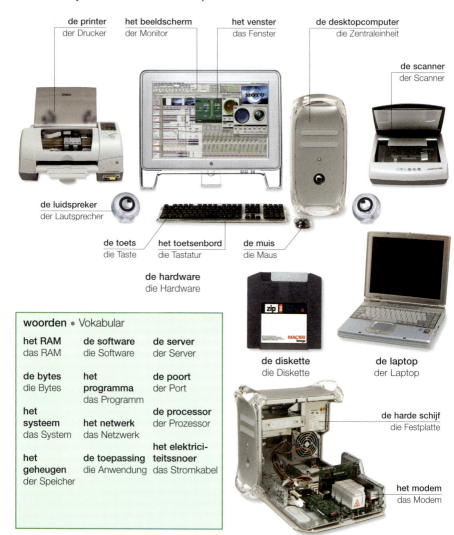

de printer / der Drucker
het beeldscherm / der Monitor
het venster / das Fenster
de desktopcomputer / die Zentraleinheit
de scanner / der Scanner
de luidspreker / der Lautsprecher
de toets / die Taste
het toetsenbord / die Tastatur
de muis / die Maus
de hardware / die Hardware
de diskette / die Diskette
de laptop / der Laptop
de harde schijf / die Festplatte
het modem / das Modem

woorden • Vokabular

het RAM das RAM	de software die Software	de server der Server
de bytes die Bytes	het programma das Programm	de poort der Port
het systeem das System	het netwerk das Netzwerk	de processor der Prozessor
het geheugen der Speicher	de toepassing die Anwendung	het elektriciteitssnoer das Stromkabel

nederlands • deutsch

HET WERK • DIE ARBEIT

het bureaublad • der Desktop

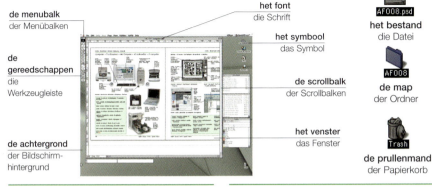

de menubalk / der Menübalken

de gereedschappen / die Werkzeugleiste

de achtergrond / der Bildschirmhintergrund

het font / die Schrift

het symbool / das Symbol

de scrollbalk / der Scrollbalken

het venster / das Fenster

het bestand / die Datei

de map / der Ordner

de prullenmand / der Papierkorb

het internet • das Internet

de e-mail • die E-Mail

de browser / der Browser

de inbox / der Posteingang

de webpagina / die Website

browsen / browsen

het e-mailadres / die E-Mail-Adresse

woorden • Vokabular

verbinden / verbinden	**het e-mailaccount** / das E-Mail-Konto	**inloggen** / einloggen	**downloaden** / herunterladen	**versturen** / senden	**opslaan** / speichern
installeren / installieren	**de provider** / der Provider	**online** / online	**de bijlage** / der Anhang	**ontvangen** / empfangen	**zoeken** / suchen

nederlands • deutsch

177

HET WERK • DIE ARBEIT

de media • die Medien

de televisiestudio • das Fernsehstudio

- de presentator / der Moderator
- de belichting / die Beleuchtung
- de studio / die Studioeinrichtung
- de camera / die Kamera
- de camerakraan / der Kamerakran
- de cameraman / der Kameramann

woorden • Vokabular					
het kanaal der Kanal	**het journaal** die Nachrichten	**de pers** die Presse	**live** live	**uitzenden** senden	**de tekenfilm** der Zeichentrickfilm
de programmering die Programmgestaltung	**de documentaire** der Dokumentarfilm	**de televisieserie** die Fernsehserie	**de spelshow** die Spielshow	**vooraf opgenomen** vorher aufgezeichnet	**de soap** die Seifenoper

nederlands • deutsch

HET WERK • DIE ARBEIT

de interview
das Interview

de verslaggeefster
die Reporterin

de autocue
der Teleprompter

de journaallezeres
die Nachrichtensprecherin

de acteurs
die Schauspieler

de microfoonhengel
der Mikrofongalgen

de filmklapper
die Klappe

de set
das Set

de radio • der Rundfunk

het mengpaneel — das Mischpult
de microfoon — das Mikrofon
de geluidstechnicus — der Tonmeister

de geluidsstudio | das Tonstudio

woorden • Vokabular

de dj
der DJ

de uitzending
die Sendung

frequentie zoeken
einstellen

de lange golf
die Langwelle

het radiostation
die Rundfunkstation

de korte golf
die Kurzwelle

de middengolf
die Mittelwelle

de frequentie
die Frequenz

het volume
die Lautstärke

de golflengte
die Wellenlänge

nederlands • deutsch

HET WERK • DIE ARBEIT

het recht • das Recht

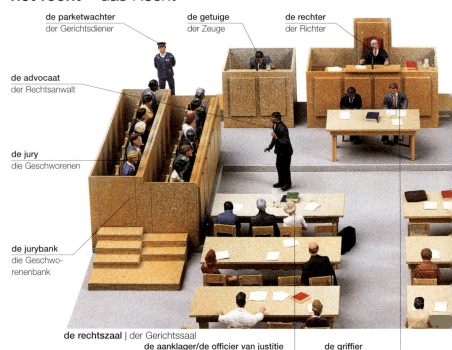

de parketwachter
der Gerichtsdiener

de getuige
der Zeuge

de rechter
der Richter

de advocaat
der Rechtsanwalt

de jury
die Geschworenen

de jurybank
die Geschworenenbank

de rechtszaal | der Gerichtssaal

de aanklager/de officier van justitie
die Staatsanwaltschaft

de griffier
der Protokollführer

woorden • Vokabular

het advocatenkantoor
das Anwaltsbüro

het juridische advies
die Rechtsberatung

de cliënt
der Klient

de dagvaarding
die Vorladung

de uitspraak
die Aussage

het arrestatiebevel
der Haftbefehl

de rechterlijke beschikking
die Verfügung

de datum van het proces
der Gerichtstermin

het pleidooi
das Plädoyer

de rechtszaak
das Gerichtsverfahren

de aanklacht
die Anklage

de beklaagde
der Angeklagte

nederlands • deutsch

HET WERK • DIE ARBEIT

de stenograaf
der Gerichtsstenograf

de beklaagde
der Angeklagte

de verdediging
die Verteidigung

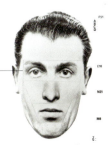
de verdachte
der Verdächtige

de montagefoto
das Phantombild

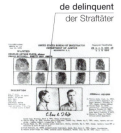
de delinquent
der Straftäter

het strafregister
das Strafregister

de gevangenisbewaarders
die Gefängniswärter

de cel
die Gefängniszelle

de gevangenis
das Gefängnis

---

woorden • Vokabular

het bewijs das Beweismittel	**schuldig** schuldig	**de borgtocht** die Kaution	**Ik wil met een advocaat spreken.** Ich möchte mit einem Anwalt sprechen.
het oordeel das Urteil	**vrijgesproken** freigesprochen	**het beroep** die Berufung	**Waar is de rechtbank?** Wo ist das Gericht?
onschuldig unschuldig	**de strafmaat** das Strafmaß	**invrijheidsstelling op borgtocht** die Haftentlassung auf Bewährung	**Kan ik de borgtocht betalen?** Kann ich die Kaution leisten?

nederlands • deutsch

HET WERK • DIE ARBEIT

de boerderij 1 • der Bauernhof 1

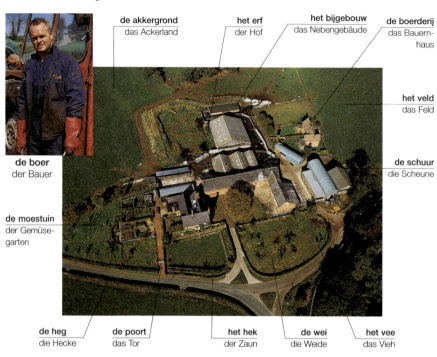

de akkergrond / das Ackerland
het erf / der Hof
het bijgebouw / das Nebengebäude
de boerderij / das Bauernhaus
het veld / das Feld
de schuur / die Scheune
de boer / der Bauer
de moestuin / der Gemüsegarten
de heg / die Hecke
de poort / das Tor
het hek / der Zaun
de wei / die Weide
het vee / das Vieh

de cultivator / der Kultivator

de tractor | der Traktor

de maaidorser | der Mähdrescher

nederlands • deutsch

HET WERK • DIE ARBEIT

de soorten landbouwbedrijven • die landwirtschaftlichen Betriebe

het veldgewas
die Feldfrucht

het akkerbouwbedrijf
der Ackerbaubetrieb

het melkveebedrijf
der Betrieb für Milchproduktion

de kudde
die Herde

de schapenfokkerij
die Schaffarm

de kippenboerderij
die Hühnerfarm

de varkenshouderij
die Schweinefarm

de viskwekerij
die Fischzucht

de fruitkwekerij
der Obstanbau

de wijnstok
der Weinstock

de wijngaard
der Weinberg

de werkzaamheden • die Tätigkeiten

de voor
die Furche

ploegen
pflügen

zaaien
säen

melken
melken

voeren
füttern

besproeien | bewässern

oogsten | ernten

woorden • Vokabular

het herbicide das Herbizid	**de kudde** die Herde	**de trog** der Trog
het pesticide das Pestizid	**de silo** das Silo	**planten** pflanzen

nederlands • deutsch

183

HET WERK • DIE ARBEIT

de boerderij 2 • der Bauernhof 2

de veldgewassen • die Feldfrüchte

de tarwe
der Weizen

de maïs
der Mais

de gerst
die Gerste

het koolzaad
der Raps

de zonnebloem
die Sonnenblume

de baal
der Ballen
het hooi
das Heu

de alfalfa
die Luzerne

de tabak
der Tabak

de rijst
der Reis

de thee
der Tee

de koffie
der Kaffee

het vlas
der Flachs

het suikerriet
das Zuckerrohr

de katoen
die Baumwolle

de vogelverschrikker
die Vogelscheuche

184 nederlands • deutsch

HET WERK • DIE ARBEIT

het vee • das Vieh

de big / das Ferkel
het kalf / das Kalb

het varken
das Schwein

de koe
die Kuh

de stier
der Stier

het schaap
das Schaf

het lam
das Lamm

het geitje / das Zicklein

de geit
die Ziege

het veulen / das Fohlen

het paard
das Pferd

de ezel
der Esel

het kuiken / das Küken

de kip/de hen
das Huhn

de haan
der Hahn

de kalkoen
der Truthahn

het eendenkuiken / das Entenküken

de eend
die Ente

de stal
der Stall

de schaapskooi
der Pferch

de kippenren
der Hühnerstall

de varkensstal
der Schweinestall

nederlands • deutsch

HET WERK • DIE ARBEIT

de bouw • der Bau

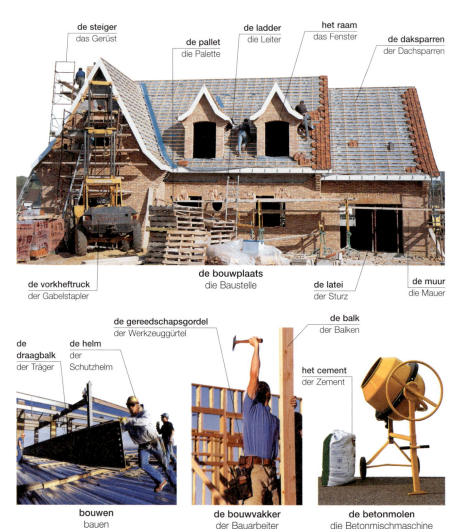

- de steiger — das Gerüst
- de pallet — die Palette
- de ladder — die Leiter
- het raam — das Fenster
- de daksparren — der Dachsparren
- de vorkheftruck — der Gabelstapler
- de bouwplaats — die Baustelle
- de latei — der Sturz
- de muur — die Mauer
- de gereedschapsgordel — der Werkzeuggürtel
- de balk — der Balken
- de draagbalk — der Träger
- de helm — der Schutzhelm
- het cement — der Zement

bouwen — bauen

de bouwvakker — der Bauarbeiter

de betonmolen — die Betonmischmaschine

nederlands • deutsch

HET WERK • DIE ARBEIT

de materialen • das Material

de baksteen
der Ziegelstein

het bouwhout
das Bauholz

de dakpan
der Dachziegel

het betonblok
der Betonblock

de gereedschappen • die Werkzeuge

de mortel
der Mörtel

de troffel
die Kelle

de waterpas
die Wasserwaage

de steel
der Stiel

de voorslaghamer
der Vorschlag-
hammer

de houweel
die Spitzhacke

de schop
die Schaufel

de machines • die Maschinen

de wals
die Walze

de kiepwagen
der Kipper

de stut
die Stütze

de haak
der Haken

de kraan | der Kran

de wegwerken • die Straßenarbeiten

het asfalt
der Asphalt

de pion
der Leitkegel

de pneumatische boor
der Pressluftbohrer

het nieuwe wegdek
der Neubelag

de dragline
der Bagger

nederlands • deutsch

HET WERK • DIE ARBEIT

de beroepen 1 • die Berufe 1

de meubelmaker
der Schreiner

de elektricien
der Elektriker

de loodgieter
der Klempner

de metselaar
der Maurer

de tuinman
der Gärtner

de stofzuiger
der Staubsauger
de schoonmaker
der Gebäudereiniger

de monteur
der Mechaniker

de slager
der Metzger

de schaar
die Schere
de kapper
der Friseur

de visverkoopster
die Fischhändlerin

de groenteboer
der Gemüsehändler

de bloemiste
die Floristin

de herenkapper
der Herrenfriseur

de juwelier
der Juwelier

de verkoopster
die Verkäuferin

nederlands • deutsch

HET WERK • DIE ARBEIT

de makelaar
die Immobilienmaklerin

de opticien
der Optiker

het mondkapje
die Mundschutz

de tandarts
die Zahnärztin

de arts
der Arzt

de apotheker
die Apothekerin

de verpleegkundige
die Krankenschwester

de dierenarts
die Tierärztin

de boer
der Landwirt

de visser
der Fischer

de matroos
der Seemann

het machine-
geweer
das
Maschinen-
gewehr

de soldaat
der Soldat

de politieagent
der Polizist

de badge
das Abzeichen

het uniform
die Uniform

de bewaker
der Wächter

de brandweerman
der Feuerwehrmann

nederlands • deutsch 189

HET WERK · DIE ARBEIT

de beroepen 2 · die Berufe 2

de advocaat
der Rechtsanwalt

de accountant
der Wirtschaftsprüfer

de maquette
das Modell

de architect
der Architekt

de wetenschapper
der Wissenschaftler

de lerares
die Lehrerin

de bibliothecaris
der Bibliothekar

de receptioniste
die Empfangsdame

de posttas
die Posttasche

de postbode
der Briefträger

de buschauffeur
der Busfahrer

de vrachtwagenchauffeur
der Lastwagenfahrer

de taxichauffeur
der Taxifahrer

de piloot
der Pilot

de stewardess
die Flugbegleiterin

de reisagente
die Reisebürokauffrau

de koksmuts
die Kochmütze

de kok
der Koch

nederlands · deutsch

HET WERK • DIE ARBEIT

de musicus
der Musiker

de ballerina
die Tänzerin

de tutu
das Ballettröckchen

de acteur
der Schauspieler

de zangeres
die Sängerin

de serveerster
die Kellnerin

de barman
der Barkeeper

de sporter
der Sportler

de beeldhouwer
der Bildhauer

de kunstschilderes
die Malerin

de fotograaf
der Fotograf

de presentator
der Moderator

de aantekeningen
die Notizen

de journalist
der Journalist

de redactrice
die Redakteurin

de ontwerpster
die Designerin

de coupeuse
die Damenschneiderin

de kleermaker
der Schneider

nederlands • deutsch

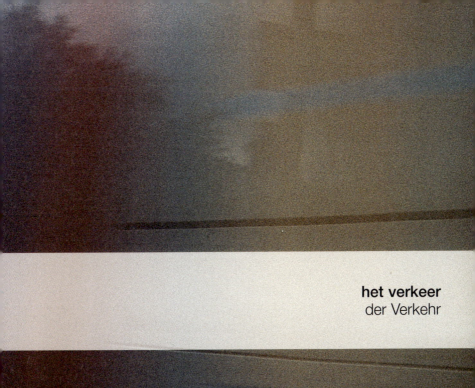

het verkeer
der Verkehr

HET VERKEER • DER VERKEHR

de wegen • die Straßen

de autosnelweg
die Autobahn

het tolkantoor
die Mautstelle

de wegmarkeringen
die Straßenmarkierungen

de toegangsweg
die Zufahrtsstraße

de eenrichtingsweg
die Einbahnstraße

de vluchtheuvel
die Verkehrsinsel

het verkeerslicht
die Verkehrsampel

de vrachtwagen
der Lastwagen

de middenberm
der Mittelstreifen

de rechterrijstrook
die rechte Spur

de middelste rijstrook
die mittlere Spur

de inhaalstrook
die Überholspur

de afrit
die Ausfahrt

het verkeer
der Verkehr

het viaduct
die Überführung

de berm
der Seitenstreifen

de onderdoorgang
die Unterführung

nederlands • deutsch

HET VERKEER • DER VERKEHR

het zebrapad
der Fußgänger-
überweg

de praatpaal
die Notrufsäule

de parkeerplaats
voor gehandicapten
der Behinderten-
parkplatz

de file
der Verkehrsstau

de landkaart
die Landkarte

de parkeermeter
die Parkuhr

de verkeersagent
der Verkehrspolizist

woorden • Vokabular

parkeren parkeren	**de omleiding** die Umleitung	**de rotonde** der Kreisverkehr
inhalen überholen	**autorijden** fahren	**de autoweg** die Schnellstraße
wegslepen abschleppen	**de wegwerk-zaamheden** die Straßen-baustelle	**Is dit de weg naar...?** Ist dies die Straße nach…?
achteruitrijden rückwärts fahren	**de vangrail** die Leitplanke	**Waar kan ik parkeren?** Wo kann ich parken?

de verkeersborden • die Verkehrsschilder

verboden in te rijden
keine Einfahrt

**de snelheids-
beperking**
die Geschwindig-
keitsbegrenzung

gevaar
Gefahr

**stoppen
verboden**
Halten verboten

**rechtsaf slaan
verboden**
rechts abbiegen
verboten

nederlands • deutsch

HET VERKEER • DER VERKEHR

de bus • der Bus

de chauffeursstoel
der Fahrersitz

de handgreep
der Haltegriff

de automatische deur
die Automatiktür

het voorwiel
das Vorderrad

het bagageluik
das Gepäckfach

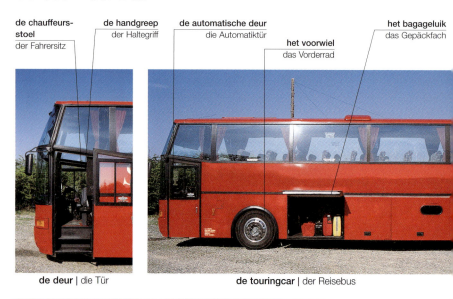

de deur | die Tür

de touringcar | der Reisebus

de soorten bussen • die Bustypen

het lijnnummer
die Liniennummer

de chauffeur
der Fahrer

de dubbeldekker
der Doppeldeckerbus

de tram
die Straßenbahn

de trolleybus
der Obus

de schoolbus | der Schulbus

nederlands • deutsch

HET VERKEER • DER VERKEHR

het raam
das Fenster

de stopknop
der Halteknopf

het achterwiel
das Hinterrad

het kaartje
der Fahrschein

de bel
die Klingel

het busstation
der Busbahnhof

de bushalte
die Bushaltestelle

---

woorden • Vokabular

het tarief	**de rolstoeltoegang**
der Fahrpreis	der Rollstuhlzugang
de dienstregeling	**het bushokje**
der Fahrplan	das Wartehäuschen

Stopt u bij...? **Welke bus gaat naar...?**
Halten Sie am...? Welcher Bus fährt nach...?

de minibus
der Kleinbus

de toeristenbus | der Touristenbus

de pendelbus | der Zubringer

nederlands • deutsch   197

HET VERKEER • DER VERKEHR

de auto 1 • das Auto 1

de buitenkant • das Äußere

- de achteruitkijkspiegel — der Rückspiegel
- de ruitenwisser — der Scheibenwischer
- de autod… — die Auto…
- de zijspiegel — der Seitenspiegel
- de voorruit — die Windschutzscheibe
- de kofferba… — der Kofferrau…
- de motorkap — die Motorhaube
- de clignoteur — der Blinker
- het nummerbord — das Nummernschild
- de bumper — die Stoßstange
- de verstraler — der Scheinwerfer
- het wiel — das Rad
- de band — der Reifen

de imperiaal — der Dachgepäckträger
(de bagage — das Gepäck)

de achterklep — die Hecktür

de veiligheidsgordel — der Sicherheitsgurt

het kinderzitje — der Kindersitz

HET VERKEER • DER VERKEHR

de soorten auto's • die Wagentypen

de stadsauto
der Kleinwagen

de hatchback
die Fließhecklimousine

de sedan
die Limousine

de stationcar
der Kombiwagen

de cabriolet
das Kabrio

de sportauto
der Sportwagen

de spacewagon
die Großraumlimousine

de terreinwagen
der Geländewagen

de oldtimer
der Oldtimer

de limousine
die Stretchlimousine

het tankstation • die Tankstelle

de pomp — die Zapfsäule
de benzineprijs — der Benzinpreis
de tankzone — der Tankstellenplatz
de compressor — das Druckluftgerät

woorden • Vokabular		
de benzine das Benzin	**de olie** das Öl	**de wasstraat** die Autowaschanlage
loodvrij bleifrei	**de diesel** der Diesel	**de antivries** das Frostschutzmittel
gelood verbleit	**de garage** die Werkstatt	**de ruitensproeier** die Scheibenwasch-anlage

Voltanken alstublieft.
Voll tanken, bitte.

nederlands • deutsch

HET VERKEER • DER VERKEHR

de auto 2 • das Auto 2

de binnenkant • die Innenausstattung

de achterbank — der Rücksitz
de armsteun — die Armstütze
de hoofdsteun — die Kopfstütze
de deurvergrendeling — die Türverriegelung
de deurgreep — der Türgriff

woorden • Vokabular

tweedeurs zweitürig	**vierdeurs** viertürig	**de ontsteking** die Zündung	**de rem** die Bremse	**het gaspedaal** das Gaspedal
driedeurs dreitürig	**handgeschakeld** mit Gangschaltung	**automaat** mit Automatik	**de koppeling** die Kupplung	**de airco** die Klimaanlage

Hoe kom ik in…?
Wie komme ich nach…?

Waar vind ik hier een parkeerplaats?
Wo ist hier ein Parkplatz?

Kan ik hier parkeren?
Kann ich hier parken?

HET VERKEER • DER VERKEHR

de stuurinrichting • die Armaturen

het stuur
das Lenkrad

de claxon
die Hupe

het dashboard
das Armaturenbrett

het waarschuwingsknipperlicht
die Warnlichter

het navigatiesysteem
das GPS-System

het stuur aan de linkerkant | die Linkssteuerung

de temperatuurmeter
die Temperaturanzeige

de toerenteller
der Drehzahlmesser

de snelheidsmeter
der Tachometer

de benzinemeter
die Kraftstoffanzeige

de autoradio
die Autostereoanlage

de lichtschakelaar
der Lichtschalter

de verwarmingsregelaar
der Heizungsregler

de kilometerteller
der Kilometerzähler

de airbag
der Airbag

de versnellingspook
der Schalthebel

het stuur aan de rechterkant | die Rechtssteuerung

nederlands • deutsch

HET VERKEER • DER VERKEHR

de auto 3 • das Auto 3

de mechaniek • die Mechanik

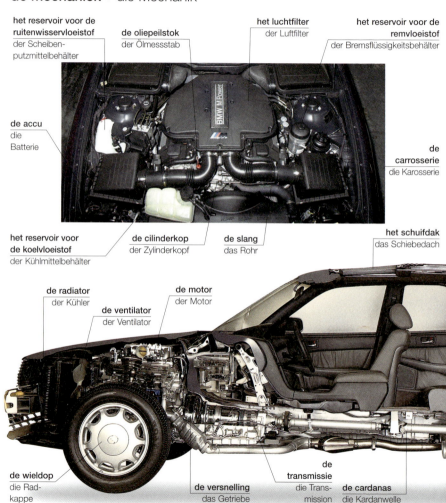

- het reservoir voor de ruitenwisservloeistof / der Scheibenputzmittelbehälter
- de oliepeilstok / der Ölmessstab
- het luchtfilter / der Luftfilter
- het reservoir voor de remvloeistof / der Bremsflüssigkeitsbehälter
- de accu / die Batterie
- de carrosserie / die Karosserie
- het reservoir voor de koelvloeistof / der Kühlmittelbehälter
- de cilinderkop / der Zylinderkopf
- de slang / das Rohr
- het schuifdak / das Schiebedach
- de radiator / der Kühler
- de motor / der Motor
- de ventilator / der Ventilator
- de wieldop / die Radkappe
- de versnelling / das Getriebe
- de transmissie / die Transmission
- de cardanas / die Kardanwelle

nederlands • deutsch

HET VERKEER • DER VERKEHR

de bandenpech • die Reifenpanne

het reservewiel
das Ersatzrad

de moersleutel
der Radschlüssel

de wielmoeren
die Radmuttern

de krik
der Wagenheber

een band verwisselen
ein Rad wechseln

het dak
das Dach

de ophanging
die Aufhängung

de knaldemper
der Auspufftopf

de uitlaat
der Auspuff

woorden • Vokabular

het auto-ongeluk
der Autounfall

de pech
die Panne

de verzekering
die Versicherung

de sleepwagen
der Abschleppwagen

de automonteur
der Mechaniker

de bandenspanning
der Reifendruck

de zekeringskast
der Sicherungskasten

de bougie
die Zündkerze

de V-snaar
der Keilriemen

de benzinetank
der Benzintank

de nokkenriem
der Nockenriemen

de turbolader
der Turbolader

de verdeler
der Verteiler

het chassis
das Chassis

de handrem
die Handbremse

de dynamo
die Lichtmaschine

Ik heb pech.
Ich habe eine Panne.

Mijn auto wil niet starten.
Mein Auto springt nicht an.

nederlands • deutsch

HET VERKEER • DER VERKEHR

de motorfiets • das Motorrad

- **het knipperlicht** / der Blinker
- **de koppeling** / die Kupplung
- **de snelheidsmeter** / der Tachometer
- **de rem** / die Bremse
- **de claxon** / die Hupe
- **de gashendel** / der Gashebel
- **de besturing** / die Steuerung
- **de motorhelm** / der Motorradhelm
- **de bagagedrager** / der Gepäckträger
- **de reflector** / das Katzenauge
- **de duozitting** / der Soziussitz
- **het zadel** / der Sitz
- **de motor** / der Motor
- **de brandstoftank** / der Kraftstofftank
- **het achterlicht** / das Rücklicht
- **de uitlaat** / das Auspuffrohr
- **de demper** / der Auspufftopf
- **het oliereservoir** / der Ölsumpf
- **de versnelling** / das Getriebe
- **het luchtfilter** / der Luftfilter

nederlands • deutsch

HET VERKEER • DER VERKEHR

de typen • die Typen

het vizier
das Visier

de reflecterende stroken
der Leuchtstreifen

de leren kleding
der Lederanzug

de kniebeschermer
der Knieschützer

de kleding | die Kleidung

de koplamp
der Scheinwerfer

de ophanging
die Aufhängung

het spatbord
das Schutzblech

het rempedaal
das Bremspedal

de as
die Achse

de band
der Reifen

de sportmotor | die Rennmaschine

het windscherm
die Windschutzscheibe

de toermotor | der Tourer

de crossmotor | das Geländemotorrad

de standaard
der Motorradständer

de scooter | der Roller

nederlands • deutsch

HET VERKEER · DER VERKEHR

de fiets · das Fahrrad

het zadel / der Sattel
de zadelpen / die Sattelstütze
de bidon / die Wasserflasche
het frame / der Rahmen
de velgrem / die Felgenbremse
de naaf / die Nabe
de versnellingen / die Gänge
de velg / die Felge
de band / der Reifen
de ketting / die Fahrradkette
het pedaal / das Pedal
het tandwiel / das Zahnrad

de tandem / das Tandem

de racefiets / das Rennrad

de mountainbike / das Mountainbike

de toerfiets / das Tourenrad

de fietshelm / der Fahrradhelm

de stadsfiets / das Straßenrad

het fietspad | der Fahrradweg

nederlands · deutsch

HET VERKEER • DER VERKEHR

de stang	die Stange
het stuur	die Lenkstange
de versnellingshendel	der Schalthebel
de remhendel	der Bremsgriff
de bandenlichter	der Reifenschlüssel
de plakker	der Flicken
de voorvork	die Gabel
de spaak	die Speiche
de sleutel	der Schlüssel
de fietspomp	die Luftpumpe
het fietsslot	das Fahrradschloss
het wiel	das Rad
het ventiel	das Ventil
het bandenprofiel	das Reifenprofil
de binnenband	der Schlauch
het kinderstoeltje	der Kindersitz

de bandenplakset | der Reparaturkasten

woorden • Vokabular

het achterlicht das Rücklicht	**de steunwieltjes** die Stützräder	**de kabel** das Kabel	**het mandje** der Korb	**trappen** treten	**remmen** bremsen
de fietslamp die Fahrradlampe	**de fietsstandaard** der Fahrradständer	**het remblokje** die Bremsbacke	**de lekke band** die Reifenpanne	**het teenriempje** der Riemen	**schakelen** schalten
de reflector der Rückstrahler	**de bagagedrager** der Gepäckträger	**het kettingtandwiel** das Kettenzahnrad	**de dynamo** der Dynamo	**de toeclip** der Rennbügel	**fietsen** Rad fahren

nederlands • deutsch

HET VERKEER · DER VERKEHR

de trein · der Zug

de wagon / der Wagen

het perron / der Bahnsteig

het bagagewagentje / der Kofferkuli

het spoornummer / die Gleisnummer

de forens / der Pendler

het treinstation | der Bahnhof

de soorten treinen · die Zugtypen

de locomotief / die Lokomotive

de bestuurderscabine / der Führerstand

de rail / die Schiene

de stoomlocomotief
die Dampflokomotive

de dieseltrein | der Dieselzug

de elektrische trein
die Elektrozug

de hogesnelheidstrein
der Hochgeschwindigkeitszug

de monorail
die Einschienenbahn

de metro
die U-Bahn

de tram
die Straßenbahn

de goederentrein
der Güterzug

nederlands · deutsch

HET VERKEER • DER VERKEHR

het bagagerek
die Gepäckablage

het raam
das Zugfenster

het spoor
das Gleis

de deur **de stoel**
die Tür der Sitz

de coupé
das Abteil

de toegangspoortjes
die Eingangssperre

de luidspreker **de dienstregeling**
der Lautsprecher der Fahrplan

het treinkaartje
die Fahrkarte

de restauratiewagen
der Speisewagen

de stationshal | die Bahnhofshalle

de slaapcoupé
das Schlafabteil

---

woorden • Vokabular

het spoorwegnet das Bahnnetz	**de vertraging** die Verspätung	**het kaartjesloket** der Fahrkartenschalter	**het sein** das Signal
het spitsuur die Stoßzeit	**het tarief** der Fahrpreis	**de conducteur** der Schaffner	**de geëlektrificeerde rail** die stromführende Schiene
de intercity der Intercity	**de metrokaart** der U-Bahnplan	**overstappen** umsteigen	**de noodrem** die Notbremse

nederlands • deutsch

het vliegtuig • das Flugzeug

het verkeersvliegtuig • das Verkehrsflugzeug

- de neus / der Bug
- de cockpit / das Cockpit
- de motor / das Triebwerk
- de romp / der Rumpf
- de vleugel / die Tragfläche
- de staart / das Heck
- het zijroer / das Seitenruder
- de uitgang / der Ausgang
- het neuswlel / das Bugfahrwerk
- het landingsgestel / das Hauptfahrwerk
- het rolroer / das Querruder
- het verticale staartvlak / das Seitenleitwerk
- het hoogteroer / das Höhenleitwerk

de cabine • die Kabine

- de nooduitgang / der Notausgang
- de stewardess / die Flugbegleiterin
- het bagageluik / das Gepäckfach
- de ventilatie / die Luftdüse
- het raam / das Fenster
- het leeslampje / die Leselampe
- de stoel / der Sitz
- de rij / die Reihe
- de armleuning / die Armlehne
- het gangpad / der Gang
- de klaptafel / der Klapptisch
- de rugleuning / die Rückenlehne

nederlands • deutsch

HET VERKEER • DER VERKEHR

de heteluchtballon
der Heißluftballon

het ultralichte vliegtuig
das Ultraleichtflugzeug

het zweefvliegtuig
das Segelflugzeug

de tweedekker
der Doppeldecker

de propeller
der Propeller

het lichte vliegtuig
das Leichtflugzeug

het watervliegtuig
das Wasserflugzeug

de privéjet
der Privatjet

het supersonische vliegtuig
das Überschallflugzeug

de raket
die Rakete

het rotorblad
das Rotorblatt

de helikopter
der Hubschrauber

de bommenwerper
der Bomber

het jachtvliegtuig
das Jagdflugzeug

woorden • Vokabular

de piloot / der Pilot	starten / starten	landen / landen	de economyclass / die Economyclass	de handbagage / das Handgepäck
de copiloot / der Kopilot	vliegen / fliegen	de hoogte / die Höhe	de businessclass / die Businessclass	de stoelriem / der Sicherheitsgurt

nederlands • deutsch

HET VERKEER • DER VERKEHR

het vliegveld • der Flughafen

het platform
das Vorfeld

de bagageaanhanger
der Gepäckanhänger

de terminal
der Terminal

het servicevoertuig
das Versorgungsfahrzeug

de slurf
die Fluggastbrücke

het verkeersvliegtuig | das Verkehrsflugzeug

woorden • Vokabular

de bagageband
das Gepäckband

de buitenlandse vlucht
der Auslandsflug

de binnenlandse vlucht
der Inlandsflug

de vliegverbinding
die Flugverbindung

het vluchtnummer
die Flugnummer

de paspoortcontrole
die Passkontrolle

de douane
der Zoll

het overgewicht van de bagage
das Übergepäck

de start- en landingsbaan
die Start- und Landebahn

de veiligheidsmaatregelen
die Sicherheitsvorkehrungen

het röntgenapparaat
die Gepäckröntgenmaschine

de vakantiebrochure
der Urlaubsprospekt

de vakantie
der Urlaub

een vlucht boeken
einen Flug buchen

inchecken
einchecken

de verkeerstoren
der Kontrollturm

nederlands • deutsch

HET VERKEER • DER VERKEHR

het visum
das Visum

het paspoort | der Pass

de handbagage
das Handgepäck

de bagage
das Gepäck

het bagagewagentje
der Kofferkuli

de incheckbalie
der Abfertigungsschalter

de paspoortcontrole
die Passkontrolle

de instapkaart
die Bordkarte

het vliegticket
das Flugticket

het gatenummer
die Gatenummer

het vertrek
der Abflug

de vertrekhal
die Abflughalle

het reisdoel
das Reiseziel

de aankomst
die Ankunft

het bord met vluchtinformatie
die Fluginformationsanzeige

de belastingvrije winkel
der Duty-free-Shop

de bagageband
die Gepäckausgabe

de taxistandplaats
der Taxistand

het autoverhuurbedrijf
der Autoverleih

---

nederlands • deutsch

HET VERKEER • DER VERKEHR

het schip • das Schiff

- de radioantenne / die Funkantenne
- de schoorsteen / der Schornstein
- de radar / der Radar
- het dek / das Deck
- het achterdek / das Achterdeck
- de boeg / der Bug
- de waterlijn / die Höchstlademarke
- de patrijspoort / das Bullauge
- de romp / der Rumpf
- de reddingsboot / das Rettungsboot
- de kiel / der Kiel
- de scheepsschroef / die Schiffsschraube

de oceaanstomer / der Ozeandampfer

de commandobrug
die Kommandobrücke

de machinekamer
der Maschinenraum

de scheepshut
die Kabine

de kombuis
die Kombüse

woorden • Vokabular

het dok das Dock	**de windas** die Ankerwinde
de haven der Hafen	**de kapitein** der Kapitän
de aanlegsteiger die Landungsbrücke	**de speedboot** das Rennboot
het anker der Anker	**de roeiboot** das Ruderboot
de bolder der Poller	**de kano** das Kanu

nederlands • deutsch

HET VERKEER • DER VERKEHR

andere schepen • andere Schiffe

de veerboot
die Fähre

de buitenboordmotor / der Außenbordmotor

de rubberboot
das Schlauchboot

de draagvleugelboot
das Tragflügelboot

het motorjacht
die Jacht

de catamaran
der Katamaran

de sleepboot
der Schleppdampfer

de hovercraft
das Luftkissenboot

het containerschip
das Containerschiff

de tuigage / die Takelung

de zeilboot
das Segelboot

de vrachtruimte / der Frachtraum

het vrachtschip
das Frachtschiff

de olietanker
der Öltanker

het vliegdekschip
der Flugzeugträger

de kruiser
das Kriegsschiff

de commandotoren / der Kommandoturm

de onderzeeboot
das U-Boot

nederlands • deutsch

HET VERKEER • DER VERKEHR

de haven • der Hafen

- het pakhuis / das Warenlager
- de kraan / der Kran
- de vorkheftruck / der Gabelstapler
- de toegangsweg / die Zufahrtsstraße
- het douanekantoor / das Zollamt
- het dok / das Dock
- de container / der Container
- de kade / der Kai
- de vracht / die Fracht

de containerhaven | der Containerhafen

- de veerbootterminal / der Fährterminal
- de veerboot / die Fähre
- het kaartjesloket / der Fahrkartenschalter
- de passagier / der Passagier

de passagiershaven / der Passagierhafen

nederlands • deutsch

HET VERKEER • DER VERKEHR

het net
das Netz

de vissersboot
das Fischerboot

de meerpaal
die Verankerung

de jachthaven
der Jachthafen

de vissershaven
der Fischereihafen

de haven
der Hafen

de pier
der Pier

de aanlegsteiger
der Landungssteg

de werf
die Werft

de lantaarn
die Laterne

de vuurtoren
der Leuchtturm

de boei
die Boje

woorden • Vokabular		
de kustwacht die Küstenwache	**vastmeren** festmachen	**aan boord gaan** an Bord gehen
de havenmeester der Hafenmeister	**aanmeren** anlegen	**van boord gaan** von Bord gehen
het droogdok das Trockendock	**voor anker gaan** den Anker werfen	**uitvaren** auslaufen

nederlands • deutsch

de sport
der Sport

DE SPORT • DER SPORT

het Amerikaans football • der Football

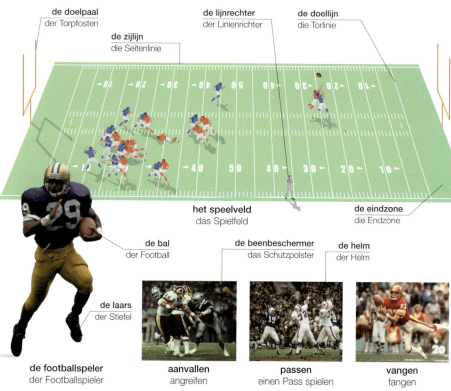

de doelpaal / der Torpfosten
de lijnrechter / der Linienrichter
de doellijn / die Torlinie
de zijlijn / die Seitenlinie
het speelveld / das Spielfeld
de eindzone / die Endzone
de bal / der Football
de beenbeschermer / das Schutzpolster
de helm / der Helm
de laars / der Stiefel
de footballspeler / der Footballspieler

aanvallen / angreifen

passen / einen Pass spielen

vangen / fangen

woorden • Vokabular

de time-out die Auszeit	de ploeg die Mannschaft	de verdediging die Verteidigung	de cheerleader der Cheerleader	Hoe is de stand? Wie ist der Stand?
de fumble der Fumble	de aanval der Angriff	de score der Spielstand	de touchdown der Touchdown	Wie wint er? Wer gewinnt?

nederlands • deutsch

DE SPORT • DER SPORT

het rugby • das Rugby

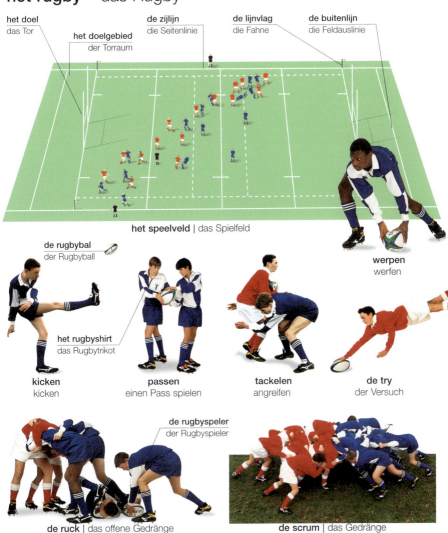

| het doel — das Tor | het doelgebied — der Torraum | de zijlijn — die Seitenlinie | de lijnvlag — die Fahne | de buitenlijn — die Feldauslinie |

het speelveld | das Spielfeld

de rugbybal — der Rugbyball
het rugbyshirt — das Rugbytrikot
de rugbyspeler — der Rugbyspieler

kicken kicken

passen einen Pass spielen

tackelen angreifen

werpen werfen

de try der Versuch

de ruck | das offene Gedränge

de scrum | das Gedränge

nederlands • deutsch

DE SPORT • DER SPORT

het voetbal • der Fußball

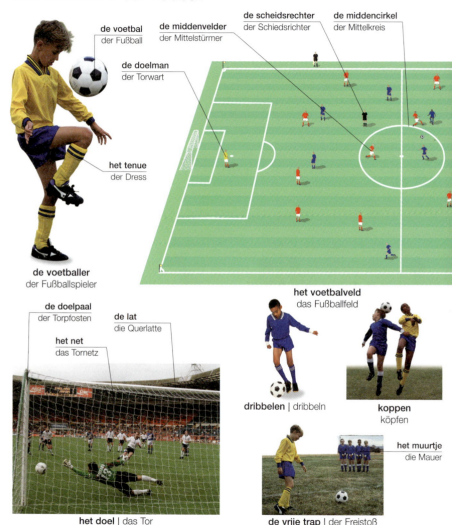

de voetbal / der Fußball

de middenvelder / der Mittelstürmer

de scheidsrechter / der Schiedsrichter

de middencirkel / der Mittelkreis

de doelman / der Torwart

het tenue / der Dress

de voetballer / der Fußballspieler

het voetbalveld / das Fußballfeld

de doelpaal / der Torpfosten

de lat / die Querlatte

het net / das Tornetz

dribbelen | dribbeln

koppen / köpfen

het doel | das Tor

het muurtje / die Mauer

de vrije trap | der Freistoß

nederlands • deutsch

DE SPORT • DER SPORT

het strafschopgebied
der Strafraum

de doellijn
die Torlinie

het doelgebied
der Torraum

het doel
das Tor

de verdediger
der Verteidiger

de lijnrechter
der Linienrichter

de hoekvlag
die Eckfahne

de ingooi
der Einwurf

overspelen
kicken

de voetbalschoen
der Fußballschuh

passen
einen Pass spielen

schieten
schießen

stoppen
halten

aanvallen
angreifen

---

woorden • Vokabular

het stadion das Stadion	**de overtreding** das Foul	**de gele kaart** die gelbe Karte	**de divisie** die Liga	**de verlenging** die Verlängerung
de strafschop der Elfmeter	**de hoekschop** der Eckball	**het buitenspel** das Abseits	**de rust** die Halbzeit	**de reservespeler** der Ersatzspieler
een doelpunt maken ein Tor schießen	**de rode kaart** die rote Karte	**het uit het veld sturen** der Platzverweis	**het gelijkspel** das Unentschieden	**de wissel** die Auswechslung

nederlands • deutsch

DE SPORT • DER SPORT

het hockey • das Hockey

het ijshockey • das Eishockey

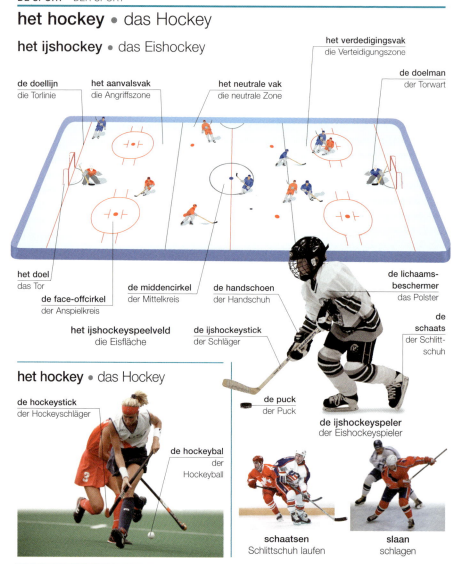

het verdedigingsvak / die Verteidigungszone
de doelman / der Torwart
de doellijn / die Torlinie
het aanvalsvak / die Angriffszone
het neutrale vak / die neutrale Zone
het doel / das Tor
de face-offcirkel / der Anspielkreis
de middencirkel / der Mittelkreis
de handschoen / der Handschuh
de lichaamsbeschermer / das Polster
de schaats / der Schlittschuh
het ijshockeyspeelveld / die Eisfläche
de ijshockeystick / der Schläger
de puck / der Puck
de ijshockeyspeler / der Eishockeyspieler

het hockey • das Hockey

de hockeystick / der Hockeyschläger
de hockeybal / der Hockeyball

schaatsen / Schlittschuh laufen

slaan / schlagen

nederlands • deutsch

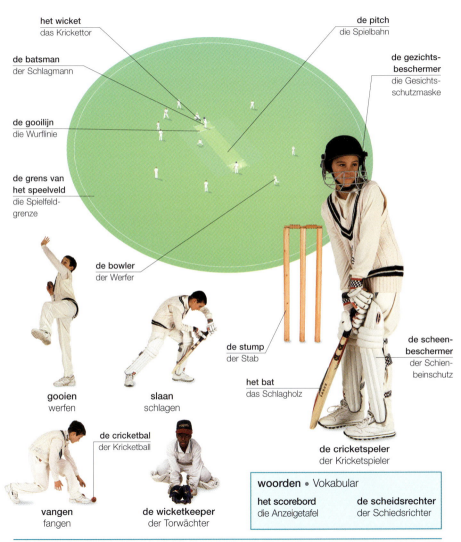

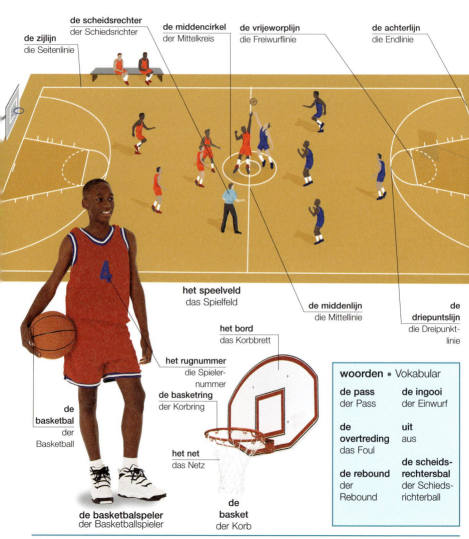

DE SPORT · DER SPORT

de bewegingen · die Aktionen

gooien
werfen

vangen
fangen

richten
zielen

springen
springen

dekken
decken

blokkeren
blocken

dribbelen
dribbeln

dunken
einen Dunk spielen

het volleybal · der Volleyball

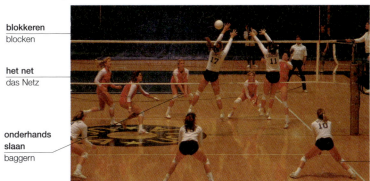

blokkeren
blocken

het net
das Netz

onderhands slaan
baggern

de scheidsrechter
der Schiedsrichter

de kniebeschermer
der Knieschützer

het speelveld | das Spielfeld

nederlands · deutsch

DE SPORT • DER SPORT

het honkbal • der Baseball

het speelveld • das Spielfeld

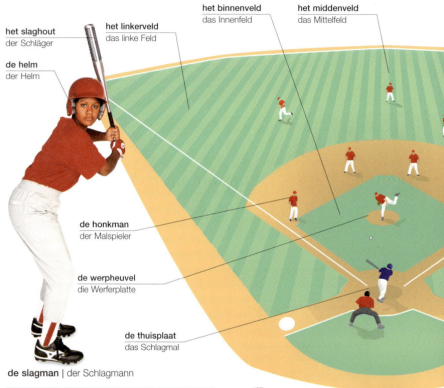

het slaghout / der Schläger

de helm / der Helm

het linkerveld / das linke Feld

het binnenveld / das Innenfeld

het middenveld / das Mittelfeld

de honkman / der Malspieler

de werpheuvel / die Werferplatte

de thuisplaat / das Schlagmal

de slagman | der Schlagmann

woorden • Vokabular		
de inning das Inning	**uit** aus	**het wijd** der Schlagfehler
de loop der Lauf	**veilig** sicher	**de ongeldige slag** der ungültige Schlag

de handschoen / der Handschuh

de honkbal / der Baseball

het beschermingsmasker / die Schutzmaske

DE SPORT · DER SPORT

de bewegingen · die Aktionen

het buitenveld	het rechterveld	de foutlijn
das Außenfeld	das rechte Feld	die Foullinie

het team / das Team

de spelersbank / die Spielerbank

de vanger / der Catcher

de werper / der Pitcher

gooien | werfen

vangen | fangen

lopen / rennen

verdedigen / als Fänger spielen

sliden / rutschen

taggen / taggen

pitchen / werfen

slaan / schlagen

de scheidsrechter / der Schiedsrichter

spelen | spielen

nederlands · deutsch

229

DE SPORT • DER SPORT

het tennis • das Tennis

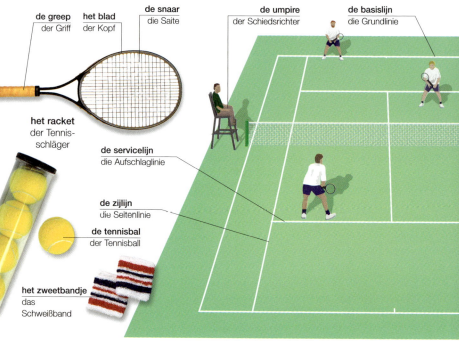

de tennisbaan | der Tennisplatz

woorden • Vokabular					
het enkelspel das Einzel	**de set** der Satz	**het voordeel** der Vorteil	**de fout** der Fehler	**de game** das Spiel	**de spin** der Spin
het dubbelspel das Doppel	**de match** das Match	**love** null	**de ace** das Ass	**net!** Netz!	**de lijnrechter** der Linienrichter
de tiebreak der Tiebreak	**het dropshot** der Stoppball	**deuce** der Einstand	**de slice** der Slice	**de rally** der Ballwechsel	**het tennistoernooi** die Meisterschaft

nederlands • deutsch

DE SPORT • DER SPORT

de slagen • die Schläge

het net / das Netz

de smash / der Schmetterball

de ballenjongen / der Balljunge

serveren / aufschlagen

de tennisschoen / die Tennisschuhe

de tennisser / der Tennisspieler

de service / der Aufschlag

de volley / der Volley

de return / der Return

de lob / der Lob

de forehand / die Vorhand

de backhand / die Rückhand

de racketsporten • die Schlägerspiele

de shuttle / der Federball

het batje / der Tischtennisschläger

het badminton / das Badminton

het tafeltennis / das Tischtennis

het squash / das Squash

het racketbal / das Racquetball

nederlands • deutsch

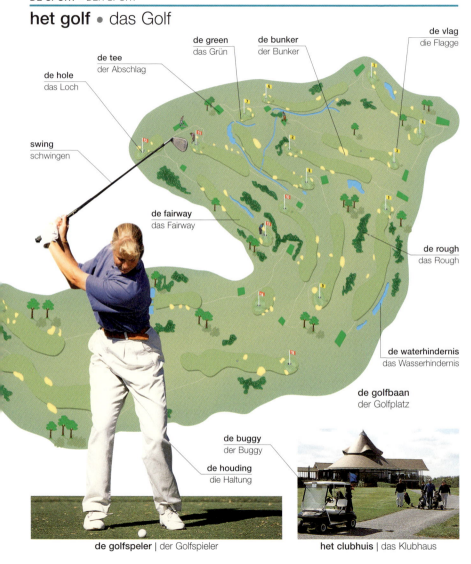

DE SPORT • DER SPORT

de uitrusting • die Ausrüstung

de golfbal / der Golfball

de parasol / der Schirm

de golftas / die Golftasche

de spikes / die Spikes

de tee / das Tee

de handschoen / der Handschuh

de trolley / der Trolley

de golfschoen / der Golfschuh

de golfclubs • die Golfschläger

het hout / das Holz

de putter / der Putter

het ijzer / das Eisen

de wedge / das Wedge

de bewegingen • die Aktionen

afslaan / vom Abschlag spielen

drive / driven

putten / einlochen

chippen / chippen

---

woorden • Vokabular

de par das Par	**boven par** über Par	**het golftoernooi** das Golfturnier	**de caddie** der Caddie	**de slag** der Schlag	**het parcours** die Spielbahn
onder par unter Par	**de hole-in-one** das Hole-in-One	**de handicap** das Handicap	**de toeschouwer** die Zuschauer	**de oefenswing** der Übungsschwung	**de backswing** der Durchschwung

nederlands • deutsch

DE SPORT · DER SPORT

de atletiek · die Leichtathletik

de baan / die Bahn
de hardloopbaan / die Rennbahn
de finish / die Ziellinie
de startlijn / die Startlinie
het veld / das Feld
de atlete / die Leichtathletin
het startblok / der Startblock
de sprinter / der Sprinter
het discuswerpen / das Diskuswerfen
het kogelstoten / das Kugelstoßen
het speerwerpen / das Speerwerfen

woorden · Vokabular			
het hardlopen das Rennen	het polsstokhoogspringen der Stabhochsprung	het record der Rekord	de marathon der Marathon
de tijd die Zeit	het persoonlijk record die persönliche Bestleistung	een record breken einen Rekord brechen	de fotofinish das Fotofinish

de stopwatch / die Stoppuhr

nederlands · deutsch

DE SPORT • DER SPORT

het estafettestokje / der Stab
de lat / die Latte

de estafette / der Staffellauf

hoogspringen / der Hochsprung

verspringen / der Weitsprung

hordenlopen / der Hürdenlauf

het turnen • das Turnen

de springplank / das Sprungbrett
het paard / das Pferd
de salto / der Salto
de mat / die Matte

de sprong / der Sprung
de vrije oefening / das Bodenturnen

de turnster / die Turnerin
de evenwichtsbalk / der Schwebebalken
het gymnastiekband

de grondakrobatiek / die Bodenakrobatik
de ritmische gymnastiek / die rhythmische Gymnastik

---

woorden • Vokabular

de rekstok / das Reck

de brug met ongelijke leggers / der Stufenbarren

de brug met gelijke leggers / der Barren

het voltigeerpaard / das Seitpferd

de ringen / die Ringe

het erepodium / das Siegerpodest

de medailles / die Medaillen

het goud / das Gold

het zilver / das Silber

het brons / die Bronze

nederlands • deutsch

DE SPORT • DER SPORT

de vechtsport • der Kampfsport

de tegenstander / der Gegner

de hoofdbescherming / der Kopfschutz

de handschoen / der Handschuh

de band / der Gürtel

het taekwondo / das Taekwondo

het masker / die Maske

het zwaard / der Säbel

het karate / das Karate

het judo / das Judo

het aikido / das Aikido

het kendo / das Kendo

het kungfu / das Kung-Fu

het kickboksen / das Kickboxen

het worstelen / das Ringen

het boksen / das Boxen

nederlands • deutsch

DE SPORT • DER SPORT

de technieken • die Techniken

het vallen
das Fallen

de greep
der Griff

de worp
der Wurf

de houdgreep
das Fesseln

de zijtrap
der Seitfußstoß

de stoot
der Stoß

de aanval
der Angriff

de sprong
der Sprung

het afblokken
der Block

de slag
der Hieb

woorden • Vokabular

de boksring der Boxring	**de ronde** die Runde	**de vuist** die Faust	**de zwarte band** der schwarze Gürtel	**het capoeira** das Capoeira
de bokshandschoen die Boxhandschuhe	**het gevecht** der Kampf	**de knockout** der Knockout	**de zelfverdediging** die Selbstverteidigung	**het sumo** das Sumo
de mondbescherming der Mundschutz	**het sparren** das Sparring	**de zandzak** der Sandsack	**de vechtsporten** die Kampfsportarten	**het tai chi** das Tai Chi

nederlands • deutsch

DE SPORT • DER SPORT

de zwemtechnieken • die Schwimmstile

de vrije slag
das Kraulen

de schoolslag
das Brustschwimmen

de armslag
der Zug

de rugslag | das Rückenschwimmen

de beenslag
der Beinschlag

de vlinderslag | der Schmetterlingsstil

het duiken • das Tauchen

- **de persluchtcilinder** — die Druckluftflasche
- **het duikerpak** — der Taucheranzug
- **de snorkel** — der Schnorchel
- **het duikmasker** — die Tauchermaske
- **het zwemvlies** — die Schwimmflosse
- **de loodgordel** — der Bleigürtel
- **de longautomaat** — der Lungenautomat

woorden • Vokabular

de sprong der Sprung	**watertrappen** Wasser treten	**het diepe** das tiefe Ende	**het waterpolo** der Wasserball	**het ondiepe** das flache Ende	**de kramp** der Krampf
de torensprong der Turmsprung	**de startsprong** der Startsprung	**de kluisjes** die Schließfächer	**de badmeester** der Bademeister	**het synchroonzwemmen** das Synchronschwimmen	**verdrinken** ertrinken

nederlands • deutsch

DE SPORT · DER SPORT

de zeilsport · der Segelsport

het kompas
der Kompass

het anker
der Anker

de kikker
die Klampe

de fok
die Fock

de mast
der Mast

de tuigage
die Takelung

het grootzeil
das Großsegel

het zijdek
das Seitendeck

de boeg
der Bug

de giek
der Baum

de achtersteven
das Heck

de helmstok
die Pinne

de romp
der Rumpf

navigeren | navigieren

het zeiljacht | die Segeljacht

de veiligheid · die Sicherheit

de vuurpijl
die Leuchtrakete

de reddingsboei
der Rettungsring

het zwemvest
die Schwimmweste

het reddingsvlot
das Rettungsboot

nederlands · deutsch

DE SPORT • DER SPORT

de watersport • der Wassersport

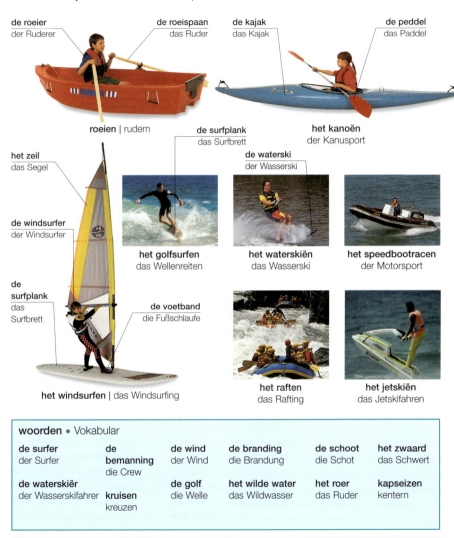

| de roeier | de roeispaan | de kajak | de peddel |
| der Ruderer | das Ruder | das Kajak | das Paddel |

roeien | rudern

de surfplank / das Surfbrett

het kanoën / der Kanusport

het zeil / das Segel

de windsurfer / der Windsurfer

de waterski / der Wasserski

de surfplank / das Surfbrett

de voetband / die Fußschlaufe

het golfsurfen / das Wellenreiten

het waterskiën / das Wasserski

het speedbootracen / der Motorsport

het windsurfen | das Windsurfing

het raften / das Rafting

het jetskiën / das Jetskifahren

woorden • Vokabular

de surfer	de bemanning	de wind	de branding	de schoot	het zwaard
der Surfer	die Crew	der Wind	die Brandung	die Schot	das Schwert
de waterskiër	kruisen	de golf	het wilde water	het roer	kapseizen
der Wasserskifahrer	kreuzen	die Welle	das Wildwasser	das Ruder	kentern

nederlands • deutsch

DE SPORT • DER SPORT

de paardensport • der Reitsport

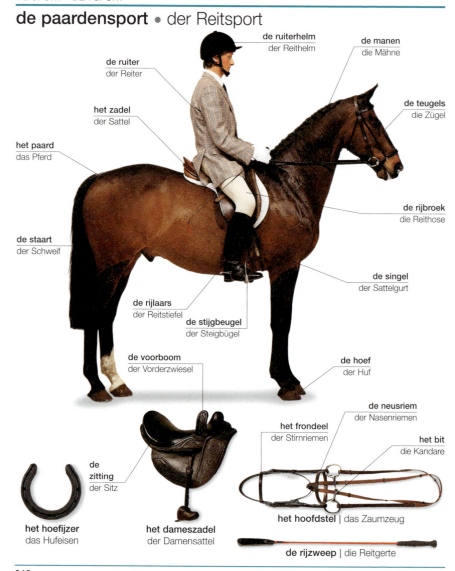

DE SPORT • DER SPORT

de evenementen • die Veranstaltungen

het racepaard / das Rennpferd

de paardenraces
das Pferderennen

de hindernis / das Hindernis

het jachtspringen
das Jagdrennen

de harddraverij
das Trabrennen

de rodeo
das Rodeo

de springwedstrijd
das Springreiten

de tweespanwedstrijd
das Zweispännerrennen

de trektocht
der Wanderritt

de dressuur
das Dressurreiten

het polo
das Polo

---

woorden • Vokabular

de stap der Schritt	**de korte galop** der Kanter	**de sprong** der Sprung	**de halster** das Halfter	**de paardenwei** die Koppel	**de paardenrenbaan** die Rennbahn
de draf der Trab	**de galop** der Galopp	**de staljongen** der Stallbursche	**de paardenstal** der Pferdestall	**het wedstrijdterrein** der Turnierplatz	**de vlakkebaanren** das Flachrennen

nederlands • deutsch

DE SPORT • DER SPORT

het sportvissen • der Angelsport

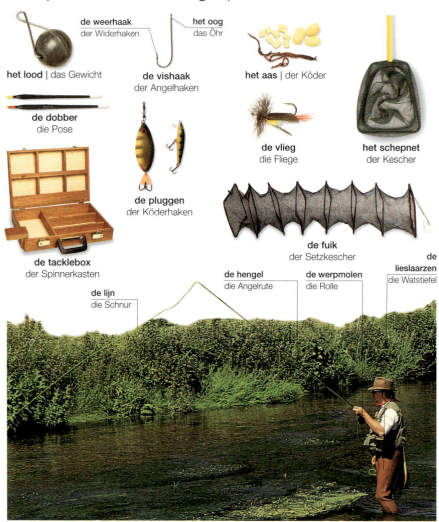

het lood | das Gewicht

de weerhaak
der Widerhaken

het oog
das Öhr

de vishaak
der Angelhaken

het aas | der Köder

de dobber
die Pose

de pluggen
der Köderhaken

de vlieg
die Fliege

het schepnet
der Kescher

de tacklebox
der Spinnerkasten

de fuik
der Setzkescher

de lijn
die Schnur

de hengel
die Angelrute

de werpmolen
die Rolle

de lieslaarzen
die Watstiefel

de visser | der Angler

nederlands • deutsch

DE SPORT • DER SPORT

de soorten sportvisserij • die Fischfangarten

het zoetwatervissen
das Süßwasserangeln

het vliegvissen
das Fliegenangeln

het sportvissen
das Sportangeln

het diepzeevissen
die Hochseefischerei

het brandingvissen
das Brandungsangeln

de activiteiten • die Aktivitäten

| **uitwerpen** | **vangen** | **inhalen** | **met een net vangen** | **loslaten** |
| auswerfen | fangen | einholen | mit dem Netz fangen | loslassen |

---

woorden • Vokabular

aas	**het vistuig**	**de regenjas**	**de visakte**	**de vismand**
aanbrengen	die Angelgeräte	die Regenhaut	der Angelschein	der Fischkorb
ködern				
	de spinmolen	**de staak**	**het zeevissen**	**het speervissen**
bijten	die Rolle	die Stake	die Seefischerei	das Speerfischen
anbeißen				

nederlands • deutsch

DE SPORT • DER SPORT

de skisport • der Skisport

de piste / der Skihang

de stoeltjeslift / der Sessellift

de skilift / der Kabinenlift

het skipak / der Skianzug

de skistok / der Skistock

de handschoen / der Handschuh

de skipiste / die Skipiste

de veiligheidsbarrière / die Sicherheitssperre

de skischoen / der Skistiefel

de ski / der Ski

de kant / die Kante

de skiester / die Skiläuferin

de punt / die Spitze

nederlands • deutsch

DE SPORT • DER SPORT

de skidisciplines • die Disziplinen

de afdaling
der Abfahrtslauf

de poort
das Tor

de slalom
der Slalom

de skisprong
der Skisprung

het langlaufen
der Langlauf

de wintersporten • der Wintersport

het ijsklimmen
das Eisklettern

het schaatsen
das Eislaufen

het kunstschaatsen
der Eiskunstlauf

de skibril
die Skibrille

de schaats
der Schlittschuh

het snowboarden
das Snowboarding

het bobsleeën
der Bobsport

het rodelen
das Rennrodeln

de sneeuwmobiel
das Schneemobil

het sleeën
das Schlittenfahren

---

woorden • Vokabular

het alpineskiën die alpine Kombination	**het hondeslederijden** das Hundeschlittenfahren
de reuzenslalom der Riesenslalom	**de biatlon** das Biathlon
buiten de piste abseits der Piste	**de lawine** die Lawine
het curling das Curling	**het wedstrijdschaatsen** das Eisschnelllauf

nederlands • deutsch

DE SPORT • DER SPORT

de andere sporten • die anderen Sportarten

het zweefvliegtuig
das Segelflugzeug

de deltavlieger
der Drachen

het zweefvliegen
das Segelfliegen

de parachute
der Fallschirm

het deltavliegen
das Drachenfliegen

het klimtouw
das Seil

het klimmen
das Klettern

het parachutespringen
das Fallschirmspringen

het parapenten
das Gleitschirmfliegen

het parachutespringen
das Fallschirmspringen

het abseilen
das Abseilen

het bungeejumpen
das Bungeejumping

nederlands • deutsch

DE SPORT • DER SPORT

het rallyrijden
das Rallyefahren

de coureur
der Rennfahrer

de autosport
der Rennsport

de motorcross
das Motocross

het motorracen
das Motorradrennen

het skateboard
das Skateboard

de rolschaats
der Rollschuh

het skateboarden
das Skateboardfahren

het rolschaatsen
das Rollschuhfahren

de stick
der Lacrosseschläger

het lacrosse
das Lacrosse

de floret
das Florett

het masker
die Maske

het schermen
das Fechten

de kegel
der Kegel

het bowlen
das Bowling

de boog
der Bogen

de pijl
der Pfeil

de koker
der Köcher

de schietschijf
die Zielscheibe

het boogschieten
das Bogenschießen

het schijfschieten
das Scheibenschießen

de bowlingbal
die Bowlingkugel

het poolbiljarten
das Poolbillard

het snookeren
das Snooker

nederlands • deutsch

DE SPORT • DER SPORT

de fitness • die Fitness

de hometrainer / das Trainingsrad

het fitnesstoestel / das Fitnessgerät

de bank / die Bank

het gewicht / die Gewichte

de stang / die Stange

de sportschool / das Fitnesscenter

de roeimachine / die Rudermaschine

de loopband / das Laufband

de crosstrainer / der Crosstrainer

de trainster / die Trainerin

de steps / der Stepper

het zwembad / das Schwimmbecken

de sauna / die Sauna

nederlands • deutsch

DE SPORT • DER SPORT

de oefeningen • die Übungen

het rekken
das Strecken

de uitvalstap
der Ausfallschritt

de gymnastiekbroek / die Gymnastikhose

het opdrukken
der Liegestütz

de kniebuiging
die Kniebeuge

de buikspiertraining
das Rumpfheben

de halter

de bicepstraining
die Bizepsübung

de beenspiertraining
der Beinstütz

de borstspiertraining
die Brustübung

de sportschoenen / Trainingsschuhe

de krachttraining
das Krafttraining

het haltergewicht / die Gewichthantel

het sporthemd / das Hemd

het joggen
das Jogging

de aerobics
das Aerobic

---

woorden • Vokabular

trainen trainieren	**buigen** beugen	**strekken** ausstrecken	**de pilates-oefeningen** die Pilates-Übungen	**de circuittraining** das Zirkeltraining
opwarmen sich aufwärmen	**joggen op de plaats** auf der Stelle joggen	**optillen** hochziehen	**de body pump** die Boxgymnastik	**het touwtje-springen** das Seilspringen

nederlands • deutsch

de vrije tijd
die Freizeit

DE VRIJE TIJD • DIE FREIZEIT

het theater • das Theater

het gordijn / der Vorhang

de coulisse / die Kulisse

het decor / das Bühnenbild

het publiek / das Publikum

het orkest / das Orchester

het toneel | die Bühne

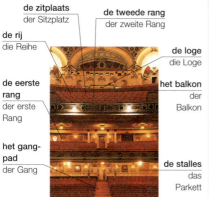

de zitplaats / der Sitzplatz

de tweede rang / der zweite Rang

de rij / die Reihe

de loge / die Loge

de eerste rang / der erste Rang

het balkon / der Balkon

het gangpad / der Gang

de stalles / das Parkett

de plaatsen | die Bestuhlung

woorden • Vokabular

het toneelstuk das Theaterstück	**de regisseur** der Regisseur	**de première** die Premiere
de cast die Besetzung	**het achterdoek** der Prospekt	**de pauze** die Pause
de acteur der Schauspieler	**het script** das Rollenheft	**het programma** das Programm
de actrice die Schauspielerin	**de regisseur** der Regisseur	**de orkestbak** der Orchestergraben

nederlands • deutsch

DE VRIJE TIJD · DIE FREIZEIT

het concert
das Konzert

de musical
das Musical

het toneelkostuum
das Theaterkostüm

het ballet
das Ballett

woorden • Vokabular

de klassieke muziek
die klassische Musik

de partituur
die Noten

de ouvreuse
die Platzanweiserin

de soundtrack
der Soundtrack

applaudisseren
applaudieren

de toegift
die Zugabe

Ik wil graag twee kaarten voor de uitvoering van vanavond.
Ich möchte zwei Karten für die Aufführung heute Abend.

Hoe laat begint de voorstelling?
Um wieviel Uhr beginnt die Aufführung?

de opera
die Oper

de bioscoop · das Kino

de popcorn
das Popcorn

de kassa
die Kasse

de foyer
das Foyer

de poster
das Plakat

de bioscoop
der Kinosaal

het doek
die Leinwand

woorden • Vokabular

de komedie
die Komödie

de thriller
der Thriller

de horrorfilm
der Horrorfilm

de western
der Western

de liefdesfilm
der Liebesfilm

de sciencefictionfilm
der Science-Fiction-Film

de avonturenfilm
der Abenteuerfilm

de tekenfilm
der Zeichentrickfilm

nederlands • deutsch

DE VRIJE TIJD • DIE FREIZEIT

het orkest • das Orchester

de snaarinstrumenten • die Saiteninstrumente

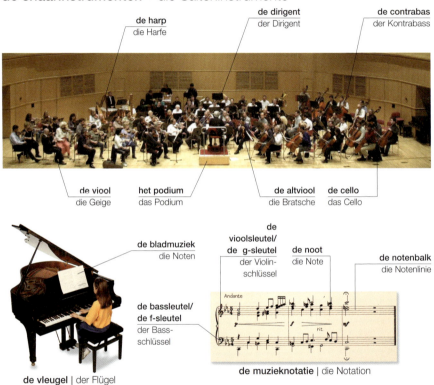

de harp / die Harfe
de dirigent / der Dirigent
de contrabas / der Kontrabass
de viool / die Geige
het podium / das Podium
de altviool / die Bratsche
de cello / das Cello

de bladmuziek / die Noten
de vioolsleutel/ de g-sleutel / der Violinschlüssel
de noot / die Note
de notenbalk / die Notenlinie
de bassleutel/ de f-sleutel / der Bassschlüssel

de vleugel | der Flügel

de muzieknotatie | die Notation

---

woorden • Vokabular

| de ouverture die Ouvertüre | de sonate die Sonate | de toonhoogte die Tonhöhe | het kruis das Kreuz | de maatstreep der Taktstrich | de toonladder die Tonleiter |
| de symfonie die Symphonie | de muziekinstrumenten die Musikinstrumente | de rust das Pausenzeichen | de mol das B | het herstellingsteken das Auflösungszeichen | het dirigeerstokje der Taktstock |

nederlands • deutsch

DE VRIJE TIJD • DIE FREIZEIT

de houtblazers • die Holzblasinstrumente

de piccolo
die Pikkolaflöte

de dwarsfluit
die Querflöte

de hobo
die Oboe

de althobo
das Englischhorn

de saxofoon
das Saxofon

de klarinet
die Klarinette

de basklarinet
die Bassklarinette

de fagot
das Fagott

de contrafagot
das Kontrafagott

het slagwerk • die Schlaginstrumente

de pauk
die Kesselpauke

de gong
der Gong

de bongo's
die Bongos

de snaredrum
die kleine Trommel

het bekken
das Becken

de tamboerijn
das Tamburin

de vibrafoon
das Vibrafon

de triangel
der Triangel

de maracas
die Maracas

de koperblazers • die Blechblasinstrumente

de trompet
die Trompete

de trombone
die Posaune

de hoorn
das Horn

de tuba
die Tuba

nederlands • deutsch

DE VRIJE TIJD • DIE FREIZEIT

het concert • das Konzert

het rockconcert | das Rockkonzert

de instrumenten • die Instrumente

DE VRIJE TIJD • DIE FREIZEIT

de muziekstijlen • die Musikstile

de jazz
der Jazz

de blues
der Blues

de punk
die Punkmusik

de folk
der Folk

de pop
die Popmusik

de dance
die Tanzmusik

de rap
der Rap

de heavy metal
der Heavymetal

de klassieke muziek
die klassische Musik

woorden • Vokabular					
het lied	**de tekst**	**de melodie**	**het ritme**	**de reggae**	**de country**
das Lied	der Text	die Melodie	der Beat	der Reggae	die Countrymusic

nederlands • deutsch

DE VRIJE TIJD • DIE FREIZEIT

het toerisme • der Tourismus

de toerist
der Tourist

de toeristische attractie | die Touristenattraktion

de route
die Route

met open dak
mit offenem Oberdeck

de stadstoerbus | der Stadtrundfahrtbus

de gids
die Fremdenführerin

de rondleiding
die Führung

het beeldje
die Figur

de souvenirs
die Andenken

woorden • Vokabular

geopend geöffnet	**de film** der Film	**de camcorder** der Camcorder	**rechts** rechts	**Waar is…?** Wo ist…?
gesloten geschlossen	**de batterijen** die Batterien	**links** links	**rechtdoor** geradeaus	**Ik ben verdwaald.** Ich habe mich verlaufen.
de toegangsprijs das Eintrittsgeld	**de reisgids** der Reiseführer	**de richtingen** die Richtungsangaben	**de fotocamera** die Kamera	**Kunt u mij zeggen hoe ik bij…. kom?** Können Sie mir sagen, wie ich nach… komme?

nederlands • deutsch

DE VRIJE TIJD • DIE FREIZEIT

de bezienswaardigheden • die Sehenswürdigkeiten

het schilderij
das Gemälde

het tentoongestelde werk
das Ausstellungsstück

de tentoonstelling
die Ausstellung

de beroemde ruïne
die berühmte Ruine

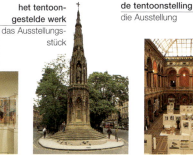

de kunstgalerie
die Kunstgalerie

het monument
das Monument

het museum
das Museum

het historische gebouw
das historische Gebäude

het casino
das Kasino

het park
der Park

het nationale park
der Nationalpark

de informatie • die Information

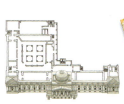

de tijden
die Zeiten

de plattegrond
der Grundriss

de stadsplattegrond
der Stadtplan

de dienstregeling
der Fahrplan

het toeristenbureau
die Touristeninformation

nederlands • deutsch

DE VRIJE TIJD • DIE FREIZEIT

de buitenactiviteiten • die Aktivitäten im Freien

het pad / der Fußweg

de zonnewijzer / die Sonnenuhr

het café / das Café

het park | der Park

het gras / das Gras

de bank / die Bank

de plantsoenen / die Gartenanlagen

de achtbaan / die Achterbahn

de kermis / der Jahrmarkt

het attractiepark / der Vergnügungspark

het safaripark / der Safaripark

de dierentuin / der Zoo

nederlands • deutsch

DE VRIJE TIJD • DIE FREIZEIT

de activiteiten • die Aktivitäten

het fietsen
das Radfahren

het joggen
das Jogging

het skateboarden
das Skateboardfahren

het inlineskaten
das Inlinerfahren

het ruiterpad
der Reitweg

het vogelspotten
die Vogelbeobachtung

het paardrijden
das Reiten

het wandelen
das Wandern

de picknickmand
der Picknickkorb

de picknick
das Picknick

de speelplaats • der Spielplatz

de zandbak
der Sandkasten

het kinderbadje
das Planschbecken

de schommel
die Schaukel

de wip | die Wippe

de glijbaan
die Rutsche

het klimrek
das Klettergerüst

nederlands • deutsch

DE VRIJE TIJD • DIE FREIZEIT

het strand • der Strand

de parasol / der Sonnenschirm
het hotel / das Hotel
het strandhuisje / das Strandhäuschen
het zand / der Sand
de golf / die Welle
de zee / das Meer
de strandtas / die Strandtasche
de bikini / der Bikini

zonnebaden | sonnenbaden

DE VRIJE TIJD · DIE FREIZEIT

de reddingstoren
der Rettungsturm

het windscherm
der Windschutz

de promenade
die Promenade

de ligstoel
der Liegestuhl

de zonnebril
die Sonnenbrille

de zonnehoed
der Sonnenhut

de zonnebrandcrème
die Sonnenmilch

de sunblock
der Sonnenblocker

de strandbal
der Wasserball

de zwemband
der Schwimmreifen

het strandlaken
das Strandtuch

het badpak — der Badeanzug
de schep — die Schaufel
de emmer — der Eimer
het zandkasteel — die Sandburg
de schelp — die Muschel

nederlands · deutsch

DE VRIJE TIJD • DIE FREIZEIT

de camping • das Camping

de toiletten — die Toiletten
de vuilnisbak — die Mülleimer
de douches — die Duschen
de stroomaansluiting — der Stromanschluss
de buitentent — das Überdach
de haring — der Hering
de scheerlijn — die Zeltspannleine
de caravan — der Wohnwagen

de camping
der Campingplatz

woorden • Vokabular

kamperen (met een tent) zelten	**het kampeerterrein** der Zeltplatz	**de hangmat** die Hängematte	**de houtskool** die Holzkohle
staplaatsen vrij Zeltplätze frei	**de tentstok** die Zeltstange	**de caravan** das Wohnmobil	**het aanmaakblokje** der Feueranzünder
vol voll	**het veldbed** das Faltbett	**de aanhangwagen** der Anhänger	**een vuurtje stoken** ein Feuer machen
de campingreceptie die Campingplatzverwaltung	**een tent opzetten** ein Zelt aufschlagen	**de picknickbank** die Picknickbank	**het kampvuur** das Lagerfeuer

nederlands • deutsch

DE VRIJE TIJD • DIE FREIZEIT

de consumentenelektronica • die Unterhaltungselektronik

de discman
der Discman

de minidiskrecorder
der Minidiskrekorder

de mp3-speler
der MP3-Spieler

de dvd
die DVD

de dvd-speler
der DVD-Spieler

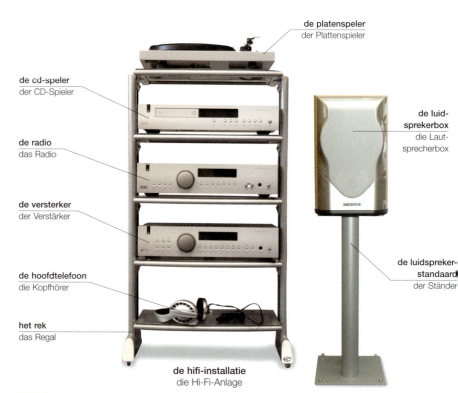

de platenspeler
der Plattenspieler

de cd-speler
der CD-Spieler

de radio
das Radio

de versterker
der Verstärker

de hoofdtelefoon
die Kopfhörer

het rek
das Regal

de luidsprekerbox
die Lautsprecherbox

de luidspreker-standaard
der Ständer

de hifi-installatie
die Hi-Fi-Anlage

nederlands • deutsch

DE VRIJE TIJD • DIE FREIZEIT

de fotografie • die Fotografie

de fototeller
der Bildzähler

de afdrukknop
der Auslöser

het wieltje om de sluitertijd in te stellen
die Zeiteinstellscheibe

de flits
der Blitz

het diafragmawieltje
der Blendenregler

de filter
der Filter

de stofkap
die Schutzkappe

de lens
die Linse

de spiegelreflexcamera | die Spiegelreflexkamera

de elektronische flits
der Elektronenblitz

de belichtingsmeter
der Belichtungsmesser

de telelens
das Zoom

het statief
das Stativ

de typen camera's • die Fotoapparattypen

de digitale camera
die Digitalkamera

de APS-camera
die APS-Kamera

de polaroidcamera
die Sofortbildkamera

de wegwerpcamera
die Einwegkamera

nederlands • deutsch

DE VRIJE TIJD • DIE FREIZEIT

fotograferen • fotografieren

de film
der Film

het **filmspoeltje**
die Filmspule

instellen
einstellen

ontwikkelen
entwickeln

het negatief
das Negativ

liggend
quer

staand
hoch

de foto | das Foto

het fotoalbum
das Fotoalbum

de fotolijst
der Fotorahmen

de problemen • die Probleme

onderbelicht
unterbelichtet

overbelicht
überbelichtet

onscherp
unscharf

de rode ogen
die roten Augen

woorden • Vokabular

de zoeker der Sucher	**de afdruk** der Abzug
de cameratas die Kameratasche	**mat** matt
de belichting die Belichtung	**glanzend** glänzend
de donkere kamer die Dunkelkammer	**de vergroting** die Vergrößerung

Kunt u deze film voor mij ontwikkelen?
Könnten Sie diesen Film entwickeln lassen?

nederlands • deutsch

DE VRIJE TIJD • DIE FREIZEIT

de spelen • die Spiele

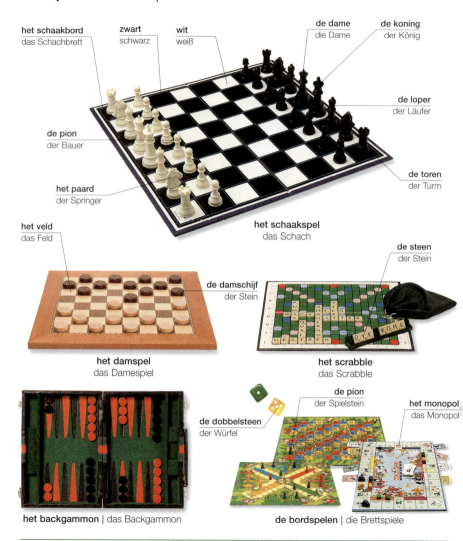

het schaakbord / das Schachbrett
zwart / schwarz
wit / weiß
de dame / die Dame
de koning / der König
de loper / der Läufer
de pion / der Bauer
de toren / der Turm
het paard / der Springer
het schaakspel / das Schach

het veld / das Feld
de damschijf / der Stein
de steen / der Stein
het damspel / das Damespiel
het scrabble / das Scrabble

de dobbelsteen / der Würfel
de pion / der Spielstein
het monopol / das Monopol
het backgammon | das Backgammon
de bordspelen | die Brettspiele

nederlands • deutsch

DE VRIJE TIJD • DIE FREIZEIT

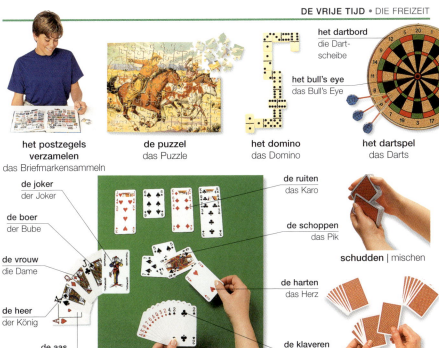

het postzegels verzamelen
das Briefmarkensammeln

de puzzel
das Puzzle

het domino
das Domino

het dartbord
die Dartscheibe

het bull's eye
das Bull's Eye

het dartspel
das Darts

de joker
der Joker

de boer
der Bube

de vrouw
die Dame

de heer
der König

de aas
das Ass

de kaarten
die Karten

de ruiten
das Karo

de schoppen
das Pik

de harten
das Herz

de klaveren
das Kreuz

schudden | mischen

delen | geben

---

woorden • Vokabular

de beurt der Zug	**winnen** gewinnen	**de verliezer** der Verlierer	**het bridge** das Bridge	**het punt** der Punkt	**Jij bent aan de beurt.** Du bist dran.
spelen spielen	**de winnaar** der Gewinner	**het spel** das Spiel	**het poker** das Poker	**de kleur** die Farbe	**Gooi met de dobbelsteen.** Würfle.
de speler der Spieler	**verliezen** verlieren	**de weddenschap** die Wette	**het kaartspel** das Kartenspiel	**de score** das Spielergebnis	**Wie is er aan de beurt?** Wer ist dran?

nederlands • deutsch

DE VRIJE TIJD • DIE FREIZEIT

de kunstnijverheid 1 • das Kunsthandwerk 1

de kunstenares / die Künstlerin

het schilderij / das Gemälde

de schildersezel / die Staffelei

het doek / die Leinwand

het penseel / der Pinsel

het palet / die Palette

het schilderen | die Malerei

de verven • die Farben

de olieverf / die Ölfarben

de aquarelverf / die Aquarellfarbe

het pastelkrijt / die Pastellstifte

de acrylverf / die Acrylfarbe

de plakkaatverf / die Plakatfarbe

de kleuren • die Farben

rood / rot

blauw / blau

geel / gelb

groen / grün

oranje / orange

lila / lila

wit / weiß

zwart / schwarz

grijs / grau

roze / rosa

bruin / braun

indigoblauw / indigoblau

nederlands • deutsch

DE VRIJE TIJD • DIE FREIZEIT

andere kunstnijverheid • andere Kunstfertigkeiten

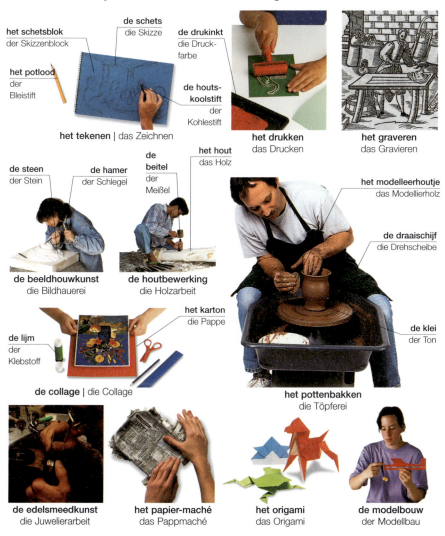

het schetsblok / der Skizzenblock
de schets / die Skizze
de drukinkt / die Druckfarbe
het potlood / der Bleistift
de houtskoolstift / der Kohlestift
het tekenen | das Zeichnen
het drukken / das Drucken
het graveren / das Gravieren

de steen / der Stein
de hamer / der Schlegel
de beitel / der Meißel
het hout / das Holz
het modelleerhoutje / das Modellierholz
de draaischijf / die Drehscheibe
de beeldhouwkunst / die Bildhauerei
de houtbewerking / die Holzarbeit
de klei / der Ton

het karton / die Pappe
de lijm / der Klebstoff
de collage | die Collage
het pottenbakken / die Töpferei

de edelsmeedkunst / die Juwelierarbeit
het papier-maché / das Pappmaché
het origami / das Origami
de modelbouw / der Modellbau

nederlands • deutsch

de kunstnijverheid 2 • das Kunsthandwerk 2

de naaimachine | die Nähmaschine

DE VRIJE TIJD • DIE FREIZEIT

de draad doorsteken
einfädeln

de steek
der Stich
naaien
nähen

stoppen
stopfen

rijgen
heften

knippen
schneiden

het handwerk
die Tapisserie

het borduurwerk
die Stickerei

de haaknaald
der Häkelhaken
het haken
das Häkeln

het macramé
das Makramee

het patchwork
das Patchwork

het watteren
das Wattieren

de klos
der Klöppel

het kantklossen
die Spitzenklöppelei

de weefstoel
der Webstuhl

het weven
die Weberei

woorden • Vokabular	
lostornen auftrennen	**het nylon** das Nylon
de stof der Stoff	**de zijde** die Seide
de katoen die Baumwolle	**de modeontwerper** der Modedesigner
het linnen das Leinen	**de mode** die Mode
het polyester das Polyester	**de rits** der Reißverschluss

de breipen
die Stricknadel
het breien | das Stricken

de wol
die Wolle
de streng | der Strang

nederlands • deutsch

de wereld om ons heen
die Umwelt

DE WERELD OM ONS HEEN • DIE UMWELT

de ruimte • der Weltraum

- **Mercurius** / der Merkur
- **Aarde** / die Erde
- **Jupiter** / der Jupiter
- **Neptunus** / der Neptun
- **Mars** / der Mars
- **Uranus** / der Uranus
- **Pluto** / der Pluto
- **Venus** / die Venus
- **de zon** / die Sonne
- **de maan** / der Mond
- **Saturnus** / der Saturn

het zonnestelsel | das Sonnensystem

de staart / der Schweif   **de ster** / der Stern

het melkwegstelsel
die Galaxie

de nevelvlek
der Nebelfleck

de asteroïde
der Asteroid

de komeet
der Komet

woorden • Vokabular

de planeet	der Planet
het universum	das Universum
de volle maan	der Vollmond
de meteoor	der Meteor
de omloopbaan	die Umlaufbahn
de nieuwe maan	der Neumond
de zwaartekracht	die Schwerkraft
het zwarte gat	das Schwarze Loch
de maansikkel	die Mondsichel

de eclips | die Finsternis

nederlands • deutsch

DE WERELD OM ONS HEEN • DIE UMWELT

de ruimtevaart • die Raumforschung

de ruimtevaarder
die Raumfähre

de hulpraket
der Booster

het ruimtepak
der Raumanzug

de stuurraket
die Steuerrakete

de radar
der Radar

het bemanningsluik
die Besatzungsluke

de astronaut | der Astronaut

de maanlander | die Mondfähre

het lanceerplatform
die Abschussrampe

de lancering
der Abschuss

de satelliet
der Satellit

het ruimtestation
die Raumstation

de astronomie • die Astronomie

het sterrenbeeld
das Sternbild

de verrekijker
das Fernglas

de telescoop
das Teleskop

het statief
das Stativ

nederlands • deutsch

281

DE WERELD OM ONS HEEN • DIE UMWELT

de aarde • die Erde

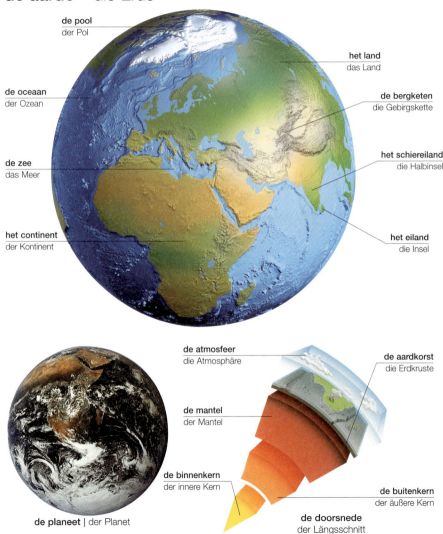

de pool / der Pol

het land / das Land

de oceaan / der Ozean

de bergketen / die Gebirgskette

de zee / das Meer

het schiereiland / die Halbinsel

het continent / der Kontinent

het eiland / die Insel

de atmosfeer / die Atmosphäre

de aardkorst / die Erdkruste

de mantel / der Mantel

de binnenkern / der innere Kern

de buitenkern / der äußere Kern

de planeet | der Planet

de doorsnede / der Längsschnitt

nederlands • deutsch

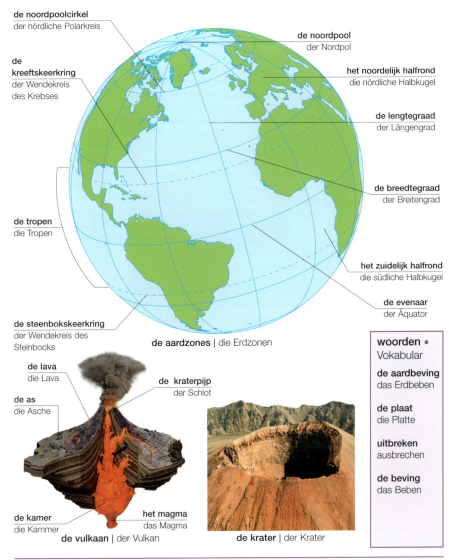

DE WERELD OM ONS HEEN • DIE UMWELT

het landschap • die Landschaft

de berg
der Berg

de helling
der Hang

de oever
das Ufer

de rivier
der Fluss

de stroomversnellingen
die Stromschnellen

de rotsen
die Felsen

de gletsjer
der Gletscher

het dal | das Tal

de heuvel
der Hügel

het plateau
das Plateau

de kloof
die Schlucht

de grot
die Höhle

DE WERELD OM ONS HEEN • DIE UMWELT

de laagvlakte
die Ebene

de woestijn
die Wüste

het woud
der Wald

het bos
der Wald

het regenwoud
der Regenwald

het moeras
der Sumpf

de wei
die Wiese

het grasland
das Grasland

de waterval
der Wasserfall

de beek
der Bach

het meer
der See

de geiser
der Geysir

de kust
die Küste

de klif
die Klippe

het koraalrif
das Korallenriff

het estuarium
die Flussmündung

nederlands • deutsch

DE WERELD OM ONS HEEN · DIE UMWELT

het weer · das Wetter

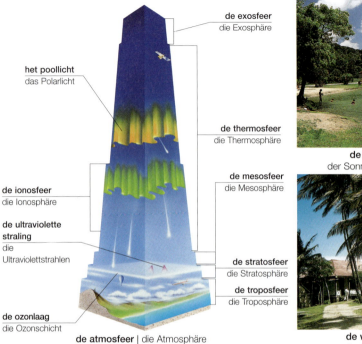

- **de exosfeer** / die Exosphäre
- **het poollicht** / das Polarlicht
- **de thermosfeer** / die Thermosphäre
- **de mesosfeer** / die Mesosphäre
- **de ionosfeer** / die Ionosphäre
- **de ultraviolette straling** / die Ultraviolettstrahlen
- **de stratosfeer** / die Stratosphäre
- **de troposfeer** / die Troposphäre
- **de ozonlaag** / die Ozonschicht

de atmosfeer | die Atmosphäre

de zon / der Sonnenschein

de wind / der Wind

---

woorden · Vokabular

de natte sneeuw der Schneeregen	**de regenbui** der Schauer	**heet** heiß	**droog** trocken	**winderig** windig	**Ik heb het warm/koud.** Mir ist heiß/kalt.
de hagel der Hagel	**zonnig** sonnig	**koud** kalt	**nat** nass	**de storm** der Sturm	**Het regent.** Es regnet.
de donder der Donner	**bewolkt** bewölkt	**warm** warm	**vochtig** feucht	**de temperatuur** die Temperatur	**Het is... graden.** Es sind ... Grad.

DE WERELD OM ONS HEEN • DIE UMWELT

de wolk
die Wolke

de regen
der Regen

de bliksem
der Blitz

het onweer
das Gewitter

de nevel
der feine Nebel

de dichte mist
der dichte Nebel

de regenboog
der Regenbogen

de sneeuw
der Schnee

de rijp
der Raureif

het ijs
das Eis

de ijspegel
der Eiszapfen

de vorst
der Frost

de orkaan
der Hurrikan

de tornado
der Tornado

de moesson
der Monsun

de overstroming
die Überschwemmung

DE WERELD OM ONS HEEN • DIE UMWELT

het gesteente • das Gestein

vulkanisch • eruptiv

het graniet — der Granit
het obsidiaan — der Obsidian

het basalt — der Basalt
de puimsteen — der Bimsstein

sedimentair • sedimentär

het zandsteen — der Sandstein
het kalksteen — der Kalkstein
het krijt — die Kreide

de vuursteen — der Feuerstein
het conglomeraat — das Konglomerat
de steenkool — die Kohle

metamorf • metamorph

het lei — der Schiefer
het glimmerlei — der Glimmerschiefer

het gneis — der Gneis
het marmer — der Marmor

de edelstenen • die Schmucksteine

de robijn — der Rubin

de aquamarijn — der Aquamarin

de amethist — der Amethyst

de diamant — der Diamant

de git — der Gagat

de jade — der Jade

de smaragd — der Smaragd

de opaal — der Opal

de saffier — der Saphir

de toermalijn — der Turmalin

de maansteen — der Mondstein

de granaat — der Granat
de topaas — der Topas

nederlands • deutsch

DE WERELD OM ONS HEEN • DIE UMWELT

de mineralen • die Mineralien

het kwarts
der Quarz

het mica
der Glimmer

de zwavel
der Schwefel

het hematiet
der Hämatit

het calciet
der Kalzit

het malachiet
der Malachit

het turkoois
der Türkis

het onyx
der Onyx

het agaat
der Achat

het grafiet
der Graphit

de metalen • die Metalle

het goud
das Gold

het zilver
das Silber

het platina
das Platin

het nikkel
das Nickel

het ijzer
das Eisen

het koper
das Kupfer

het tin
das Zinn

het aluminium
das Aluminium

het kwikzilver
das Quecksilber

het zink
das Zink

nederlands • deutsch

DE WERELD OM ONS HEEN • DIE UMWELT

de dieren 1 • die Tiere 1
de zoogdieren • die Säugetiere

de snorharen / die Schnurrhaare
de staart / der Schwanz

| het konijn | de hamster | de muis | de rat | de egel |
| das Kaninchen | der Hamster | die Maus | die Ratte | der Igel |

| het eekhoorntje | de vleermuis | de wasbeer | de vos | de wolf |
| das Eichhörnchen | die Fledermaus | der Waschbär | der Fuchs | der Wolf |

de welp / der Welpe
de kitten / das Kätzchen
het jong / das Junge

| de hond | de kat | de otter | de zeehond |
| der Hund | die Katze | der Otter | die Robbe |

de vin / die Flosse
het ademgat / das Atemloch

| de zeeleeuw | de walrus | de walvis | de dolfijn |
| der Seelöwe | das Walross | der Wal | der Delphin |

nederlands • deutsch

DE WERELD OM ONS HEEN • DIE UMWELT

de dieren 2 • die Tiere 2
de vogels • die Vögel

de staart / der Schwanz

de kanarie / der Kanarienvogel

de mus / der Spatz

de kolibrie / der Kolibri

de zwaluw / die Schwalbe

de kraai / die Krähe

de duif / die Taube

de specht / der Specht

de valk / der Falke

de uil / die Eule

de meeuw / die Möwe

de adelaar / der Adler

de pelikaan / der Pelikan

de flamingo / der Flamingo

de ooievaar / der Storch

de kraanvogel / der Kranich

de pinguïn / der Pinguin

de struisvogel / der Strauß

nederlands • deutsch

DE WERELD OM ONS HEEN · DIE UMWELT

de dieren 3 · die Tiere 3
de amfibieën · die Amphibien

de kikker / der Frosch

de pad / die Kröte

het kikkervisje / die Kaulquappe

de salamander / der Salamander

de vissen · die Fische

de aal / der Aal

de haai / der Haifisch

het zeepaardje / das Seepferd

de vleet / der Glattrochen

de rog / der Rochen

de goudvis / der Goldfisch

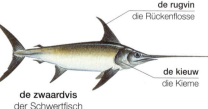

de rugvin / die Rückenflosse

de borstvin / die Brustflosse

de staart / der Schwanz

de kieuw / die Kieme

de schub / die Schuppe

de zwaardvis / der Schwertfisch

de koikarper / der Koikarpfen

O MEIO AMBIENTE • DIE UMWELT

de ongewervelde dieren • die Wirbellosen

de mier
die Ameise

de termiet
die Termite

de bij
die Biene

de wesp
die Wespe

de kever
der Käfer

de kakkerlak
die Schabe

de mot
die Motte

de voelspriet / der Fühler
de vlinder
der Schmetterling

de cocon
der Kokon

de rups
die Raupe

de krekel
die Grille

de sprinkhaan
die Heuschrecke

de bidsprinkhaan
die Gottesanbeterin

de angel / der Stachel
de schorpioen
der Skorpion

de duizendpoot
der Tausendfüßer

de libelle
die Libelle

de vlieg
die Fliege

de mug
die Stechmücke

het lieveheersbeestje
der Marienkäfer

de spin
die Spinne

de naaktslak
die Nacktschnecke

de slak
die Schnecke

de regenworm
der Wurm

de zeester
der Seestern

de mossel
die Muschel

de krab
der Krebs

de kreeft
der Hummer

de kraak
der Krake

de pijlinktvis
der Tintenfisch

de kwal
die Qualle

nederlands • deutsch 295

DE WERELD OM ONS HEEN • DIE UMWELT

de planten • die Pflanzen

de boom • der Baum

- de tak / der Ast
- het blad / das Blatt
- de twijg / der Zweig
- de schors / die Rinde
- de wortel / die Wurzel
- de stam / der Stamm
- de eik / die Eiche
- de wilg / die Weide
- de populier / die Pappel
- de eucalyptus / der Eukalyptus
- de lariks / die Lärche
- de beuk / die Buche
- de berk / die Birke
- de den / die Kiefer
- de ceder / die Zeder
- de esdoorn / der Ahorn
- de iep / die Ulme
- de linde / die Linde
- de hulst / die Stechpalme
- de bes / die Beere
- de palmboom / die Palme

nederlands • deutsch

DE WERELD OM ONS HEEN • DIE UMWELT

de bloeiende plant • die blühende Pflanze

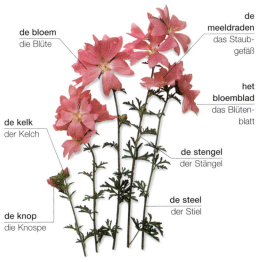

de bloem
die Blüte

de meeldraden
das Staubgefäß

het bloemblad
das Blütenblatt

de kelk
der Kelch

de stengel
der Stängel

de steel
der Stiel

de knop
die Knospe

de boterbloem
der Hahnenfuß

het madeliefje
das Gänseblümchen

de distel
die Distel

de paardenbloem
der Löwenzahn

de hei
das Heidekraut

de klaproos
der Klatschmohn

het vingerhoedskruid
der Fingerhut

de kamperfoelie
das Geißblatt

de zonnebloem
die Sonnenblume

de klaver
der Klee

de hyacint
die Hyazinthe

de sleutelbloem
die Schlüsselblume

de lupinen
die Lupinen

de brandnetel
die Nessel

nederlands • deutsch

DE WERELD OM ONS HEEN • DIE UMWELT
de stad • die Stadt

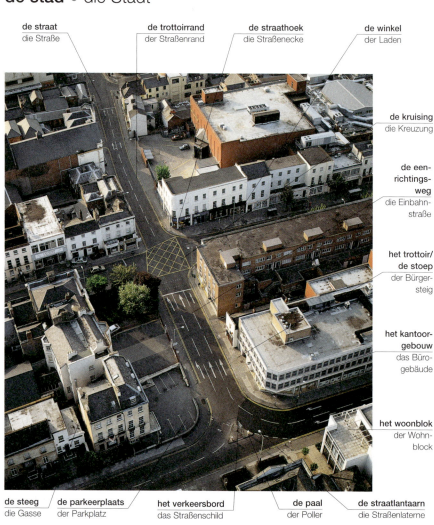

de straat — die Straße
de trottoirrand — der Straßenrand
de straathoek — die Straßenecke
de winkel — der Laden
de kruising — die Kreuzung
de eenrichtingsweg — die Einbahnstraße
het trottoir/de stoep — der Bürgersteig
het kantoorgebouw — das Bürogebäude
het woonblok — der Wohnblock
de steeg — die Gasse
de parkeerplaats — der Parkplatz
het verkeersbord — das Straßenschild
de paal — der Poller
de straatlantaarn — die Straßenlaterne

DE WERELD OM ONS HEEN • DIE UMWELT

de gebouwen • die Gebäude

het gemeentehuis
das Rathaus

de bibliotheek
die Bibliothek

de bioscoop
das Kino

het theater
das Theater

de universiteit
die Universität

de school
die Schule

de wolkenkrabber
der Wolkenkratzer

de gebieden • die Gebiete

het industriegebied
das Industriegebiet

de binnenstad
die Innenstadt

de voorstad
die Vorstadt

het dorp
das Dorf

---

woorden • Vokabular

het voetgangersgebied die Fußgängerzone	**de zijstraat** die Seitenstraße	**het rioolputje** der Kanalschacht	**de goot** der Rinnstein	**de kerk** die Kirche
de laan die Allee	**het plein** der Platz	**de bushalte** die Bushaltestelle	**de fabriek** die Fabrik	**het kanaal** der Kanal

nederlands • deutsch

DE WERELD OM ONS HEEN • DIE UMWELT

de architectuur • die Architektur

de gebouwen en bouwwerken • die Gebäude und Strukturen

de wolkenkrabber
der Wolkenkratzer

het kasteel
die Burg

de toren
der Mauerturm

de slotgracht
der Burggraben

de kerk
die Kirche

de moskee
die Moschee

de koepel
die Kuppel

de kerktoren
der Turm

het gewelf
das Gewölbe

de tempel
der Tempel

de synagoge
die Synagoge

de stuwdam
der Staudamm

de brug
die Brücke

de kruisbloem
die Kreuzblume

de torenspits
die Turmspitze

de gevel
der Giebel

de kroonlijst
das Gesims

de zuil
die Säule

de kathedraal | die Kathedrale

nederlands • deutsch

DE WERELD OM ONS HEEN · DIE UMWELT

de bouwstijlen · die Baustile

de architraaf
der Architrav

de barok
der Barock

de gotiek
die Gotik

de renaissance
die Renaissance

de boog
der Bogen

het fries
der Fries

het koor
der Chor

de rococo
das Rokoko

het fronton
das Giebeldreieck

de steunbeer
der Strebepfeiler

het classicisme
der Klassizismus

de art nouveau
der Jugendstil

de art déco
das Art-déco

nederlands · deutsch

de informatie
die Information

DE INFORMATIE • DIE INFORMATION

de tijd • die Uhrzeit

de minutenwijzer
der Minutenzeiger

de uurwijzer
der Stundenzeiger

de klok
die Uhr

woorden • Vokabular		
het uur die Stunde	**nu** jetzt	**twintig minuten** zwanzig Minuten
de minuut die Minute	**later** später	**veertig minuten** vierzig Minuten
de seconde die Sekunde	**een halfuur** eine halbe stunde	**een kwartier** eine Viertelstunde
Hoe laat is het? Wie spät ist es?	**Het is drie uur.** Es ist drei Uhr.	

vijf over een
fünf nach eins

tien over een
zehn nach eins

kwart over een
Viertel nach eins

tien voor half twee
zwanzig nach eins

de secondenwijzer
der Sekundenzeiger

vijf voor half twee
fünf vor halb zwei

half twee
ein Uhr dreißig

vijf over half twee
fünf nach halb zwei

tien over half twee
zwanzig vor zwei

kwart voor twee
Viertel vor zwei

tien voor twee
zehn vor zwei

vijf voor twee
fünf vor zwei

twee uur
zwei Uhr

nederlands • deutsch

DE INFORMATIE • DIE INFORMATION

de nacht en de dag • die Nacht und der Tag

de middernacht
die Mitternacht

de zonsopgang
der Sonnenaufgang

de ochtendschemering
die Morgendämmerung

de ochtend
der Morgen

de zonsondergang
der Sonnenuntergang

de middag
der Mittag

de avondschemering
die Abenddämmerung

de avond
der Abend

de namiddag
der Nachmittag

woorden • Vokabular

vroeg früh	**Je bent vroeg.** Du bist früh.	**Kom op tijd.** Sei bitte pünktlich.	**Wanneer is het afgelopen?** Wann ist es zu Ende?
op tijd pünktlich	**Je bent te laat.** Du hast dich verspätet.	**Tot later.** Bis später.	**Hoelang duurt het?** Wie lange dauert es?
laat spät	**Ik zal er spoedig zijn.** Ich werde bald dort sein.	**Hoe laat begint het?** Wann fängt es an?	**Het is al laat.** Es ist schon spät.

nederlands • deutsch

DE INFORMATIE • DIE INFORMATION

de kalender • der Kalender

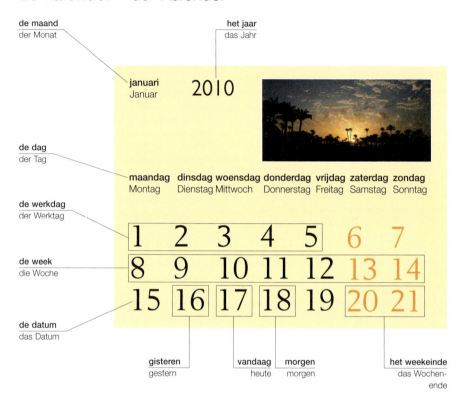

- **de maand** / der Monat
- **het jaar** / das Jahr
- **januari** / Januar — 2010
- **de dag** / der Tag
- **maandag** / Montag
- **dinsdag** / Dienstag
- **woensdag** / Mittwoch
- **donderdag** / Donnerstag
- **vrijdag** / Freitag
- **zaterdag** / Samstag
- **zondag** / Sonntag
- **de werkdag** / der Werktag
- **de week** / die Woche
- **de datum** / das Datum
- **gisteren** / gestern
- **vandaag** / heute
- **morgen** / morgen
- **het weekeinde** / das Wochenende

woorden • Vokabular

nederlands	deutsch	nederlands	deutsch
januari	Januar	juli	Juli
februari	Februar	augustus	August
maart	März	september	September
april	April	oktober	Oktober
mei	Mai	november	November
juni	Juni	december	Dezember

DE INFORMATIE • DIE INFORMATION

de jaren • die Jahre

1900 negentienhonderd • neunzehnhundert

1901 negentienhonderdeen • neunzehnhunderteins

1910 negentienhonderdtien • neunzehnhundertzehn

2000 tweeduizend • zweitausend

2001 tweeduizend een • zweitausendeins

de jaargetijden/de seizoenen • die Jahreszeiten

de lente/het voorjaar
der Frühling

de zomer
der Sommer

de herfst/het najaar
der Herbst

de winter
der Winter

---

woorden • Vokabular

de eeuw
das Jahrhundert

het decennium
das Jahrzehnt

het millennium
das Jahrtausend

veertien dagen
vierzehn Tage

deze week
diese Woche

afgelopen week
letzte Woche

volgende week
nächste Woche

eergisteren
vorgestern

overmorgen
übermorgen

wekelijks
wöchentlich

maandelijks
monatlich

jaarlijks
jährlich

Welke datum is het vandaag?
Welches Datum haben wir heute?

Vandaag is het zeven februari.
Heute ist der siebte Februar.

---

nederlands • deutsch

DE INFORMATIE • DIE INFORMATION

de getallen • die Zahlen

0	**nul** • null	20	**twintig** • zwanzig
1	**een** • eins	21	**eenentwintig** • einundzwanzig
2	**twee** • zwei	22	**tweeëntwintig** • zweiundzwanzig
3	**drie** • drei	30	**dertig** • dreißig
4	**vier** • vier	40	**veertig** • vierzig
5	**vijf** • fünf	50	**vijftig** • fünfzig
6	**zes** • sechs	60	**zestig** • sechzig
7	**zeven** • sieben	70	**zeventig** • siebzig
8	**acht** • acht	80	**tachtig** • achtzig
9	**negen** • neun	90	**negentig** • neunzig
10	**tien** • zehn	100	**honderd** • hundert
11	**elf** • elf	110	**honderdtien** • hundertzehn
12	**twaalf** • zwölf	200	**tweehonderd** • zweihundert
13	**dertien** • dreizehn	300	**driehonderd** • dreihundert
14	**veertien** • vierzehn	400	**vierhonderd** • vierhundert
15	**vijftien** • fünfzehn	500	**vijfhonderd** • fünfhundert
16	**zestien** • sechzehn	600	**zeshonderd** • sechshundert
17	**zeventien** • siebzehn	700	**zevenhonderd** • siebenhundert
18	**achttien** • achtzehn	800	**achthonderd** • achthundert
19	**negentien** • neunzehn	900	**negenhonderd** • neunhundert

DE INFORMATIE • DIE INFORMATION

1.000 — **duizend** • tausend
10.000 — **tienduizend** • zehntausend
20.000 — **twintigduizend** • zwanzigtausend
50.000 — **vijftigduizend** • fünfzigtausend
55.500 — **vijfenvijftigduizend vijfhonderd** • fünfundfünfzigtausend-fünfhundert
100.000 — **honderdduizend** • hunderttausend
1.000.000 — **een miljoen** • eine Million
1.000.000.000 — **een miljard** • eine Milliarde

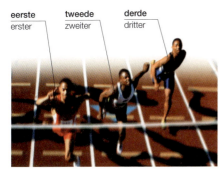

eerste
erster

tweede
zweiter

derde
dritter

vierde • vierter

vijfde • fünfter

zesde • sechster

zevende • siebter

achtste • achter

negende • neunter

tiende • zehnter

elfde • elfter

twaalfde • zwölfter

dertiende • dreizehnter

veertiende • vierzehnter

vijftiende • fünfzehnter

zestiende
• sechzehnter

zeventiende
• siebzehnter

achttiende
• achtzehnter

negentiende
• neunzehnter

twintigste
• zwanzigster

eenentwintigste
• einundzwanzigster

tweeëntwintigste
• zweiundzwanzigster

drieëntwintigste
• dreiundzwanzigster

dertigste
• dreißigster

veertigste
• vierzigster

vijftigste
• fünfzigster

zestigste
• sechzigster

zeventigste
• siebzigster

tachtigste
• achtzigster

negentigste
• neunzigster

honderdste
• hundertster

nederlands • deutsch

DE INFORMATIE • DIE INFORMATION

de maten en gewichten • die Maße und Gewichte

de oppervlakte • die Fläche

de vierkante voet
der Quadratfuß

de vierkante meter
der Quadratmeter

de afstand • die Entfernung

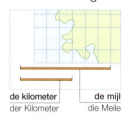

de kilometer
der Kilometer

de mijl
die Meile

de weegschaal
die Waagschale

het pond
das Pfund

de/het kilogram
das Kilogramm

de ons
die Unze

de gram
das Gramm

de weegschaal | die Waage

---

woorden • Vokabular

de yard das Yard	**de ton** die Tonne	**meten** messen
de meter der Meter	**de milligram** das Milligramm	**wegen** wiegen

---

de lengte • die Länge

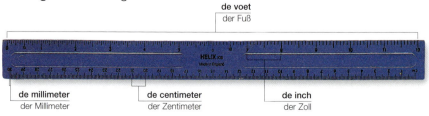

de voet
der Fuß

de millimeter
der Millimeter

de centimeter
der Zentimeter

de inch
der Zoll

nederlands • deutsch

DE INFORMATIE • DIE INFORMATION

het volume • das Fassungsvermögen

de halve liter
der halbe Liter

de pint
das Pint

het volume
das Volumen

de milliliter
der Milliliter

de maatbeker
der Messbecher

de vloeistofmaat
das Flüssigkeitsmaß

woorden
• Vokabular

de gallon
die Gallone

de liter
der Liter

de kubieke meter
der Kubikmeter

de houders • der Behälter

het pak
die Tüte

het pakje
das Päckchen

de fles
die Flasche

de zak
der Beutel

het bakje | die Dose

de pot | das Glas

het blik | die Dose

de spuitfles
der Sprühbehälter

het stuk
das Stück

de tube
die Tube

de rol
die Rolle

het pakje
das Päckchen

de spuitbus
die Sprühdose

nederlands • deutsch

DE INFORMATIE • DIE INFORMATION

de wereldkaart • die Weltkarte

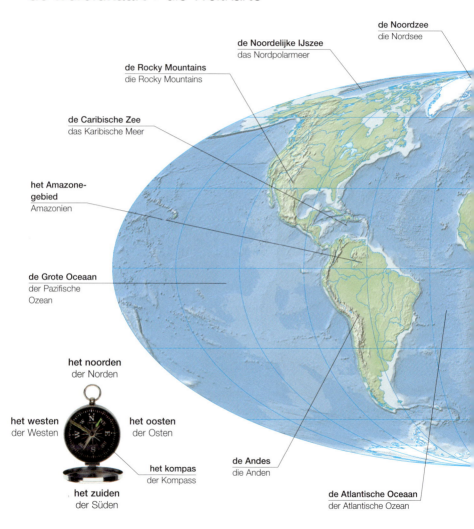

de Noordzee
die Nordsee

de Noordelijke IJszee
das Nordpolarmeer

de Rocky Mountains
die Rocky Mountains

de Caribische Zee
das Karibische Meer

het Amazone-
gebied
Amazonien

de Grote Oceaan
der Pazifische
Ozean

het noorden
der Norden

het westen
der Westen

het oosten
der Osten

het kompas
der Kompass

de Andes
die Anden

de Atlantische Oceaan
der Atlantische Ozean

het zuiden
der Süden

312 nederlands • deutsch

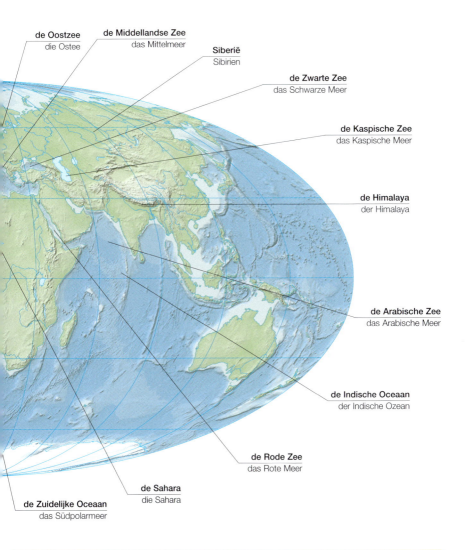

Noord- en Midden-Amerika • Nord- und Mittelamerika

Hawaï
Hawaii

1 **Alaska** • Alaska
2 **Canada** • Kanada
3 **Groenland** • Grönland
4 **de Verenigde Staten**
 • die Vereinigten Staaten
5 **Mexico** • Mexiko
6 **Guatemala** • Guatemala
7 **Belize** • Belize
8 **El Salvador** • El Salvador
9 **Honduras** • Honduras
10 **Nicaragua** • Nicaragua
11 **Costa Rica** • Costa Rica
12 **Panama** • Panama
13 **Cuba** • Kuba
14 **de Bahama-eilanden** • die Bahamas
15 **Jamaica** • Jamaika
16 **Haïti** • Haiti
17 **de Dominicaanse Republiek**
 • die Dominikanische Republik
18 **Puerto Rico** • Puerto Rico
19 **Barbados** • Barbados
20 **Trinidad en Tobago** • Trinidad und Tobago
21 **Saint Kitts en Nevis** • Saint Kitts und Nevis
22 **Antigua en Barbuda** • Antigua und Barbuda
23 **Dominica** • Dominica
24 **Saint Lucia** • Saint Lucia
25 **Saint Vincent en de Grenadines**
 • Saint Vincent und die Grenadinen
26 **Granada** • Grenada

DE INFORMATIE • DIE INFORMATION

Zuid-Amerika • Südamerika

1 **Venezuela** • Venezuela
2 **Colombia** • Kolumbien
3 **Ecuador** • Ecuador
4 **Peru** • Peru
5 **de Galapagoseilanden**
  • die Galapagosinseln
6 **Guyana** • Guyana
7 **Suriname** • Suriname
8 **Frans Guyana**
  • Französisch-Guayana
9 **Brazilië** • Brasilien
10 **Bolivia** • Bolivien
11 **Chili** • Chile
12 **Argentinië** • Argentinien
13 **Paraguay** • Paraguay
14 **Uruguay** • Uruguay
15 **de Falklandeilanden** • die Falklandinseln

woorden • Vokabular		
de staat der Staat	**de kolonie** die Kolonie	**de zone** die Zone
het land das Land	**de provincie** die Provinz	**de regio** die Region
de natie die Nation	**het territorium** das Territorium	**het district** der Bezirk
het continent der Kontinent	**het vorstendom** das Fürstentum	**de hoofdstad** die Hauptstadt

nederlands • deutsch

DE INFORMATIE • DIE INFORMATION

Europa • Europa

1 **Ierland** • Irland
2 **het Verenigd Koninkrijk** • das Vereinigte Königreich
3 **Portugal** • Portugal
4 **Spanje** • Spanien
5 **de Balearen** • die Balearen
6 **Andorra** • Andorra
7 **Frankrijk** • Frankreich
8 **België** • Belgien
9 **Nederland** • die Niederlande
10 **Luxemburg** • Luxemburg
11 **Duitsland** • Deutschland
12 **Denemarken** • Dänemark
13 **Noorwegen** • Norwegen
14 **Zweden** • Schweden
15 **Finland** • Finnland
16 **Estland** • Estland
17 **Letland** • Lettland
18 **Litouwen** • Litauen
19 **Kaliningrad** • Kaliningrad
20 **Polen** • Polen
21 **Tsjechië** • die Tschechische Republik
22 **Oostenrijk** • Österreich
23 **Liechtenstein** • Liechtenstein
24 **Zwitserland** • die Schweiz
25 **Italië** • Italien
26 **Monaco** • Monaco
27 **Corsica** • Korsika
28 **Sardinië** • Sardinien
29 **San Marino** • San Marino
30 **Vaticaanstad** • die Vatikanstadt
31 **Sicilië** • Sizilien
32 **Malta** • Malta
33 **Slovenië** • Slowenien
34 **Kroatië** • Kroatien
35 **Hongarije** • Ungarn
36 **Slowakije** • die Slowakei
37 **Oekraïne** • die Ukraine
38 **Wit-Rusland** • Weißrussland
39 **Moldavië** • Moldawien
40 **Roemenië** • Rumänien
41 **Servië** • Serbien
42 **Bosnië-Herzegovina** • Bosnien und Herzegowina
43 **Albanië** • Albanien
44 **Macedonië** • Mazedonien
45 **Bulgarije** • Bulgarien
46 **Griekenland** • Griechenland
47 **Kosovo** • Kosovo
48 **Montenegro** • Montenegro
49 **Turkije** • Türkei

nederlands • deutsch

Afrika • Afrika

1 **Marokko** • Marokko
2 **Westelijke Sahara**
  • Westsahara
3 **Mauritanië**
  • Mauretanien
4 **Senegal** • Senegal
5 **Gambia** • Gambia
6 **Guinee-Bissau**
  • Guinea-Bissau
7 **Guinee** • Guinea
8 **Sierra Leone** • Sierra Leone
9 **Liberia** • Liberia
10 **Ivoorkust**
  • Elfenbeinküste
11 **Burkina Faso** • Burkina Faso
12 **Mali** • Mali
13 **Algerije** • Algerien
14 **Tunesië** • Tunesien
15 **Libië** • Libyen
16 **Niger** • Niger
17 **Ghana** • Ghana
18 **Togo** • Togo
19 **Benin** • Benin
20 **Nigeria** • Nigeria
21 **São Tomé en Principe**
  • São Tomé und Príncipe
22 **Equatoriaal Guinee**
  • Äquatorialguinea
23 **Kameroen** • Kamerun
24 **Tsjaad** • Tschad
25 **Egypte** • Ägypten
26 **Soedan** • der Sudan
27 **Eritrea** • Eritrea
28 **Djibouti** • Dschibuti
29 **Ethiopië** • Äthiopien
30 **Somalië** • Somalia
31 **Kenia** • Kenia
32 **Oeganda** • Uganda
33 **Centraal-Afrikaanse Republiek**
  • die Zentralafrikanische Republik
34 **Gabon** • Gabun
35 **Congo** • Kongo
36 **Cabinda** • Kabinda
37 **Democratische Republiek Congo** • die Demokratische Republik Kongo
38 **Rwanda** • Ruanda
39 **Burundi** • Burundi
40 **Tanzania** • Tansania
41 **Mozambique** • Mosambik
42 **Malawi** • Malawi
43 **Zambia** • Sambia
44 **Angola** • Angola
45 **Namibië** • Namibia
46 **Botswana** • Botsuana
47 **Zimbabwe** • Simbabwe
48 **Zuid-Afrika** • Südafrika
49 **Lesotho** • Lesotho
50 **Swaziland** • Swasiland
51 **de Comoren** • die Komoren
52 **Madagaskar** • Madagaskar
53 **Mauritius** • Mauritius
54 **Zuid-Soedan** • Südsudan
55 **Kaapverdië** • Kap Verde

DE INFORMATIE • DIE INFORMATION

Azië • Asien

1 **Turkije** • die Türkei
2 **Cyprus** • Zypern
3 **de Russische Federatie**
 • die Russische Föderation
4 **Georgië** • Georgien
5 **Armenië** • Armenien
6 **Azerbeidzjan** • Aserbaidschan
7 **Iran** • der Iran
8 **Irak** • der Irak
9 **Syrië** • Syrien
10 **Libanon** • der Libanon
11 **Israël** • Israel
12 **Jordanië** • Jordanien
13 **Saoedi-Arabië** • Saudi-Arabien
14 **Koeweit** • Kuwait
15 **Bahrein** • Bahrain
16 **Qatar** • Katar
17 **de Verenigde Arabische Emiraten**
 • die Vereinigten Arabischen Emirate
18 **Oman** • Oman
19 **Jemen** • der Jemen
20 **Kazachstan** • Kasachstan
21 **Oezbekistan** • Usbekistan
22 **Turkmenistan** • Turkmenistan
23 **Afghanistan** • Afghanistan
24 **Tadzjikistan** • Tadschikistan
25 **Kirgizië** • Kirgisistan
26 **Pakistan** • Pakistan
27 **India** • Indien
28 **de Maledieven** • die Malediven
29 **Sri Lanka** • Sri Lanka
30 **China** • China
31 **Mongolië** • die Mongolei
32 **Noord-Korea** • Nordkorea
33 **Zuid-Korea** • Südkorea
34 **Japan** • Japan
35 **Nepal** • Nepal
36 **Bhutan** • Bhutan
37 **Bangladesh** • Bangladesch
38 **Birma (Myanmar)**
 • Birma (Myanma)
39 **Thailand** • Thailand
40 **Laos** • Laos
41 **Vietnam** • Vietnam
42 **Cambodja** • Kambodscha

nederlands • deutsch

DE INFORMATIE • DIE INFORMATION

Australië en Oceanië • Australien und Ozeanien

1 **Australië** • Australien
2 **Tasmanië** • Tasmanien
3 **Nieuw-Zeeland** • Neuseeland

43 **Maleisië** • Malaysia
44 **Singapore** • Singapur
45 **Indonesië** • Indonesien
46 **Brunei** • Brunei
47 **Filippijnen** • die Philippinen
48 **Oost-Timor** • Osttimor
49 **Papoea-Nieuw-Guinea** • Papua-Neuguinea
50 **de Salomoneilanden** • die Salomonen
51 **Vanuatu** • Vanuatu
52 **Fiji** • Fidschi

DE INFORMATIE • DIE INFORMATION

voorzetsels en bijvoeglijk naamwoorden •
Partikeln und Antonyme

naar zu, nach	**van, uit** von, aus	**voor** für	**naar** zu
via über	**onder** unter	**langs** entlang	**via** über
voor vor	**achter** hinter	**met** mit	**zonder** ohne
op auf	**in** in	**voor** vor	**na** nach
in in	**uit** aus	**tot** bis	**tot** bis
boven über	**onder** unter	**vroeg** früh	**laat** spät
binnen innerhalb	**buiten** außerhalb	**nu** jetzt	**later** später
omhoog hinauf	**naar beneden** hinunter	**altijd** immer	**nooit** nie
bij an, bei	**aan de andere kant** jenseits	**vaak** oft	**zelden** selten
door durch	**om** um	**gisteren** gestern	**morgen** morgen
op auf	**naast** neben	**eerste** erste	**laatste** letzte
tussen zwischen	**tegenover** gegenüber	**iedere** jede	**iets** etwas
dichtbij nahe	**ver** weit	**tegen** gegen	**precies** genau
hier hier	**daar** dort	**een beetje** ein wenig	**veel** viel

DE INFORMATIE • DIE INFORMATION

groot groß	**klein** klein	**warm** heiß	**koud** kalt
breed breit	**smal** schmal	**open** offen	**dicht** geschlossen
lang groß	**kort** kurz	**vol** voll	**leeg** leer
hoog hoch	**laag** niedrig	**nieuw** neu	**oud** alt
dik dick	**dun** dünn	**licht** hell	**donker** dunkel
licht leicht	**zwaar** schwer	**makkelijk** leicht	**moeilijk** schwer
hard hart	**zacht** weich	**vrij** frei	**bezet** besetzt
nat nass	**droog** trocken	**sterk** stark	**zwak** schwach
goed gut	**slecht** schlecht	**dik** dick	**dun** dünn
snel schnell	**langzaam** langsam	**jong** jung	**oud** alt
juist, correct richtig	**verkeerd, onjuist** falsch	**beter** besser	**slechter** schlechter
schoon sauber	**vuil** schmutzig	**zwart** schwarz	**wit** weiß
mooi schön	**lelijk** hässlich	**interessant** interessant	**saai** langweilig
duur teuer	**goedkoop** billig	**ziek** krank	**gezond** wohl
stil leise	**luid, hard** laut	**het begin** der Anfang	**het einde** das Ende

nederlands • deutsch

DE INFORMATIE • DIE INFORMATION
handige woorden en zinnen • praktische Redewendungen

belangrijke woorden
wesentliche Redewendungen

Ja
Ja

Nee
Nein

Misschien
Vielleicht

Graag
Bitte

Dank u/Bedankt
Danke

Graag gedaan
Bitte sehr

Pardon
Entschuldigung

Het spijt me
Es tut mir Leid

Niet
Nicht

Oké
Okay

In orde
In Ordnung

Dat klopt
Das ist richtig

Dat klopt niet
Das ist falsch

begroetingen
Begrüßungen

Goedendag
Guten Tag

Tot ziens
Auf Wiedersehen

Goedemorgen
Guten Morgen

Goedemiddag
Guten Tag

Goedenavond
Guten Abend

Goedenacht
Gute Nacht

Hoe gaat het met u?
Wie geht es Ihnen?

Ik heet…
Ich heiße…

Hoe heet u?
Wie heißen Sie?

Hoe heet hij/zij?
Wie heißt er/sie?

Mag ik u voorstellen aan…
Darf ich… vorstellen

Dat is…
Das ist…

Aangenaam
Angenehm

Tot later/Tot straks
Bis später

borden • Schilder

Toeristeninformatie
Touristen-Information

Ingang
Eingang

Uitgang
Ausgang

Nooduitgang
Notausgang

Duwen
Drücken

Levensgevaar
Lebensgefahr

Roken verboden
Rauchen verboten

Buiten dienst
Außer Betrieb

Openingstijden
Öffnungszeiten

Gratis toegang
Eintritt frei

Aanbieding
Sonderangebot

Afgeprijsd
Reduziert

Uitverkoop
Ausverkauf

Kloppen alstublieft
Bitte anklopfen

Verboden op het gras te lopen
Betreten des Rasens verboten

hulp • Hilfe

Kunt u mij helpen?
Können Sie mir helfen?

Ik begrijp het niet
Ich verstehe nicht

Ik weet het niet
Ich weiß nicht

Spreekt u Engels, Duits…?
Sprechen Sie Englisch, Deutsch…?

Ik spreek Engels, Spaans…
Ich spreche Englisch, Spanisch…

Kunt u wat langzamer praten?
Sprechen Sie bitte langsamer

Kunt u het voor mij opschrijven?
Schreiben Sie es bitte für mich auf

Ik ben… kwijtgeraakt
Ich habe… verloren

DE INFORMATIE • DIE INFORMATION

richtingen •
Richtungsangaben

Ik ben verdwaald
Ich habe mich verlaufen

Waar is het/de/een…?
Wo ist der/die/das…?

Waar is het/de dichtstbijzijnde…?
Wo ist der/die/das nächste…?

Waar zijn de toiletten?
Wo sind die Toiletten?

Hoe kom ik bij/naar…?
Wie komme ich nach…?

Naar rechts
Nach rechts

Naar links
Nach links

Rechtdoor
Geradeaus

Hoe ver is…?
Wie weit ist…?

verkeersborden •
die Verkehrsschilder

Langzaam rijden
Langsam fahren

Let op!
Achtung

Verboden in te rijden
Keine Zufahrt

Omleiding
Umleitung

Rechts rijden
Rechts fahren

Autosnelweg
Autobahn

Parkeren verboden
Parkverbot

Doodlopende weg
Sackgasse

Eenrichtingsverkeer
Einbahnstraße

Voorrang geven
Vorfahrt gewähren

Alleen voor omwonenden
Anlieger frei

Werk aan de weg
Baustelle

Gevaarlijke bocht
gefährliche Kurve

overnachting •
Unterkunft

Heeft u nog een kamer?
Haben Sie Zimmer frei?

Ik heb een kamer gereserveerd
Ich habe ein Zimmer reserviert

Waar is de eetzaal?
Wo ist der Speisesaal?

Hoe laat is het ontbijt?
Wann gibt es Frühstück?

Ik ben er om… weer.
Ich bin um … Uhr wieder da

Ik vertrek morgen
Ich reise morgen ab

eten en drinken •
Essen und Trinken

Het smaakt heerlijk/afschuwelijk.
Es ist köstlich/scheußlich

Ik drink/rook niet.
Ich trinke/rauche nicht

Ik eet geen vlees.
Ich esse kein Fleisch

Voor mij niet meer, dank u.
Nichts mehr, danke

Kan ik nog wat extra krijgen?
Könnte ich noch etwas mehr haben?

We willen graag afrekenen?
Wir möchten bitte zahlen

Heeft u voor mij een bonnetje?
Ich hätte gerne eine Quittung

Niet-rokersgedeelte
Nichtraucherbereich

Proost!
Zum Wohl!

de gezondheid •
die Gesundheit

Ik voel mij niet goed.
Ich fühle mich nicht wohl

Ik ben misselijk.
Mir ist schlecht

Kunt u een dokter bellen/halen?
Können Sie einen Arzt holen?

Zal hij/zij weer beter worden?
Wird er/sie sich wieder erholen?

Het doet hier pijn.
Es tut hier weh

Ik heb koorts.
Ich habe Fieber

Ik ben … maanden zwanger.
Ich bin im … Monat schwanger

Ik wil graag een recept voor…
Ich brauche ein Rezept für …

Ik gebruik meestal…
Ich nehme normalerweise …

Ik ben allergisch tegen…
Ich bin allergisch gegen …

nederlands • deutsch

Nederlands register • niederländisches Register

A

à la carte 152
aal *m* 294
aalbes 127
aan boord gaan 217
aan de andere kant 320
aan huis bezorgen 155
aanbiedingen *v* 106
aanbouw *m* 58
aanbraden 67
aanbrengen 82
aandelen 97
aandelenkoers *m* 97
aangemaakt 159
aangetekende
  brief *m* 98
aangifte *v* 94
aanhangwagen *m* 266
aanklacht 94, 180
aanklager *m* 180
aankomst *v* 213
aanlegsteiger *m* 214, 217
aanmaakblokje *o* 266
aanmeren 217
aanrecht *o* 61
aanspreekvormen *m* 23
aansteker *m* 112
aantekeningen *v* 191
aantekeningen
  maken 163
aanval *m* 220, 237
aanvallen 220, 223
aanvalsvak *o* 224
aanzetstaal *o* 118
aap *m* 291
aardappel *m* 124
aardappelstamper *m* 68
aardbei 127
aardbeienmilkshake
  m 149
aardbeving *v* 283
aarde 60, 85, 280, 282
aardkorst 282
aardrijkskunde *v* 162
aardzones 283
aas *m* 273
aas *o* 244
aas aanbrengen 245
abrikoos 126
abseilen 248
acacia *m* 110
academische graad 169
accessoires *o* 36
accountant *m* 97, 190
accu *m* 202
accuschroevendraaier
  m 78
ace *m* 230
achillespees 16
acht 308
achtbaan 262
achter 320
achterbank *m* 200

achterdek *o* 214
achterdoek *o* 254
achtergrond *m* 177
achterklep 198
achterlicht *o* 204, 207
achterlijn 226
achtersteven *m* 240
achteruitkijkspiegel *m* 198
achteruitrijden 195
achterwiel *o* 197
achthoek *m* 164
achthonderd 308
achtste 309
achttien 308
achttiende 309
acrylverf 274
acteur *m* 191, 254
acteurs *m* 179
activiteiten *v* 162, 245, 263
actrice *v* 254
acupressuur *v* 55
acupunctuur *v* 55
adamsappel *m* 19
adelaar *m* 292
ademgat *o* 290
ademhaling *v* 19, 47
ader 19
adres *o* 98
adukibonen 131
advocaat *m* 180, 190
advocatenkantoor *o* 180
aerobics 251
afblokken 237
afdaling *v* 247
afdekken met gras 90
afdekzeil *o* 83
afdelingen *v* 49
afdruiprek *o* 67
afdruk *m* 271
afdrukken 172
afdrukknop *m* 270
afgelopen week 307
afgestudeerde 169
Afghanistan 318
afkoelrooster *o* 69
afkrabben 77
afmetingen *v* 165
afplakband *o* 83
Afrika 317
afrit *m* 194
afslaan 233
afsluitkraan 61
afspelen 269
afspraak 45, 175
afstand *m* 310
afstandsbediening *v* 269
afstudeerfeest *o* 169
afstuderen 26
after-sunlotion 108
aftershave *m* 73

aftrekken 165
afvalbreker *m* 61
afvalemmer *m* 61
afvalscheidingssysteem
  o 61
afvalverwijdering *v* 61
afvoer *m* 61, 72
afvoerbuis 61
afvoerkraan *m* 61
afwasmachine *v* 66
afwassen 77
afwatering *v* 91
afzender *m* 98
afzuigkap 66
agaat *m* 289
agenda 173, 174, 175
ahornsiroop 134
aikido *o* 236
airbag 201
airco *v* 200
akkerbouwbedrijf *o* 183
akkergrond *m* 182
aktentas 37
alarminstallatie *v* 58
Alaska 314
Albanië 316
alcoholische dranken
  m 145
alfalfa 184
algemeen directeur *m* 175
Algerije 317
allergie *v* 44
alligator *m* 293
alpenplant 87
alpineskiën 247
alternatieve
  geneeswijzen 54
althobo *m* 257
altijd 320
altviool 256
aluminium *o* 289
alvleesklier 18
amandel 129
amandelen 151
amandelolie 134
Amazonegebied *o* 312
ambulance 94
ambulancebroeder
  m 94
ambulante patiënt *m* 48
Amerikaans football
  o 220
amethist *m* 288
amfibieën *m* 294
ampère *m* 60
ananas 128
ananassap *o* 149
Andes 312
andijvie 123
Andorra 316
anesthesiste *m* 48
angel *m* 295

Angola 317
anjer 110
anker *o* 214, 240
anti-rimpel- 41
antiaanbaklaag 69
antiekwinkel *m* 114
Antigua en Barbuda
  314
antivries *m* 199
antwoord *o* 163
antwoordapparaat *o* 99
antwoorden 163
aperitief *o* 152
apotheek 108
apotheker *m* 108, 189
appartement *o* 59
appel *m* 126
appelazijn *m* 135
appelboor 68
appelsap *o* 149
applaudisseren 255
april 306
APS-camera 270
aquamarijn *m* 288
aquarelverf 274
Arabische Zee 313
arachideolie 135
architect *m* 190
architectuur *v* 300
architraaf 301
Argentinië 315
arm *m* 13
armband *m* 36
Armenië 318
armleuning *v* 210
armslag *m* 239
armsteun *m* 200
aromatherapie *v* 55
arrestatie *v* 94
arrestatiebevel *o* 180
art déco *m* 301
art nouveau *m* 301
artisjok 124
arts *m* 45, 189
as 205, 283
asbak *m* 150
asfalt *o* 187
asperge 124
assistente *v* 24
asteroïde *v* 280
astigmatisme *o* 51
astma 44
astronaut *m* 281
astronomie *v* 281
Atlantische Oceaan
  m 312
atlete *v* 234
atletiek *v* 234
atmosfeer 282, 286
atrium *o* 104
attractiepark *o* 262
aubergine *v* 125
augustus 306
Australië 319

Australië en Oceanië
  319
auto *m* 198
auto-ongeluk 203
auto's 199
autocue *m* 179
autodeur 198
automaat 200
automatische deur 196
automonteur *m* 203
autoradio *m* 201
autorijden 195
autosnelweg *m* 194
autosport *m* 249
autoverhuurbedrijf *o* 213
autoweg *m* 195
avocado 128
avond *m* 305
avondeten *o* 64
avondjurk 34
avondmenu *o* 152
avondschemering *m* 305
avonturenfilm *m* 255
ayurveda *m* 55
Azerbeidzjan 318
Azië 318
azijn *m* 135, 142

B

baal 184
baan 234, 238
baan krijgen 26
baarmoeder 20, 52
baarmoederhals *m* 20, 52
baby *m* 23, 30
babybadje *o* 74
babyflesje *o* 75
babyfoon *m* 75
babyhandschoentjes 30
babymandje *o* 74
babyproducten 107
babyschoentjes *m* 30
babytas 75
babyverschoonruimte
  v 104
babyverzorging *v* 74
backgammon *o* 272
backhand *m* 231
backswing *m* 233
baden 72
badge *m* 189
badhanddoek *m* 73
badjas 32, 73
badkamer 72
badkuip 72
badmat 72
badmeester *m* 239, 265
badminton *o* 231
badmuts 238
badpak *o* 238, 265
badschuim *o* 73

NEDERLANDS REGISTER • NIEDERLÄNDISCHES REGISTER

bagage v 100, 198, 213
bagageaanhanger m 212
bagageafdeling v 104
bagageband m 212, 213
bagagedrager m 204, 207
bagageluik o 196, 210
bagagerek o 209
bagagewagentje o 100, 213, 208
bagel m 139
baguette 138
Bahama-eilanden 314
bahco m 80
Bahrein 318
bakblik o 69
bakje o 311
bakken 67, 138
bakker m 139
bakkerswinkel m 114
bakkerswinkel v 138, 114
bakspaan 68
baksteen m 187
bakvorm m 69
bal m 75, 220
bal (van de voet) m 15
Balearen 316
balie v 96, 98, 100
balk m 186
balkon o 59, 254
ballaststoffen 127
ballenjongen m 231
ballerina v 191
ballet o 255
balsamicoazijn m 135
balzak m 21
bamboe m 86, 122
bami m 158
banaan 128
band m 198, 205, 206, 236
bandenlichter m 207
bandenpech m 203
bandenplakset m 207
bandenprofiel o 207
bandenspanning m 203
Bangladesh 318
bank 62, 96, 250, 262
bankdirecteur m 96
banketbakkerij v 114
banketbakkersroom m 140
bankkosten 96
bankpas m 96
bankschroef 78
bar 150, 152
bar mitswa 26
Barbados 314
barbecue m 267
barkruk 150
barman m 150, 191
barok 301
basalt o 288
basgitaar 258
basgitarist m 258

basilicum o 133
basis v 40, 164
basislijn 230
basisstation o 99
basket m 226
basketbal m 226
basketbalspeler m 226
basketring m 226
basklarinet m 257
bassleutel 256
bat o 225
bataat m 125
batje o 231
batsman m 225
batterij v 78, 167
baterijen v 260
bed o 70
bed opmaken 71
bedbank 63
beddengoed o 71, 74
bediening inbegrepen 152
bediening niet inbegrepen 152
bedlampje o 70
bedrag o 96
bedroefd 25
beek m 285
beeldhouwer m 191
beeldhouwkunst v 275
beeldje o 260
beeldscherm o 172, 176
beeldtelefoon m 99
been o 12
beenbeschermer m 220
beendermeel o 88
beenslag m 239
beenspiertraining 251
beer m 291
beet m 46
beetje 320
begane grond m 58
begin o 321
begrafenis v 26
behandellamp 50
behandelschort 50
behandelstoel m 50
behang o 82
behang verwijderen 82
behangen 82
behanger m 82
behangersborstel m 82
behangersmes o 82
behangersschaar 82
behangerstafel 82
behangplak 82
beitel m 81, 275
beits m 79
bekerglas o 167
bekken o 17, 257
beklaagde 181, 180
bel 197
belastingen v 96
belastingvrije winkel m 213
belegde boterham 154
belegde broodje o 154

belegen kaas m 136
België 316
belichting v 178, 271
belichtingsmeter m 270
Belize 314
bemanning v 241
bemanningsluik o 281
bemesten 90, 91
Benin 317
benodigdheden 165
benzine 199
benzinemeter m 201
benzineprijs m 199
benzinetank m 203
berg m 284
bergketen 282
berichten 100
berk m 296
berm m 194
beroemde ruïne v 261
beroep o 181, 188
beroepsopleidingen v 169
beroerte v 44
bes 296
beschaamd 25
bescherming v 88
beschermingsmasker o 228
beschermlaag 83
besproeien 183
bespuiten 91
bessen 127
bestand o 177
bestek o 64
bestellen 152
besturing v 204
bestuurderscabine v 95
bestuurderscabine v 208
betaalrekening v 96
betaaltelevisie v 269
betalen 152
betaling v 96
betegelen 82
beter 321
betonblok o 187
betonmolen m 186
beugel m 50
beuk m 296
beurs 97, 169
beursmakelaar m 97
beurt 273
bevalling v 52
beving v 283
bevruchting v 20, 52
bewaker m 189
bewegingen v 227, 229, 233
bewerkte graansoorten 130
bewijs o 181
bewolkt 286
bewusteloos 47
bezem m 77
bezet 321
bezienswaardigheden v 261

bezoekuren o 48
bezorgd 25
bezorging v 98
bh m 35
Bhutan 318
biatlon m 247
bibliothecaresse v 168
bibliothecaris m 190
bibliotheek v 168, 299
bibliotheekkaart 168
biceps m 16
bicepstraining 251
bidet o 72
bidon m 206
bidsprinkhaan m 295
bier o 145, 151
bierviltje o 150
bieslook m 133
bifocaal 51
big 185
bij 295, 320
bijgebouw o 182
bijgerecht o 152
bijholte v 19
bijknippen 90
bijl 95
bijlage m 177
bijten 245
bijwerkingen v 109
bijziendheid v 51
bikini m 264
bil 13
biljet o 97
bilspier 16
binnen 320
binnenband m 207
binnenhof 58, 84
binnenkant m 200
binnenkern m 282
binnenlandse vlucht m 212
binnenstad 299
binnenveld o 228
biologie v 162
biologisch 91, 122
biologisch gecontroleerd 118
bioscoop m 255
bioscoop m 255, 299
Birma (Myanmar) 318
bit o 242
bitjes o 80
bitter 124
blaar 46
blaas 20
blad o 122, 230, 296
bladerdeeg o 140
bladhark 88
bladmuziek m 256
blauw 274
blauwschimmelkaas m 136
blazer m 33
bleekselderij m 122
blik o 77, 311
blikje o 145
blikje drank o 155

blikopener m 68
bliksem m 287
blinde darm 18
bloeddruk m 44
bloeddrukmeter m 45
bloeding v 46
bloedneus m 44
bloedonderzoek o 48
bloedsomloop m 19
bloedworst 157
bloeiende plant 297
bloem 297
bloemblad o 297
bloemen 110
bloemenarrangementen 111
bloemenslinger m 111
bloemist m 110
bloemiste v 188
bloemkool 124
bloempot m 89
bloes 34
blokkeren 227
blond 39
blues m 259
blusvoertuig o 95
bobsleeën 247
bodembedekker m 87
body pump 251
boeg m 214, 240
boei 217
boek o 168
boekenkast 63, 168
boeket o 35, 111
boekhouding v 175
boekwinkel m 115
boer m 182, 189
boer m 273
boerderij m 182, 182
boerenkool 123
boerentuin m 84
boetiek v 115
bof m 44
boiler m 61
boilervat o 61
boksen 236
bokshandschoen m 237
boksring m 237
bol m 164
bolder m 214
bolgewassen 86
Bolivia 315
bolletje o 149
bommenwerper m 211
bonbon m 113
bonbondoos 113
bongo's m 257
bonnetje o 152
boodschappen 103
boodschappentas 106
boog m 85, 164, 249, 301
boogschieten 249
boogstokken m 267
boom m 86, 296
boon 122
boor 50, 78
boorhouder m 78

NEDERLANDS REGISTER • NIEDERLÄNDISCHES REGISTER

bord o 65, 104, 226
bord met vlucht-
  informatie o 213
border m 85
border m 90, 272
borduurwerk o 277
boren 79, 80
borgtocht m 181
borrel m 151
borrelhapjes 151
borst 12, 119
borstbeen o 17
borstelen 38
borstkas 17
borstpomp 53
borstspier 16
borstspiertraining 251
borstvin 294
borstvoeden 53
borstvoeding v 53
borstwervels m 17
bos m 111
bos o 285
bosbes 127
Bosnië-Herzegovina
  316
bosui m 125
bot o 17, 119
boter 137, 155
boterbloem 297
boterham 139
Botswana 317
bougie v 203
bouillon m 158
bout m 119
bouw m 186
bouwen 186
bouwhout o 187
bouwplaats 186
bouwstijlen m 301
bouwvakker m 186
boven 320
boven par 233
bovenbeenspieren 16
bovenste laag 141
bowlen 249
bowler m 225
bowlingbal m 249
box m 75
boxershorts m 33
braadkip v 119
braadpan 69
braadstuk o 158
braam 127
braden 67
brancard m 94
brand m 95
brandblusser m 95
brander m 67
branding v 241
brandingvissen 245
brandkraan 95
brandmelder m 95
brandnetel 297
brandslang 95
brandstoftank m 204
brandweer 95
brandweerhelm m 95

brandweerkazerne 95
brandweerlieden m 95
brandweerman m 189
brandwond 46
brandy m 145
Brazilië 315
breed 321
breedbeeldtelevisie v
  269
breedte v 165
breedtegraad m 283
breekbaar 98
breien 277
breipen 277
breuk 46, 165
bridge o 273
brie m 142
brief m 98
briefkaart 112
briefpapier o 173
brievenbus 58, 99
bril m 51
brillenglas o 51
brillenkoker m 51
brioche 157
broccoli m 123
broche 36
brochures 96
broek 34
broer m 22
broes 89
brons o 235
brood o 138, 139, 157
brood bakken 138
brood en banket o 107
broodje o 139, 143,
  154
broodjestoonbank 143
broodmes o 68
broodrooster m 66
broodsnijmachine v 139
broodvrucht 124
browsen 177
browser m 177
brug 258, 300
brug met gelijke leggers
  235
brug met ongelijke
  leggers 235
bruidsjurk 35
bruidstaart 141
bruiloft 26
bruin 39, 274
bruinbrood o 139
bruine bonen 131
bruine linzen 131
Brunei 319
buffet o 152
buggy m 75, 232
buidel m 291
buigen 251
buik m 12
buikspier 16
buikspiertraining 251
buisje o 80
buiten 320
buiten de piste 247
buitenactiviteiten v 262

buitenboordmotor m
  215
buitenkant m 198
buitenkern m 282
buitenlandse vlucht m
  212
buitenlijn 221
buitenspel o 223
buitentent 266
buitenveld o 229
buizensnijder m 81
Bulgarije 316
bull's eye o 273
bult m 291
bumper m 198
bungalow m 58
bungeejumpen 248
bunker m 232
bunsenbrander m 166
bureau o 172
bureaublad o 177
bureaukastje o 172
bureaulade 172
bureaustoel m 172
Burkina Faso 317
Burundi 317
bus m 196
buschauffeur m 190
bushalte v 197, 299
bushokje o 197
businessclass m 211
bussen 196
busstation o 197
bustier m 35
butternut 125
buurman m 24
bytes m 176

C

Cabinda 317
cabine v 210
cabriolet m 199
cacaopoeder o 148
cactus m 87
cactusvijg 128
caddie m 233
cadeau o 27
cadeauwinkel m 114
café o 148, 262
cafétarras o 148
cafétière 65
calciet o 289
calcium o 109
Cambodja 318
camcorder m 260, 269
camembert m 142
camera 178
camerakraan 178
cameraman m 178
cameratas 271
campari 145
camping m 266
campingreceptie v 266
campus m 168
Canada 314
capoeira o 237
cappuccino m 148
capsule 109

capuchon m 31
carambola 128
caravan m 266, 266
cardanas 202
cardiologie v 49
Caribische Zee 312
cariës 50
carnaval o 27
carnavalsfeest o 27
carrosserie v 202
cashewnoot 129, 151
casino o 261
cassette 269
cassetterecorder m 269
cast m 254
casual 34
catalogus m 168
catamaran m 215
cd m 269
cd-speler m 268
ceder m 296
ceintuur v 32, 35
cel 181
cello m 256
cement o 186
centimeter m 310
Centraal-Afrikaanse
  Republiek 317
centrifuge 76
centrifugeren 76
champagne m 145
chassis o 203
chauffeur m 196
chauffeursstoel m 196
cheddar m 142
cheerleader 220
chef m 24
chefkok m 152
cheque m 96
chequeboek o 96
Chili 315
chilivlokken 132
China 318
chippen 233
chips 113, 151
chiropraxie v 54
chirurg m 48
chirurgie v 49
chloorbril m 238
chocoladeglazuur o 140
chocolademilkshake
  m 149
chocoladepasta m 135
chocoladerepen m 113
chocoladetaart 140
chocoladetablet o 113
chorizo m 143
chrysant 110
chutney m 135
cider m 145
cijfer o 163
cilinder m 164
cilinderkop m 202
circuit training 251
cirkel m 164
cirkelzaag 78
citroen 126
citroengras o 133

citroenmarmelade 134
citrusfruit o 126
classicisme o 301
claxon m 201, 204
clementine v 126
cliënt m 180
clignoteur m 198
clitoris v 20
clubhuis o 232
clubsandwich m 154
cockpit m 210
cocktail m 151
cocktailmixer m 150
cocktailshaker m 150
cocon m 295
cola m 144
colbertjasje o 32
collage v 275
collect-callgesprek o 99
collega m 24
collegezaal 169
Colombia 315
combinatietang 80
commandobrug 214
commandotoren m 215
commode v 70
communicatie v 98
Comoren 317
compact disc m 269
complimentenkaartje
  o 173
compost m 88
composthoop m 85
compressor m 199
computer m 172, 176
concert o 255, 258
conditioner m 38
condoom o 21
conducteur m 209
conglomeraat o 288
Congo 317
conservatorium o 169
conserven 107
consumenten-
  elektronica v 268
contactlenshouder
  m 51
contactlenzen 51
container m 216
containerhaven 216
containerschip o 215
continent o 282, 315
contrabas 256
contrafagot m 257
controle 50
copiloot m 211
correct 321
correctiestift 40
corset o 35
Corsica 316
Costa Rica 314
cottagecheese m 136
coulisse v 254
country m 259
coupé m 209
coupeuse v 191
coureur m 249
courgette 125

NEDERLANDS REGISTER • NIEDERLÄNDISCHES REGISTER

couscous 130
couvert o 65, 152
couveuse v 53
creditcard m 96
crème 109
crème fraîche 137
crêpes v 154
cricket o 225
cricketbal m 225
cricketspeler m 225
croissant m 155
crossmotor m 205
crosstrainer m 250
CT-scan m 48
Cuba 314
cultivator m 182
curling o 247
curry 158
Cyprus 318

D

daar 320
dadel 129
dag m 306
dagschotel 152
dagvaarding v 180
dak o 58, 203
dakgoot 58
dakkapel 58
dakoverstek o 58
dakpan 58, 187
daksparren m 186
daktuin m 84
dal o 284
dame v 272
dameshygiëne 108
dameskleding v 34, 105
dameszadel o 242
damschijf 272
damspel o 272
dance m 259
dankdag voor het gewas m 27
dansacademie v 169
dartbord o 273
dartspel o 273
dashboard o 201
dasspeld 36
datum m 306
datum van het proces 180
december 306
decennium o 307
decolleté o 34
decor o 254
decoratief 87
decoratieve afwerking v 82
decoupeerzaag 78
deeg o 138, 140
deegroller m 69
deelnemen 174
dek o 214
dekbed o 71
deken 71, 74
dekken 227
deklaag 83
deksel m 61, 66, 69

delen 165
delen 273
delicatessen v 107, 142
delinquent m 181
deltaspier 16
deltavliegen 248
deltavlieger m 248
Democratische Republiek Congo 317
demper m 204
den m 296
Denemarken 316
deodorant m 73, 108
derde 309
dermatologie v 49
dertien 308
dertiende 309
dertig 308
dertigste 309
desinfectiedoekje o 47
desinfectiemiddel o 51
desktopcomputer m 176
dessertwagen m 152
deuce 230
deur 196, 209
deurbel 59
deurgreep m 200
deurketting 59
deurklopper m 59
deurmat 59
deurscharnier o 59
deurvergrendeling v 200
deze kant boven 98
deze week 307
diabetes m 44
diadeem o 38
diafragma o 21
diafragmawieltje o 270
diagonaal 164
diamant m 288
diameter m 164
diarree v 44, 109
dichtbij 320
dichte mist m 287
dienblad o 152, 155
dienblad met het ontbijt o 101
diensten m 93, 101
dienstregeling m 197, 209, 261
diepe o 239
diepgevroren 124
diepte v 165
diepvries 121
diepvriesproducten 107
diepvriesvak o 67
diepzeevissen 245
dieren 290
dierenarts m 189
dierentuin m 262
dierenvoer o 107
dierenwinkel m 115
dierkunde v 169
diesel m 199
dieseltrein m 208
digitaal 269

digitale camera 270
dij 119
dijbeen o 12, 17
dik 321
dikke darm m 18
dille 133
dinsdag 306
dioptrie v 51
diploma o 169
directeur m 163
dirigeerstokje o 256
dirigent m 256
discman m 268
discussiëren 163
discuswerpen 234
diskette 176
distel 297
district o 315
Divali 27
dividend o 97
divisie v 223
dj m 179
Djibouti 317
dobbelsteen m 272
dobber m 244
docent m 169
dochter v 22
documentaire m 178
dode bloemen verwijderen 91
doek o 255, 274
doel o 221, 222, 223, 224
doelgebied o 221, 223
doellijn 220, 223, 224
doelman 222, 224
doelpaal m 220, 222
doelpunt maken 223
dok o 214, 216
dokter m 45
dolfijn m 290
Dominica 314
Dominicaanse Republiek 314
domino o 273
donder m 286
donderdag 306
donker 41, 321
donkerblonde bier o 145
donkere bier o 145
donkere kamer 271
donsdekbed o 71
doop m 26
door 320
doorsnede m 282
doorverwijzing v 49
dorp o 299
dosering v 109
dossierdoos 173
dossierkast 172
douane m 212
douanekantoor o 216
douche 72
douchedeur 72
douchegel m 73
douchegordijn o 72
douchekop m 72

douchen 72
douches 266
downloaden 177
draad o 79
draad doorsteken 277
draadgeleider m 276
draadloze telefoon m 99
draagbalk m 186
draagbedje o 75
draagvleugelboot 215
draagzak m 75
draaien 79
draaischijf 275
draf m 243
dragline m 187
dragon m 133
dranken m 107, 144, 155
dressuur v 243
dribbelen 222, 227
drie 308
driedeurs 200
drieëntwintigste 309
driehoek m 164
driehonderd 308
driepoot m 166
driepuntslijn 226
drive 233
drogen 76
droger m 76
dromedaris m 291
droog 39, 41, 130, 145, 286, 321
droogbloemen 111
droogdok o 217
drop 113
dropshot o 230
druif 127
druivenpitolie 134
druivensap o 144
drukinkt m 275
drukken 275
drukknoop m 30
drummer m 258
drumstel o 258
druppelaar m 109, 167
druppels m 109
dubbel 151
dubbeldekker m 196
dubbelspel o 230
duffelse jas 31
duif 292
duiken 239
duikerpak o 239
duikmasker o 239
duim m 15
Duitsland 316
duizend 309
duizendpoot m 295
dun 321
dunken 227
dunne darm m 18
duozitting m 204
duur 321
dvd m 268
dvd-speler m 268
dwarsfluit 257
dynamo m 203, 207

E

e-mail m 177
e-mailaccount o 177
e-mailadres o 177
eau de-toilette 41
echografie v 52
echtgenoot m 22
echtgenote v 22
eclair m 140
eclips 280
economie v 169
economyclass m 211
Ecuador 315
eczeem o 44
edammer m 142
edelsmeedkunst v 275
edelsteen m 36
edelstenen m 288
eekhoorntje o 290
een 308
eend 119, 185
eendenei o 137
eendenkuiken o 185
eenentwintig 308
eenentwintigste 309
eenjarigen m 86
eenpersoonsbed o 71
eenpersoonskamer 100
eenrichtingsweg m 194, 298
eergisteren 307
eerste 309, 320
eerste etage v 104
eerste hulp 47
eerste rang m 254
eetcafé o 148
eetkamer 64
eeuw 307
egel m 290
Egypte 317
EHBO-doos 47
eicel 20
eierdopje o 137, 65
eieren 137
eierschaal 137
eierstok m 20
eigeel m 137, 157
eigen badkamer 100
eik m 296
eikelpompoen m 125
eiland o 282
eileider m 20
einde o 321
eindzone v 220
eisprong m 20, 52
eitje o 20
eiwit o 137
El Salvador 314
elastiekje o 173
electricien m 188
elektriciteit v 60
elektriciteitsmeter m 60
elektriciteitsnet o 60
elektriciteitssnoer o 176
elektrische artikelen 105, 107
elektrische boor m 78
elektrische deken 71

NEDERLANDS REGISTER • NIEDERLÄNDISCHES REGISTER

elektrische gitaar 258
elektrische scheerapparaat o 73
elektrische schok m 46
elektrische trein m 208
elektronische flits m 270
element o 258
elf 308
elfde 309
elleboog m 13
ellepijp 17
ellips 164
embryo o 52
emigreren 26
emmer m 77, 82
emmer m 265
emoties v 25
emulsieverf 83
encyclopedie v 163
endocriene stelsel o 19
endocrinologie v 49
Engelse ontbijt o 157
Engelse sleutel m 80
enkel m 13
enkel 151
enkellengte 34
enkelspel o 230
enten 91
entrecote 119
envelop 98, 173
epilepsie v 44
Equatoriaal Guinee 317
erepodium o 235
erf o 182
Eritrea 317
esdoorn m 296
espresso m 148
espressomachine v 150
estafette m 235
estafettestokje o 235
Estland 316
estuarium o 285
eten o 149
eten 64, 75
Ethiopië 317
etiket o 172
etui 163
eucalyptus m 296
Europa 316
evenaar m 283
evenementen 243
evenwichtsbalk m 235
exosfeer 286
eyeliner m 40
ezel m 185

F

f-sleutel 256
fabriek v 299
face-offcirkel m 224
fagot m 257
fairway m 232
Falklandeilanden 315
familie v 22
familieleden o 23
fans m 258
fase v 60

fauteuil m 63
fax m 98, 172
fazant m 119, 293
februari 306
feest o 140
feestdagen m 27
feesten o 27
feesttaarten 141
feijoa 128
fenegriek m 132
feng shui 55
fiets 206
fietsen 207, 263
fietshelm m 206
fietslamp 207
fietspad o 206
fietspomp 207
fietsslot o 207
fietsstandaard m 207
figuurzaag 81
Fiji 319
file m 195
filet m 119, 121
filiaal o 175
Filippijnen 319
film m 260, 271
filmklapper m 179
filmspoeltje o 271
filodeeg o 140
filosofie v 169
filter m 270
filterkoffie m 148
financieel adviseur m 97
finish m 234
Finland 316
firma 175
fish and chips 154
fitness 250
fitnessruimte v 101
fitnesstoestel o 250
flamingo m 292
flan m 141, 59
flauwvallen 25, 44
fles 61, 135
fles 311
flesopener m 68, 150
flessenwater o 144
flip-over m 174
flits m 270
florentijn m 141
floret 249
flossen 50
focaccia m 139
foelie 132
foetus m 52
föhn m 38
föhnen 38
fok 240
folk m 259
follikel m 20
font o 177
fontein 85
fooi 152
footballspeler m 220
forehand m 231
forel 120
forens m 208

formeel 34
formele tuin m 84
foto 271
fotoalbum 271
fotocamera 260
fotofinish m 234
fotograaf m 191
fotograferen 271
fotografie v 270
fotokopiëren 172
fotolijst 271
fototeller m 270
fotowinkel m 115
fournituren 105
fout m 230
foutlijn 229
foyer m 255
framboos 127
frambozenjam 134
frame o 206
Frankrijk 316
Frans Guyana 315
Franse bonen 131
Franse mosterd m 135
frequentie v 179
frequentie zoeken 179
fresia 110
fret m 258
frezen 79
fries o 301
fris 127
frisdrank m 155
frisdranken m 144
frondeel o 242
fronsen 25
fronton o 301
fruit o 107, 126
fruitkwekerij v 183
fruitschaal 126
fruitsnoepje o 113
fuik m 244
fumble 220
fysiotherapie v 49

G

g-sleutel m 256
gaan slapen 71
gaas o 47
Gabon 317
Galapagoseilanden 315
gallon m 311
galop m 243
Gambia 317
game m 230
gamecontroller m 269
gang m 59, 106, 168
gangen m 152
gangpad o 210, 254
gans 119, 293
ganzenei o 137
gapen 25
garage v 58, 199
garde 68
garen o 89, 276
garnaal m 121
gasbrander m 61, 267
gashendel m 204
gaspedaal o 200

gast m 64, 100
gastenboek o 100
gastheer m 64
gastvrouw v 64
gatenummer o 213
gazon o 85, 90
gebak o 140, 149
gebakje o 140
gebakken 159, 159
gebakken kip v 154
gebeurtenissen in het leven 26
gebieden 299
gebitsverzorging v 72, 108
geboorte v 52, 53
geboorte inleiden 53
geboorteakte 26
geboortegewicht o 53
geboren worden 26
gebouwen 299
gebouwen en bouwwerken 300
gebruiksaanwijzing v 109
gecondenseerde melk 136
geconfijte vruchten 129
gedeeld door 165
gedroogd 129, 143, 159
gedroogde fruit o 135
gedroogde pruim 129
gedroogde vruchten 129
geel 274
geëlektrificeerde rail 209
gefileerd 121
gefrituuurd 159
gegrild 159
gehakt o 119
gehaktballetjes 158
geheugen o 176
gehomogeniseerd 137
geïrriteerd 25
geiser m 285
geit v 185
geitenkaas m 142
geitenmelk 136
geitje o 185
gekookte ei o 137, 157
gekruld 39
gel m 38, 109
geld o 97
geldautomaat m 97
geldmarkt 97
gele kaart 223
gelijkspel o 223
gelijkstroom m 60
gelood 199
geluidsstudio m 179
geluidstechnicus 179
gelukkig 25
gemakkelijk te koken 130
gemalen 132
gemalen koffie 144

gemarineerd 143, 159
gember m 125, 133
gemeentehuis o 299
gemengde sla 158
gemengde snoepgoed o 113
geneeskrachtige kruid o 55
geneeskunde v 169
geneesmiddel o 109
geneesmiddelenbalie v 108
generatie v 23
generator m 60
geopend 260
Georgië 318
gepasteuriseerd 137
gepekeld 118, 143
gepeld 129
gepelde garnalen m 120
geplet 132
gepocheerd 159
gepureerd 159
geraspte kaas m 136
gerbera 110
gereedschappen 177, 187
gereedschapsgordel m 186
gereedschapshouder m 78
gereedschapskist 80
gerookt 118, 121, 143, 159
gerookte haring m 157
gerookte vis 143
geroosterd 129
geroosterde sandwich m 149
gerst 130, 184
geschiedenis v 162
geschokt 25
geschrokken 25
geslachtsdelen o 12
geslachtsverkeer o 20
geslachtsziekte v 20
gesloten 260, 321
gesneden brood o 138
gesp 36
gesteente o 288
gestoomd 159
getallen 308
getuige 180
geurig 130
gevaar 195
gevangenis v 181
gevangenisbewaarders m 181
gevecht o 237
gevel m 300
geverfd 39
gevoelens 25
gevoelig 41
gevogelte o 107, 119
gevuld 159
gevulde olijf 143
gewei o 291

NEDERLANDS REGISTER • NIEDERLÄNDISCHES REGISTER

gewelf *o* 300, 166, 250
gewricht *o* 17
gewrichtsband *m* 17
gezicht *o* 14
gezichtsbehandeling *v* 41
gezichtsbeschermer *m* 225
gezichtscrème 73
gezichtsmasker *o* 41
gezichtsmelk 41
gezichtsvermogen *o* 51
gezond 321
gezondheid *v* 43
gezondheidscentrum *o* 168
gezouten 121, 129, 137, 154
gft-afval *o* 61
Ghana 317
gids *m* 260
giek *m* 240
gierst 130
gieten 67, 89
gieter *m* 89
gilet *o* 33
gin *m* 145
gin-tonic 151
gips *o* 83
gipskruid *o* 110
giraf *m* 291
gist *m* 138
gisteren 306, 320
git *m* 288
gitarist *m* 258
glad 39
gladiool 110
glanzend 83, 271
glas *o* 69, 152
glaswerk *o* 65
glazen 150
glazen fles 166
glazen staafje *o* 167
glazuren 139
gletsjer *m* 284
glijbaan 263
glimlach *m* 25
glimmerlei *o* 288
gloeidraad *m* 60
gneis *o* 288
goed 321
goederentrein *o* 208
goedkoop 321
golf *o* 232
golf 241, 264
golfbaan 232
golfbal *m* 233
golfclubs 233
golflengte *v* 179
golfschoen *m* 233
golfspeler *m* 232
golfsurfen 241
golftas 233
golftoernooi *o* 233
gong *m* 257
gooien 225, 227, 229
gooilijn 225
goot 299

gordijn *o* 63, 254
gorilla *m* 291
gotiek *v* 301
goud *o* 235, 289
goudbes 128
goudbrasem *m* 120
goudvis *m* 294
graanvlokken 130
graat 121
gradenboog *m* 165
grafiet *o* 289
gram 310
granaat *m* 288
granaatappel *m* 128
Granada 314
granen 130
graniet *o* 288
grapefruit *m* 126
gras *o* 87, 262
grasland *o* 285
grasmaaier *m* 88
grasmaaier *m* 90
grasopvangzak *m* 88
grassproeier *m* 89
grastrimmer *m* 88
graven 90
graveren 275
green *m* 232
greep *m* 230, 237
grens van het speelveld 225
Griekenland 316
griep 44
griesmeel *o* 130
griffier *m* 180
grijptang 167
grijs 39, 274
grijze staar 51
grillen 67
grillpan 69
grind *o* 88
groen *o* 110
groen 129, 274
groenblijvende heester *m* 86
groene erwt 122, 131
groene kool 123
groene olijf 143
groene sla 158
groene thee *m* 149
Groenland 314
groenteboer *m* 188
groentela 67
groenten *v* 107, 122
groentetuin *m* 85
groentewinkel *m* 114
groepstherapie *v* 55
grofgemalen tarwe 130
grond 85
grondakrobatiek *v* 235
grondlaag 83
grondverf 83
grondzeil *o* 267
groot 321
grootmoeder *v* 22
grootouders *m* 23
grootvader *m* 22
grootzeil *o* 240

grot 284
Grote Oceaan *m* 312
grote teen *m* 15
grove mosterd *m* 135
Guatemala 314
guave *m* 128
Guinee 317
Guinee-Bissau 317
gummiknuppel *m* 94
Guyana 315
gymnastiek *v* 162
gymnastiekband *o* 235
gymnastiekbroek 251
gynaecologie *v* 49
gynaecoloog *m* 52

H

haai *m* 294
haak *m* 187, 276
haaknaald *m* 277
haan *m* 185
haar *o* 14, 38
haarband *m* 39
haarborstel *m* 38
haardscherm *o* 63
haarkleuren 39
haarspelden 38
haarspray *m* 38
haarverf 40
haarwortels 39
hagedis 293
hagel *m* 286
Haïti 314
hak 37, 88
haken 277
hakmes *o* 68
hal 59
half twee 304
half uur *o* 304
halfharde kaas *m* 136
halfhoge herenschoen *m* 37
halflang 39
halfpension *o* 101
halfvolle melk 136
Halloween *o* 27
hals *m* 12, 258
halsdoek *m* 36
halsketting 36
halskraag *m* 46
halster *m* 243
halswervels *m* 17
halter *m* 251
haltergewicht *o* 251
halve liter *m* 311
ham 119, 143, 155
hamburger *m* 154, 155
hamburger met patat 155
hamer *m* 80, 275
hameren 79
hamster 290
hamstrings 16
hand 13, 15
handbagage *v* 211, 213
handboeien 94
handboor 78, 81
handdoek *m* 73

handdoekhouder 72
handgeschakeld 200
handgreep 36, 37, 196
handicap *m* 233
handpalm *m* 15
handrem 203
handschoen *m* 224, 228, 233, 236, 246
handschoenen 36
handtas 37
handtekening *v* 96, 98
handvat *o* 88
handvork 89
handwiel *o* 276
handzaag 81
hanger *m* 36
hangmand *m* 84
hangmap 173
hangmat 266
hanwerk *o* 277
hard 129, 321
harddraverij *v* 243
harde schijf 176
hardhout *o* 79
hardloopbaan 234
hardlopen 234
hardware *m* 176
haring *m* 266
hark 88
harken 90
harp 256
hart *o* 18, 119, 122
harten 273
hartinfarct *o* 44
hartschelp 121
hatchback *m* 199
haven *m* 214, 216, 217
havenmeester *m* 217
haver 130
havermout *m* 157
Hawaï 314
hazelnoot 129
hazelnootolie 134
heavy metal *m* 259
hechting *v* 52
heel 129, 132
heer *m* 273
heet 286
hefboom *m* 150
heg 85, 90, 182
heggenschaar 89
hei 297
heilbotfilets *m* 120
hek *o* 85, 182
helder 321
helikopter *m* 211
helling *v* 284
helm *m* 186, 220, 228
helmstok *m* 240
hematiet *o* 289
hemd *o* 33
hen *v* 185
hendel *m* 61
hengel *m* 244
hengsel *o* 106
herbicide *o* 183
herenkapper *m* 188
herenkleding *v* 32, 105

herfst *m* 31, 307
hersenen 19
hersenschudding *v* 46
herstellingsteken 256
hert *o* 291
heteluchtballon *m* 211
heup 12
heuvel *m* 284
hiel *m* 13, 15
hier 320
hier opeten 155
hifi-installatie *v* 268
Himalaya 313
hindernis *v* 243
historische gebouw *o* 261
hobbykamer 78
hobo *m* 257
hockey *o* 224
hockeybal *m* 224
hockeystick *m* 224
hoed *m* 36
hoef *m* 242, 291
hoefijzer *o* 242
hoek *m* 164
hoekschop *m* 223
hoektand *m* 50
hoekvlag 223
hoeslaken *o* 71
hoest *m* 44
hoestsiroop 108
hogeschool 168
hogesnelheidstrein *m* 208
hole *m* 232
hole-in-one *m* 233
homeopathie *v* 55
hometrainer *m* 250
hond *m* 290
honderd 308
honderdduizend 309
honderdste 309
honderdtien 308
hondeslederijden 247
Honduras 314
Hongarije 316
hongerig 64
honingraat 134
honkbal *m* 228
honkman *m* 228
hoofd *o* 12, 19
hoofdbescherming *v* 74, 236
hoofdeinde *o* 70
hoofdgerecht *o* 152
hoofdkantoor *o* 175
hoofdkussen *o* 70
hoofdmaaltijd *m* 158
hoofdpijn 44
hoofdstad 315
hoofdstel *o* 242
hoofdsteun *m* 200
hoofdtelefoon *m* 268
hoofdwond 46
hoog 321
hoogspringen 235
hoogte *v* 165, 211
hoogteroer *o* 210

NEDERLANDS REGISTER • NIEDERLÄNDISCHES REGISTER

hooi o 184
hooikoorts 44
hoorn m 99, 257, 291
hoornvlies o 51
hordenlopen 235
horloge o 36
hormoon o 20
horrorfilm m 255
hotdog m 154
hotel o 100, 264
hotelbediende 100
houders m 311
houdgreep m 237
houding v 232
hout o 79, 233, 275
houtbewerking v 275
houtblazers m 257
houtboren 80
houten lepel m 68
houtje o 31
houtkrullen 78
houtlijm m 78
houtskool 266
houtskoolstift 275
houtsnijwerk o 79
houtvezelplaat 79
houweel 187
hovercraft 215
huid 14
huiduitslag m 44
huidverzorging v 108
huilen 25
huis 57
huisapotheek v 72
huiswerk o 163
hulpkok m 152
hulpraket 281
hulst m 296
huren 58
huur 58
huurder m 58
huwelijksdag m 26
huwelijksfeest o 26
huwelijksreis 26
hyacint 297
hypnotherapie v 55
hypoallergeen 41
hypotenusa 164
hypotheek v 96

I
iedere 320
iep m 296
Ierland 316
iets 320
ijs o 120, 137, 149, 287
ijsbeer m 291
ijsblokje o 151
ijshockey o 224
ijshockeyspeelveld o 224
ijshockeyspeler m 224
ijshockeystick m 224
ijsklimmen 247
ijskoffie m 148
ijslepel m 68
ijspegel m 287
ijstang 150

ijsthee m 149
ijzer o 109, 233, 289
ijzerwinkel m 114
imperiaal m 198
impotent 20
in 320
in gesprek 99
in olie 143
in pekel 143
in slaap vallen 71
in vlokken 132
in vorm brengen 38
inbouwkast 71
inbox m 177
inbraak 94
inbussleutel m 80
incasso-opdracht 96
inch m 310
incheckbalie v 213
inchecken 212
India 318
indigoblauw 274
Indische Oceaan 313
Indonesië 319
industriegebied o 299
inenting 45
infectie v 44
Informatie v 261, 303
informatiebalie v 168
informatiebord o 104
infuus o 53
infuusmonitor m 53
ingang m 59
ingekomen post 172
ingelegd in azijn 159
ingemaakte fruit o 135
ingesproken bericht o 99
ingewanden 118
ingooi m 223, 226
inhaalstrook 194
inhalator m 109
inhalen 195, 245
injectie v 48
inktvis m 121
inlegkruisje o 108
inlineskaten 263
inloggen 177
innen 97
inning 228
inpakpapier o 111
inrichten 91
insectenspray m 267
insectenwerend middel o 108
insnijding van het perineum v 52
inspecteur m 94
installeren 177
instapkaart 213
instelknop m 167
instellen 271
instrumenten 258
insuline 109
intensieve zorg 48
intercity m 209
intercom m 59
interessant 321

internet o 177
interviewer m 179
investering v 97
invetkwastje 69
invriezen 67
invrijheidsstelling op borgtocht v 181
inwendige organen o 18
ionosfeer 286
Irak 318
Iran 318
iris m 51, 110
is gelijk aan 165
isolatie v 61
isolatieband o 81
Israël 318
Italië 316
Ivoorkust 317

J
jaar o 306
jaargetijden 307
jaarlijks 307
jachthaven 217
jachtspringen 243
jachtvliegtuig o 211
jade m 288
jaloezie v 63
jam 155
Jamaica 314
januari 306
Japan 318
jaren 307
jarretels 35
jazz m 259
Jemen 318
jetskiën 241
joggen 251, 263
joggen op de plaats 251
joker m 273
jong o 290
jong 321
jongedame v 23
jongen m 23
jongere 23
Jordanië 318
journaal o 178
journaallezeres v 179
journalist m 191
judo o 236
juist 321
juli 306
juni 306
Jupiter 280
juridische advies o 180
juridische afdeling v 175
jurk 31, 34
jury 180
jurybank 180
juwelen o 36
juwelenkistje o 36
juwelier m 114, 188

K
kaakbeen o 17
kaal 39
kaars 63
kaarten 273

kaartje o 27, 197
kaartjesloket o 209, 216
kaartsleuf 97
kaartspel o 273
kaarttelefoon m 99
kaas m 155
kabel m 79
kabel m 207
kabeljauw m 120
kabelstripper m 81
kabeltelevisie v 269
kachel 60
kade 216
kajak m 241
kaketoe m 293
kaki 128
kakkerlak m 295
kalender m 306
kalf o 185
kalfsvlees o 118
Kaliningrad 316
kalk m 85
kalkoen m 119, 185, 293
kalksteen o 288
kalmeringsmiddel o 109
kam m 38
kamer 58, 283
kamerjas 31
kamernummer o 100
Kameroen 317
kamers 100
kamersleutel m 100
kamillethee m 149
kammen 38
kampeerterrein o 266
kamperen 266
kamperfoelie 297
kampvuur o 266
kan 65
kanaal o 178, 299
kanaal zoeken 269
kanarie m 292
kaneel m 133
kangoeroe m 291
kano m 214
kanoën 241
kant m 246
kant o 35
kant-en-klaarmaaltijden m 107
kantklossen 277
kantoor o 24, 172
kantoorartikelen 105
kantoorbenodigdheden 173
kantoorgebouw o 298
kantoormachines v 172
kap 75
kapartikelen 38
kapitein m 214
kapmantel m 38
kapper m 115, 188
kappertjes 143
kapseizen 241
kapsels 39
kapster v 38
kaptafel 71

kapzaag 81
karaf 151
karamelsnoepje o 113
karate o 236
karbonade v 119
kardemom m 132
karnemelk 136
karton o 275
kas 85
Kaspische Zee 313
kassa 106, 150, 255
kassabediende 106
kasteel o 300
kat 290
kathedraal 300
katheter m 53
katoen m 184, 277
kauwgom m 113
Kazachstan 318
kazen 136
keel 19
keelholte v 19
keelpastille 109
keer 165
kegel m 164, 249
keizersnede 52
kelder m 58
kelk m 297
kelner m 148, 152
kendo o 236
Kenia 317
kennis 24
keramische kookplaat 66
kerk 299, 300
kerktoren m 300
kermis 262
kern 127
kerriepoeder o 132
kers 126
kerstfeest o 27
Kerstmis m 27
kerstomaat 124
ketchup m 135, 155
ketel m 61
ketting 36, 206
kettingtandwiel o 207
keuken 66, 152
keukenapparatuur v 66
keukengerei o 105
keukenkastje o 66
keukenlade 66
keukenmachine v 66
keukenmesje o 68
keukenplank 66
keukenweegschaal 69
kever m 295
keyboard o 258
kickboksen 236
kicken 221
kiel m 214
kiepwagen m 187
kies 50
kiespijn 50
kieuw 294
kiezen 99
kikker m 240, 294
kikkererwten 131

nederlands

NEDERLANDS REGISTER • NIEDERLÄNDISCHES REGISTER

kikkervisje o 294
kilogram o 310
kilometer m 310
kilometerteller 201
kin 14
kind o 23, 31
kind krijgen 26
kinderafdeling v 48, 104
kinderbadje o 263
kinderbed o 74
kinderen o 23
kindergeneeskunde v 49
kinderkamer 74
kinderkleding v 30
kindermenu o 152
kinderslot o 75
kinderstoel m 75
kinderstoeltje o 207
kinderwagen m 75
kinderzitje o 198
kip v 119, 185
kipburger m 154
kipnuggets m 154
kippenboerderij v 183
kippenei o 137
kippenren 185
Kirgizië 318
kitten m 290
kiwi m 128
klamboe m 267
klant m 38, 96, 104, 106, 152, 175
klantenservice m 104, 175
klantenservice v 175
klaproos m 297
klaptafel m 210
klarinet m 257
klas v 163
klaslokaal o 162
klassieke muziek v 255, 259
klauw 291, 293
klaver 297
klaveren 273
kleding v 205
kleerhanger m 70
kleermaker m 191
kleermakerij v 115
kleermakerskrijt o 276
klei 85, 275
klein 321
kleindochter v 22
kleine teen m 15
kleinkinderen o 23
kleinzoon m 22
klem 78, 166
klembord o 173
klerenkast 70
kleur 273
kleuren 274
kleurpotlood o 163
kleurtint 41
kleuter m 30
klif 285
klimmen 248

klimplant 87
klimrek o 263
klimtouw o 248
kliniek v 48
klok 62, 304
kloof 284
klos m 277
kluisjes 239
knäckebröd o 139, 155
knaldemper m 203
knapperig 127
kneden 138
kneuzing v 46
knie 12
kniebeschermer m 205, 227
kniebuiging v 251
knielengte 34
knieschijf 17
knippen 38, 277
knipperlicht o 204
kniptang 81
KNO-afdeling v 49
knockout m 237
knoflook m 125, 132
knoflookpers 68
knokkel m 15
knol m 124
knolraap 125
knoop m 32
knoopsgat o 32
knop m 111, 297
knot 39
knuffeldier o 75
koalabeer m 291
koe v 185
koekje o 113
koekjes o 141
koel-vriescombinatie v 67
koeler m 150
koelkast 67
koemelk 136
koepel m 300
koeriersdienst m 99
Koeweit 318
kofferbak m 198
koffie m 144, 148, 152, 155, 184
koffie met melk m 148
koffiebonen 144
koffiekopje o 65
koffielepeltje o 152
koffiemachine v 148
koffiemilkshake m 149
kogelstoten 234
koikarper m 294
kok m 190
koken 67
koker m 249
kokosnoot 129
koksmuts 190
kolf 166
kolibrie m 292
kolonie v 315
kom 65
kombuis 214
komedie v 255

komeet 280
komijn m 132
komkommer 125
kompas o 240, 312
konijn o 118, 290
koning m 272
kookgerei o 68
kookplaat 67
koolrabi 123
koolzaad o 184
koor o 301
koorts 44
kop m 112
kop van de spijker 80
koper o 289
koperblazers m 257
koplamp m 205
koppeling v 200, 204
koppen 222
koraalrif o 285
koriander m 133
korrel m 130
korst 136, 139, 142
kort 39, 321
kort gebakken 159
korte broek 30
korte galop m 243
korte golf 179
Kosovo 316
kostuum o 32
koud 286, 321
koudgeperste olie 135
koudwaterkraan 72
kousenband m 35
kraag m 32
kraai 292
kraak m 295
kraakbeen o 17
kraamafdeling v 48, 49
kraan 61, 66, 187, 216
kraanvogel m 292
kraanwater o 144
krab 121, 295
krabbetjes 154
krachttraining 251
kramp m 239
krampen 44
krans m 111
krant 112
krater m 283
kraterpijp 283
krediet o 96
kredietoverschrijding v 96
kreeft 121, 295
kreeftskeerkring m 283
krekel m 295
krent 129
krentenbrood o 139
krijt o 288
krijtje o 162
krik m 203
kristaltherapie v 55
Kroatië 316
krokodil 293
krokodillenklem 167
krom 165
kroon 50

kroonlijst 300
kruiden 86, 132, 134
kruidengeneeskunde v 55
kruidenmengsel o 132
kruidenolie 134
kruidenpreparaten 108
kruidenthee m 149
kruidentuin m 84
kruidnagel m 133
kruik 70
kruippakje o 30
kruipplant 87
kruis o 256
kruisbes 127
kruisbloem 300
kruisen 241
kruiser m 215
kruising v 298
kruiskopschroevendraaier m 80
kruiwagen m 88
krulspelden 38
krultang 38
kubieke meter m 311
kubus m 164
kudde 183
kuiken o 185
kuiltje o 15
kuipplant 87
kuit 13
kuitbeen o 17
kuitspier 16
kummel m 131
kumquat m 126
kungfu o 236
kunst v 162
kunstacademie v 169
kunstenares v 274
kunstgalerie v 261
kunstgebit o 50
kunstgeschiedenis v 169
kunsthandel m 115
kunstmest m 91
kunstnijverheid v 274
kunstschaatsen 247
kunstschilderes v 191
kurk m 134, 166
kurkentrekker m 150
kurkuma m 132
kussen o 62
kussensloop 71
kust 285
kustwacht 217
kwal 295
kwart over een 304
kwart voor twee 304
kwartel 118
kwartelei o 137
kwartier o 304
kwarts o 289
kwast m 83
kweepeer 128
kweken 91
kwekerij v 115
kwikzilver o 289

L

la 70
laag 321
laagvlakte v 285
laan 299
laars 220
laat 305, 320
laatste 320
laboratorium o 166
laboratoriumweegschaal 166
lachen 25
lacrosse o 249
lactose v 137
ladder 95, 186
ladderkorf m 95
lak m 79, 83
laken o 62
lam o 118, 185
lamp 62
lanceerplatform o 281
lancering v 281
land o 282, 315
landbouwbedrijven 183
landen 211
landingsgestel o 210
landkaart 195
landschap o 284
lang 321
lange golf 179
lange vingers m 141
langkorrelig 130
langlaufen 247
langoest m 121
langs 320
langzaam 321
lantaarn 217
Laos 318
laptop m 175, 176
lariks m 296
lat 222, 235
latei 186
laten prutteln 67
laten rijzen 139
later 304
laurier m 133
lava 283
lawine v 247
laxeermiddel o 109
leadzanger m 258
leeg 321
leeslampje o 210
leeszaal 168
leeuw m 291
legging m 31
leguaan m 293
lei o 288
leiden 91
lekke band 207
lelie 110
lelijk 321
lemmet o 89
lende 121
lendenwervels m 17
lendestreek 13
lendestuk o 119
lengte v 165
lengte v 310

NEDERLANDS REGISTER • NIEDERLÄNDISCHES REGISTER

lengtegraad m 283
lens 51, 270
lente 307
lepel m 65
leraar m 54
lerares v 162, 190
leren 163
leren kleding m 205
leren schoen m 37
leren schoenen m 32
les 163
Lesotho 317
Letland 316
letsel o 94
letteren v 169
leukoplast m 47
levensfasen v 23
levensmiddelen 106, 117
levensmiddelen in flessen 134
levensmiddelenwinkel m 114
lever 18, 118
lezen 162
Libanon 318
libelle 295
Liberia 317
Libië 317
lichaam o 12
lichaamsbeschermer m 224
lichaamsstelsels o 19
lichamen 164
licht o 94
licht 41, 321
lichte vliegtuig o 211
lichting v 98
lichtschakelaar m 201
Liechtenstein 316
lied o 259
liefdesfilm m 255
lieslaarzen 244
lieveheersbeestje o 295
lift m 59, 100, 104
liggend 271
ligstoel m 265
lijfje o 35
lijm m 275
lijmkwast m 82
lijmpistool o 78
lijn 244
lijnen 165
lijnnummer o 196
lijnrechter m 220, 223, 230
lijnvlag 221
likeur 145
lila 274
limabonen 131
limoen m 126
limonade 144
limousine m 199
linde 296
lingerie v 35, 105
liniaal 163, 165
linkerveld o 228
links 260

M
linnen o 277
linnengoed o 105
lint o 27, 141
lip 14
lipcontourpotlood o 40
lipgloss m 40
lippenpenseel o 40
lippenstift 40
liter m 311
literatuur v 162
literatuurlijst 168
Litouwen 316
live 178
lob m 231
lobby 100
locomotief 208
loganbes 127
loge 254
logo o 31
loket o 96
lokken 39
lolly m 113
long 18
longautomaat m 239
lood o 244
loodgieter m 188
loodgieterswerk o 61
loodgordel m 239
loodrecht 165
loodvrij 199
loofboom m 86
loonlijst 175
loop 228
loopband m 250
lopen 229
lopende band m 106
loper m 272
loslaten 245
losmaken 91
lostornen 277
lotion 73
lottobiljetten 112
love 230
luchtfilter o 202, 204
luchtmatras 267
luchtpijp 18
lucifers m 112
luffaspons 73
luid 321
luidspreker m 176, 209, 258
luidsprekerbox m 268
luidsprekerstandaard m 268
luier 75
luifel 58
luik o 58
lunchmenu o 152
lupinen 297
Luxemburg 316
lychee m 128
lymfestelsel o 19

maag 18
maagpijn 44
maaidorser m 182
maaien 90
maal 165
maaltijd m 64
maan 280
maand m 306
maandag 306
maandelijks 307
maandverband 108
maanlander m 281
maansikkel 280
maansteen m 288
maanzaad o 138
maart 306
maatbeker m 69
maatbeker m 150, 151, 311
maatlepel m 109
maatstreep 256
macadamianoot m 129
Macedonië 316
machinegeweer o 189
machinekamer 214
machines v 187
macramé o 277
Madagaskar 317
madeleine v 140
madeliefje o 297
magere melk 137
magere vlees o 118
magma o 283
magneet m 167
magnesium o 109
magnetron m 66
maïs m 130, 184
maïsbrood o 139
maïsolie 135
majoraan 133
makelaar m 189
makelaardij v 115
makkelijk 321
makreel m 120
malachiet o 289
Malawi 317
Malediven 318
Maleisië 319
Mali 317
Malta 316
maltkoffie m 144
man m 12, 13, 23
manager m 174
manchego 142
manchet 32
manchetknoop m 36
mandarijn m 126
mandje o 207
manen 242, 291
mango m 128
mangoestan m 128
manicure 41
maniok m 124
mantel m 282
mantelpakje o 34
map 177
maquette 190
maracas m 257
marathon m 234
margarine 137
margriet 110
marketingafdeling v 175
markies 148

markt 115
marmelade 134, 155
marmer o 288
Marokko 317
Mars 280
marsepein m 141
marshmallow m 113
martini m 151
mascara 40
masker o 236, 249
massage v 54
mast m 240
master m 169
mat 54, 83, 235, 271
match 230
maten 165
maten en gewichten 310
materialen 79, 187
matras 70, 74
matroos m 189
Mauritanië 317
Mauritius 317
mayonaise v 135
mazelen 44
MDF o 79
mechaniek v 202
medailles 235
media 178
medisch onderzoek o 45
meditatie v 54
meel o 138
meeldraden m 297
meer o 285
meergranenbrood o 139
meerpaal m 217
meetkunde v 165
meetlat 45
meetlint o 276
meeuw 292
mei 306
meisje o 23
melk 136
melk 155
melkchocolade m 113
melken 183
melkpak o 136
melkpoeder o 137
melkveebedrijf o 183
melkwegstelsel o 280
melodie v 259
meloenen 127
mengen 67, 138
mengkom 66
mengpaneel o 179
mensa 168
mensen m 11
menstruatie v 20
menubalk m 177
menukaart 148, 152, 155
Mercurius 280
mergpompoen m 124
mes o 65, 66
mesofeer 286
messchede 121
messenslijper m 68

mestvork 88
met 320
met een net vangen 245
met ijs 151
met ijs en citroen 151
met jus 159
met koolzuur 144
met open dak 260
met pensioen gaan 26
met saus 159
metaal o 79
metaalboren 80
metaalzaag 81
metalen 289
metamorf 288
meten 310
meteoor m 280
meter m 310
metro m 208
metrokaart m 209
metselaar m 188
meubelmaker m 188
meubels 105
meubelwinkel m 115
mevrouw v 23
Mexico 314
mica o 289
microfoon m 179, 258
microfoonhengel m 179
microscoop m 167
middag m 305
middageten o 64
middelen tegen reisziekte o 109
Middellandse Zee 313
middelpunt o 164
middelste rijstrook 194
middelvinger m 15
middenberm m 194
middencirkel m 222, 224, 226
middengolf 179
middenhandsbeentje o 17
middenlijn 226
middenrif o 19
middenveld o 228
middenvelder m 222
middenvoetsbeentje o 17
middernacht m 305
mier 295
mierikswortel m 124
migraine 44
mijl 310
mijnheer m 23
miljard o 309
miljoen o 309
milkshake m 137
milkshakes m 149
millennium o 307
milligram 310
milliliter m 311
millimeter m 310
milt 18
min 165
mineraalwater o 144

NEDERLANDS REGISTER • NIEDERLÄNDISCHES REGISTER

mineralen 289
minibar 101
minibus m 197
minidiskrecorder m 268
minpool 167
minutenwijzer m 304
minuut 304
misdaad 94
miskraam 52
misselijkheid v 44
mitella 46
mixer m 66
mobiele telefoon m 99
mobile o 74
mocassin m 37
mode 277
model o 169
modelbouw m 275
modelleerhoutje o 275
modem o 176
modeontwerper m 277
moeder v 22
moedervlek 14
moeilijk 321
moer 80
moeras o 285
moersleutel m 203
moesson m 287
moestuin m 182
mok 65
mol 256
Moldavië 316
Monaco 316
mond m 14
mondbescherming v 237
mondkapje o 189
mondstuk o 112
mondwater o 72
Mongolië 318
monnikskapspier 16
monopoly o 272
monorail 208
montagefoto 181
Montenegro 316
monteur m 188
montuur o 51
monument o 261
mooi 321
morgen 306, 320
mortel m 187
moskee v 300
mossel 121, 295
mosterd m 135, 154
mosterdzaad o 131
mot 295
motor m 88, 202, 204, 210
motorcross m 249
motorfiets 204
motorhelm m 204
motorjacht o 215
motorkap 198
motorracen 249
mountainbike 206
mousse 141
moutazijn m 135
mouw 34

mouwloos 34
Mozambique 317
mozzarella m 142
mp3-speler m 268
muffin m 140
muffinplaat 69
mug 295
muis 176, 290
mulch m 91
multiplex o 79
multivitaminecomplex o 109
mungbonen 131
munt 133
munten 97
muntenvakje o 99
munttelefoon m 99
muntthee m 149
museum o 261
musical m 255, 191
muur m 58, 186
muurtje o 222
muziek v 162
muziekinstrumenten 256
muzieknotatie v 256
muziekstijlen m 259

N

na 320
naad m 34
naaf 206
naaien 277
naaimachine v 276
naaimandje o 276
naaktslak 295
naald 109, 276
naaldboom m 86
naaldenkussen o 276
naambordje o 53
naan 139
naar 320
naar beneden 320
naar school gaan 26
naast 320
nacht en dag m 305
nachthemd o 31, 35
nachtkastje o 70
nachtkleding v 31
nagelknipper m 41
nagellak m 41
nagellakverwijderaar 41
nagelriem m 15
nagelschaar 41
nagelvijl 41
nagerecht o 152
nagerechten 140
najaar o 307
Namibië 317
namiddag m 305
narcis 111
nat 286, 321
natie v 315
nationale park o 261
natte sneeuw 286
natuurgeneeswijze 55
natuurkunde v 162, 169
natuurlijke vezel 31

natuurvoedingswinkel m 115
natuurwetenschap v 162
natuurwetenschappen v 166
navel m 12
navelstreng 52
navigatiesysteem o 201
navigeren 240
nectarine v 126
Nederland 316
neef m 22, 23
negatief o 271
negen 308
negende 309
negenhonderd 308
negentien 308
negentiende 309
negentienhonderd 307
negentienhonderdeen 307
negentienhonderdtien 307
negentig 308
negentigste 309
négligé o 35
nek m 13
Nepal 318
Neptunus 280
net o 217, 222, 226, 227, 231
net! 230
netvlies o 51
netwerk o 176
neurologie v 49
neus m 14, 210
neusgat o 14
neushoorn 291
neusklem 238
neusriem m 242
neuswiel o 210
neut 151
neutraal 60
neutrale vak o 224
nevel m 287
nevelvlek 280
Nicaragua 314
nicht v 23
nier 18, 119
niet gepasteuriseerd 137
niet juist 321
niet vouwen 98
nietjes 173
nietmachine v 173
nieuw 321
Nieuw-Zeeland 319
nieuwe aardappel m 124
nieuwe maan 280
nieuwe wegdek o 187
nieuwjaar o 27
niezen 44
Niger 317
Nigeria 317
nijlpaard o 291
nikkel o 289

noemer m 165
noga m 113
nokkenriem 203
nominale waarde v 97
nooddiensten m 94
noodgeval o 46
noodrem 209
noodtrap m 95
nooduitgang m 210
nooit 320
Noord- en Midden-Amerika 314
Noord-Korea 318
noordelijk halfrond o 283
noorden o 312
noordpool 283
noordpoolcirkel m 283
Noordzee 312
Noorwegen 316
noot 256
nootjes 151
nootmuskaat 132
normaal 39
noten 129
notenbalk m 256
notitieblok o 173
notitieboek o 172
notities v 175
notulen 174
november 306
nu 304, 320
nul 308
nummerbord o 198
nummerinformatie v 99
nylon o 277

O

objectglaasje o 167
objectief o 167
obsidiaan o 288
oceaan m 282
oceaanstomer m 214
ochtend m 305
ochtendschemering v 305
octopus m 121
oculair o 167
oefeningen v 251
oefenswing m 233
Oeganda 317
Oekraïne 316
oester 121
oever m 284
Oezbekistan 318
offerte 174
officier van justitie 180
ogenbonen 131
ogentest m 51
okra 122
oksel m 13
oktober 306
oldtimer m 199
olie 142, 199
oliën 134
oliepeilstok m 202
oliereservoir o 204
olietanker m 215

olieverf 274
olifant m 291
olijfolie 134
olijven 151
om 320
om mee te nemen 155
Oman 318
omelet 158
omhoog 320
omleiding v 195
omloopbaan 280
omtrek m 164
oncologie v 49
onder 320
onder par 233
onderarm m 12
onderbelicht 271
onderbroken 99
onderdoorgang m 194
ondergoed o 32
ondergrond m 91
onderhands slaan 227
onderjurk 35
onderkaak 14
onderkoeling v 44
onderlaagpapier o 83
onderste laag 141
onderstel o 174
ondersteunde verlossing 53
onderzeeboot 215
onderzoek o 49, 94, 169
ondiepe o 239
ongeldige slag 228
ongerust 25
ongeval o 46
ongewervelde dieren 295
ongezouten 137
onkruid o 86
onkruid wieden 91
onkruidverdelger m 91
online 177
onscherp 271
onschuldig 181
ontbijt o 64, 155
ontbijtbuffet o 155
ontbijtgranen 107, 155
ontbijtspek o 157
ontbijttafel 155
ontdaan 25
ontdooien 67
ontgraat 121
ontharen met hars 41
ontschubd 121
ontslaan 48
ontsluiting v 52
ontsmettingsmiddel o 47
ontspanning v 55
ontsteking v 209
ontstekingsremmer m 109
ontvangen 177
ontveld 121
ontwerpster v 191
ontwikkelen 271

nederlands

NEDERLANDS REGISTER • NIEDERLÄNDISCHES REGISTER

onvruchtbaar 20
onweer o 287
onyx o 289
oog o 14, 51, 244, 276
oogheelkunde v 49
ooglid o 51
oogpotlood o 40
oogschaduw 40
oogsten 91, 183
oogzenuw 51
ooievaar m 292
oom m 22
oor o 14
oorbel 36
oordeel o 181
Oost-Timor 319
oosten o 312
Oostenrijk 316
Oostzee 313
op 320
op sap 159
op tijd 305
opaal m 288
opbinden 91
opbindmaterialen 89
opbindringen 89
opblaasmanchet 45
opdienen 64
opdrukken 251
open 321
open haard m 63
opera m 255
operatie v 48
operatiekamer 48
opgenomen 48
opgestoken haar o 39
opgewonden 25
ophanging v 203, 205
oplosbaar 109
oplosmiddel o 83
opnameformulier o 96
opnemen 77, 99, 269
opperarmbeen o 17
oppervlakte v 310
oproepknop m 48
opscheplepel m 68
opslaan 177
opstaan 71
opstel o 163
optellen 165
opticien m 51, 189
optillen 251
optocht m 27
opwarmen 155, 251
opwrijven 77
oranje 274
orchidee 111
ordner m 172
oregano 133
origami o 275
orkaan m 287
orkest o 254, 256
orkestbak m 254
orthopedie v 49
osteopathie v 54
otter m 290
oud 321
oud en nieuw o 27

oude kaas m 136
ouders m 23
ounce m 310
ouverture v 256
ouvreuse v 255
oven m 66
ovenschaal 69
onwant 69
overall m 83
overbelicht 271
overgeven 44
overgewicht van de
 bagage o 212
overheadprojector m
 163
overhemd o 32
overjas 32
overlijden 26
overloop m 61
overmaking v 96
overmorgen 307
overnachting met
 ontbijt v 101
overspelen 223
overstappen 209
overstroming v 287
overtreding v 223, 226
ozonlaag 286

P

paal m 298
paar o 24
paard o 185, 235, 242,
 272
paardenbloem 123, 297
paardenraces m 243
paardenrenbaan 243
paardensport 242
paardenstaart m 39
paardenstal m 243
paardenwei 243
paardrijden 263
paasfeest o 27
pad o 58, 262, 294
paddenstoel m 125
pak o 311
pakhuis o 216
Pakistan 318
pakje o 311
pakje sigaretten o 112
pakket o 99
pakking v 61
pakkingsring m 80
paksoi 123
palet o 274
pallet m 186
palm m 86
palmboom m 296
palmharten 122
palmtop m 175
Panama 314
panda m 291
paneermeel o 139
pannenkoeken m 157
pannenlikker m 68
pantalon m 32
pantoffels 31
panty m 34, 35

pantykousen 35
papaja m 128
papegaai m 293
paperclip m 173
papier-maché o 275
papieren filter o 167
papieren servet o 155
papieren zakdoekje 108
papiergeleider m 172
papierhouder m 172
papierklem 173
Papoea-Nieuw-Guinea
 319
paprijst m 130
paprika 124, 143
paprikapoeder m 132
paprikaworst 142
par m 233
parachute 248
parachutespringen 248,
 248
Paraguay 315
parallel 165
parallellogram o 164
paranoot 129
parapenten 248
paraplu m 36
parasol m 148, 233,
 264
parcours o 233
parelketting 36
parfum o 41
parfumerie v 105
park o 261, 262
parka m 33
parkeermeter m 195
parkeerplaats voor
 gehandicapten
 195, 298
parkeren 195
parketwachter m 180
Parmezaanse kaas m
 142
partituur v 255
partje o 126
partner m 23
Pasen m 27
pasgeborene 53
pashokje o 104
paspoort o 213
paspoortcontrole v 212,
 213
paspop 276
pass m 226
passagier m 216
passagiershaven 216
passen 220, 221, 223
passer m 165
passievrucht 128
pasta m 158
pastei 158
pasteivorm m 69
pastelkrijt o 274
pastinaak 125
pasvorm m 35
patat 155
patchwork o 277
paté m 142, 155

patés m 143
pathologie v 49
patiënte v 45
patiëntendossier o 48
patiëntenkamer 48
patiotuin m 84
patrijspoort 214
patroon o 276
pauk 257
pauw m 293
pauze 254
pauzeknop m 269
pecannoot 129
pech m 203
pedaal o 61, 206
peddel m 241
pedicure 41
peeling 41
peer 126
pees 17
peillood o 82
pelikaan m 292
pelsdeken 74
pendelbus m 197
penis m 21
pennenhouder m 172
penning m 94
penseel o 274
penvriend m 24
peper m 64, 152
peperkorrel m 132
pepermuntje o 113
per luchtpost 98
percentage o 165
perforator m 173
pergola 84
periodiek v 168
permanent 39
perron o 208
pers 178
persluchtcilinder m 239
personeel o 175
personeelszaken v 175
persoonlijk record o
 234
Peru 315
perzik 126, 128
Pesach o 27
pessarium o 21
pesticide o 89, 183
pet 36
peterselie 133
petrischaaltje o 166
peul 122, 130
peulvruchten 130
peuter m 30
piccolo m 257
picknick o 263
picknickbank 266
picknickmand 263
pier m 217
pijl m 249
pijlinktvis m 295
pijnboompit 129
pijnstiller m 109
pijnstillers m 47
pijp 112
pikante worst 142

pil 21
pilatesoefeningen v 251
piloot m 190, 211
piment o 132
pincet m 40, 47, 167
pincode m 96
pinda 129
pinda's 151
pindakaas m 135
pinguïn m 292
pink m 15
pint 311
pioen 111
pion m 187, 272, 272
pipet 167
piramide v 164
pistachenoot 129
piste m 246
pit 122, 127, 128, 129
pitabrood o 139
pitch 225
pitchen 229
pitten 131
pizza 154, 155
pizzavulling v 154
pizzeria v 155
plaat 283
plaatsen 254
placemat 64
placenta 52
plafond o 62
plak 119
plak spek 119
plakband o 173
plakbandhouder m 173
plakkaatverf 274
plakker m 207
plamuren 82
plamuur m 83
plamuurmes o 82
planeet 280, 282
plankier o 85
plantaardige olie 135
planten 183, 296
plantenetiketjes o 89
plantensoorten 86
plantenspuit 89
plantsoenen 262
plastic zak m 122
plastische chirurgie 49
plateau o 284
plateauschoen m 37
platenspeler m 268
platenwinkel m 115
platform o 212
platina o 289
platte houtboren 80
platte tang 80
plattegrond m 261
pleidooi o 180
plein o 299
pleister 47
ploeg 220
ploegen 183
plopper m 81
pluggen m 244
plukken 91
plus 165

nederlands

NEDERLANDS REGISTER • NIEDERLÄNDISCHES REGISTER

pluspool 167
Pluto 280
pneumatische boor 187
pocheren 67
podium o 256
poeder m 40, 109
poederdoos 40
poederkwast m 40
poedersponsje 40
poetswas m 77
poker o 273
polaroidcamera 270
Polen 316
politicologie v 169
politie v 94
politieagent m 94, 189
politieauto m 94
politiebureau o 94
politiecel 94
polo o 243
pols m 13, 15
polsstokhoogspringen 234
polyester o 277
pomelo m 126
pomp 199
pompoen m 125
pompoenpit 131
pool 60, 282
poolbiljarten 249
poolllicht o 286
poort 176, 182, 247
poot m 64
pootschepje o 89
pop 75, 259
popcorn 255
poppenhuis o 75
populier m 296
porie v 15
porselein o 105
port m 145
portefeuille m 37, 97
portemonnee m 37
portie v 64
portokosten 98
Portugal 316
postbeambte 98
postbode m 98, 190
postcode m 98
postdoc 169
poster m 255
postkantoor o 98
poststempel o 98
postttas m 190
postwissel m 98
postzak m 98
postzegel m 98
postzegels m 112
postzegels verzamelen 273
pot m 74, 134, 311
potlood o 163, 275
potplant 110
potpourri m 111
pottenbakken 275
pound o 310
praatpaal m 195
precies 320

prei 125
prematuur 52
première 254
prenataal 52
presentatie v 174
presentator m 178, 191
prijs 152
prijslijst 155
prikbord o 173
printen 172
printer m 172, 176
privéjet m 211
privékamer 48
problemen 271
processor m 176
proef 166
proefschrift o 169
proefwerk o 163
programma o 176, 254, 269
programmering v 178
projector m 174
promenade v 265
promotie v 169
propeller m 211
prosciutto m 143
prostaat m 21
provider m 177
provincie v 315
provisie v 97
pruik 39
pruim 126
prullenmand 172, 177
psychiatrie v 49
psychotherapie v 55
publiek o 254
puck m 224
puimsteen m 73, 288
pump m 37
punaise v 173
punk m 259
punt m 36, 122, 140, 246
punt o 273
puntenslijper m 163
pupil 51
pure chocolade m 113
putten 233
putter m 233
puzzel m 273
pyjama m 30, 33

Q

Qatar 318
quiche 142
quinoa m 130

R

raam o 58, 98, 186, 197, 209, 210,

radar m 214, 281
radiator m 60, 202
radicchio 123
radijs 124
radio m 179, 268
radio afstemmen 269
radioantenne 214
radiologie v 49
radiostation o 179
radiowekker m 70
raften 241
rail 208
raket 211
rally m 230
rallyrijden 249
RAM o 176
ramadan m 27
rammelaar m 74
rap m 259
rasp 68
raspen 67
rat 290
ratelaar m 80
rauw 124, 129
reageerbuis 166
reageerbuishouder m 166
reanimatie v 47
rebound m 226
recept o 45, 109
receptie v 100
receptioniste v 100, 190
rechercheur m 94
recht o 180
recht 165
rechtdoor 260
rechtenstudie v 169
rechter m 180
rechterlijke beschikking 180
rechterrijstrook 194
rechterveld o 229
rechthoek m 164
rechts 260
rechtsaf slaan verboden 195
rechtszaak 180
rechtszaal 180
reclame 269
record o 234
record breken 234
rectum o 21
recyclingbak m 61
redactrice v 191
reddingsboei 240
reddingsboot 214
reddingstoren m 265
reddingsvlot o 240
reflecterende stroken m 205
reflector m 204, 207
regen m 287
regenboog m 287
regenboogforel 120
regenbui 286
regenjas 31, 32, 245
regenponcho m 267
regenworm m 295

regenwoud o 285
reggae m 259
regio 315
regisseur m 254
reiki m 55
reinigingsdoekje o 74, 108
reinigingsmiddel o 51
reisagente v 190
reisbureau o 114
reischeque m 97
reisdoel o 213
reisgids m 260
reistas 37
rek 268
rekening v 152
rekeningnummer o 96
rekenkunde v 165
rekenmachine v 165
rekken 251
rekstok m 235
relaties v 24
reliëfbehang o 83
rem 200, 204
remblokje o 207
remhendel 207
remmen 207
rempedaal o 205
renaissance 301
rentepercentage o 96
reptielen 293
reserveren 168
reservespeler m 223
reservewiel o 203
reservoir voor de koelvloeistof o 202
reservoir voor de remvloeistof o 202
reservoir voor de ruitenwisservloeistof o 202
restaurant o 101, 152
restauratiewagen m 209
rettich m 125
return m 231
reuzenslalom m 247
revers m 32
revolver m 94
rib 17
riblap m 119
richten 227
richtingen v 260
riem m 36
riet o 86
rietje o 144, 155
rij 210, 254
rijbroek 242
rijgen 277
rijlaars m 242
rijp m 287, 130, 158, 184
rijp 129
rijstebrij m 140
rijtjeshuis o 58
rijzen 139
rijzweep 242
rimpel m 15
ring m 36

ringen 235
ringordner m 173
ringvinger m 15
rioolputje o 299
ritme o 259
ritmische gymnastiek v 235
rits 277
rivier 284
robijn m 288
rockconcert o 258
Rocky Mountains 312
rococo 301
rode biet 125
rode kaart 223
rode linzen 131
rode ogen 271
rode vlees o 118
Rode Zee 313
rodelen 247
rodeo m 243
roeiboot 214
roeien 241
roeier m 241
roeimachine v 250
roeispaan 241
Roemenië 316
roer o 241
roerei o 157
roeren 67
roerkom 69
roestvrij staal o 79
rog m 120, 294
roggebrood o 138
roggemeel o 138
rogvleugel m 120
rok m 30, 34
roken 112
rol 238, 311
rolgordijn o 63
roller m 83
rolmaat 80
rolroer o 210
rolschaats 249
rolschaatsen 249
rolstoel m 48
rolstoeltoegang m 197
roltrap m 104
romp m 210, 214, 240
romper m 30
ronde 237
ronde hals m 33
rondkorrelig 130
rondleiding v 260
röntgenapparaat o 212
röntgenfoto 48
röntgenfoto o 50
röntgenfoto maken 50
röntgenscherm o 45
rood 39, 145, 274
roodbaars m 120
roodbruin 39
rook m 95
rookmelder m 95
room m 137, 140
roomkaas m 136
roomservice m 101
roos 110

NEDERLANDS REGISTER • NIEDERLÄNDISCHES REGISTER

roosje o 122
rooster o 67
rosé 145
rot 127
rotonde 195
rotorblad o 211
rotsen 284
rotstuin m 84
rouge m 40
rough m 232
route v 260
roze 274
rozemarijn m 133
rozijn 129
rubber broekje 30
rubberboot 215
rubberlaarzen 31
rubberlaarzen 89
ruck 221
rucola v 123
rug m 13
rugborstel 73
rugby o 221
rugbybal m 221
rugbyshirt o 221
rugbyspeler m 221
rugdecolleté o 35
ruggenprik m 52
rugleuning v 210
rugnummer o 226
rugslag m 239
rugspier 16
rugvin 294
rugzak m 31, 37, 267
ruimijzer o 80
ruimte v 280
ruimtepak o 281
ruimtestation o 281
ruimtevaarder m 281
ruimtevaart 281
ruit 164
ruiten 273
ruitensproeier m 199
ruitenwisser m 198
ruiter m 173, 242
ruiterhelm m 242
ruiterpad o 263
rum m 145
rum-cola 151
rundvlees o 118
rups 295
Russische Federatie 318
rust 223, 256
Rwanda 317

S

saai 321
safaripark o 262
saffier m 288
saffraan m 132
Sahara 313
Saint Kitts en Nevis 314
Saint Lucia 314
Saint Vincent en de Grenadines 314
salade 149
salamander m 294
salami m 142
salaris o 175
salie 133
Salomoneilanden 319
salontafel 62
salto m 235
San Marino 316
sandaal 37
sandalen 31
São Tomé en Principe 317
Saoedi-Arabië 318
sap o 127
sappen 149
sappig 127
sardine 120
Sardinië 316
satelliet m 281
satsuma 126
Saturnus 280
sauna m 250
saus 135, 143, 154
saxofoon m 257
scalpel o 81, 167
scanner m 106, 176
schaaf 78, 81
schaafwond 46
schiaakbord o 272
schaakspel o 272
schaal- en schelpdieren 121
schaamlippen 20
schaap o 185
schaapskooi 185
schaar 38, 47, 188, 276
schaats m 224, 247
schaatsen 224, 247
schaduwplant 87
schakel 36
schakelaar m 60
schakelen 207
schap o 106
schapenfokkerij v 183
schapenmelk 137
scharrelvlees o 118
schaven 79
schedel m 17
scheenbeen o 12, 17
scheenbeschermer m 225
scheepshut 214
scheepsschroef 214
scheerlijn 266
scheermesje o 73
scheerschuim o 73
scheiding v 26
scheidingskarton o 173
scheidsrechter m 222, 225, 226, 227, 229
scheidsrechtersbal 226
scheikunde v 162
schelp 265
schelvis m 120
schep 265
schepnet o 244
scheren 73
scherm o 97, 269
schermen 249
scherp 124
schets 275
schetsblok o 275
schiereiland o 282
schieten 223
schietschijf 249
schijfschieten 249
schil 126, 127, 128, 129
schild o 293
schilderen 83, 274
schilderij o 62, 261, 274
schilderijlijst 62
schildersezel m 274
schildklier 18
schildpad 293
schillen 67
schilmesje o 68
schip o 214
schoen m 34
schoenen m 37
schoenenafdeling v 104
schoenenzaak 114
scholier m 162
schommel 263
schone was 76
school 162
school 299
schoolbank 162
schoolboek o 163
schoolbord o 162
schoolbus m 196
schooljongen m 162
schoolmeisje o 162
schoolslag m 239
schooltas 162
schooluniform o 162
schoon 321
schoondochter v 22
schoongemaakt 121
schoonheid 40
schoonheidsbehandelingen v 41
schoonheidsproducten 105
schoonmaakartikelen o 77
schoonmaakmiddel o 77
schoonmaakmiddelen 107
schoonmaken 77, 101
schoonmaken van de kamer 101
schoonmaker m 188
schoonmoeder v 23
schoonvader m 23
schoonzoon m 22
schoonzus v 23
schoorsteen m 58, 214
schoorsteenmantel m 63
schoot m 241
schop 187
schoppen 273
schorpioen m 295
schors 296
schort o 30, 69
schotelantenne 269
schouder m 13
schouderbandjes m 35
schouderblad o 17
schouderriemen m 37
schoudertas 37
schoudervulling v 35
schreeuwen 25
schrift o 163
schrijven 162
schrobben 77
schroef 80, 258
schroevendraaier m 80
schub 121, 294
schubben 293
schudden 273
schuifdak o 202
schuifladder 95
schuim o 148
schuimpje o 140
schuimspaan 68
schuldig 181
schuren 82
schuur 85, 182
schuurmachine v 78
schuurpapier o 81, 83
sciencefictionfilm m 255
scooter m 205
score m 220, 273
scorebord o 225
scrabble o 272
script o 254
scriptie v 169
scrollbalk 177
scrum m 221
seconde 304
secondenwijzer m 304
secretariaat o 168
sedan m 199
sedimentair 288
sein 209
seizoenen 307
seizoens- 129
selderij m 124
Senegal 317
sepia 121
september 306
serveerster v 191
server m 176
serveren 231
servet o 152
servetring m 65
service m 231
servicelijn 230
servicevoertuig o 212
Servië 316
servies o 64, 65
sesamolie 134
sesamzaad o 131
set m 179, 230
shampoo m 38
sherry m 145
shiatsu m 54
shock m 47
shorts m 33
shuttle m 231
Siberië 313
Sicilië 316
sierheester m 87
Sierra Leone 317
sigaar 112
sigaren 112
silo m 183
sinaasappel m 126
sinaasappelsap o 149
sinas m 144
Singapore 319
singel m 242
sint-jakobsschelp 121
sirene 94
siroop 109
sjaal m 31
sjabloon 83
sjalot 125
sjaslik m 158
skateboard o 249
skateboarden 249, 263
skelet o 17
ski m 246
skibril m 247
skidisciplines v 247
skiester v 246
skilift m 246
skipak o 246
skipiste 246
skischoen m 246
skisport 246
skisprong m 247
skistok m 246
sla 123
slaan 67, 224, 225, 229
slaap m 14
slaapcoupé m 209
slaapkamer 70
slaapmatje o 267
slaappil 109
slaapzak m 267
slabbetje 30
slag m 233, 237
slagader 19
slagen 231
slager m 118, 188
slagerij v 114
slaghout o 228
slagman m 228
slagroom m 137, 157
slagroomtaart 141
slagtand m 291
slagwerk o 257
slak 295
slalom m 247
slang 202, 293
slanghaspel 89
slapeloosheid v 71
slapen 74
slecht 321
slechter 321
sleeën 247
sleep m 35
sleepboot 215
sleepwagen m 203
sleutel m 59, 207
sleutelbeen o 17
sleutelbloem 297
slice m 230
sliden 229

NEDERLANDS REGISTER • NIEDERLÄNDISCHES REGISTER

slijterij *v* 115
slip *m* 33, 35
slipper *m* 37
slokdarm *m* 19
slot *o* 59
slotgracht 300
Slovenië 316
Slowakije 316
sluier *m* 35
sluiting *v* 36, 37
slurf 212, 291
smaakmakers *m* 135
smal 321
smaragd *m* 288
smash *m* 231
smeltkroes *m* 166
sms *m* 99
snaar 230, 258
snaarinstrumenten 256
snackbar 155
snackkarretje *o* 155
snaredrum *m* 257
snavel *m* 293
snee 46
sneeuw 287
sneeuwmobiel 247
sneeuwoverall *m* 30
snel 321
snelheidsbeperking *v* 195
snelheidsmeter *m* 201, 204
snijbiet 123
snijden 67, 79
snijmes *o* 80
snijplank 68
snijtand *m* 50
snoeien 91
snoeischaar 89
snoeizaag 89
snoep *o* 113
snoepgoed *o* 107
snoepjes 113, 113
snoepschap 113
snoepwinkel *m* 113
snoer *o* 60, 79
snookeren 249
snorharen 290
snorkel *m* 239
snowboarden 247
snuit *m* 293
snurken 71
soa *v* 20
soap 178
sodabrood *o* 139
sodawater *o* 144
Soedan 317
soep 152, 158
soeplepel *m* 68
soezendeeg *o* 140
software 176
sojabonen 131
sokken 33
soldaat *m* 189
soldeer *o* 79, 81
soldeerijzer *o* 81
solderen 79
Somalië 317

sonate 256
sonde 50
sorbet *m* 141
souche 96
soufflé *m* 158
soufflépotje *o* 69
soufflévorm *m* 69
soundtrack *m* 255
souvenirs 260
spaak 207
spaakbeen *o* 17
spaanplaat 79
spaanse peper *m* 124
spaargeld *o* 96
spaarrekening *v* 96
spacewagon *m* 199
spade 88
spalk 47
Spanje 316
spanning *v* 60
sparren 237
spatbord *o* 205
spatel 167
spatscherm *o* 66
specerijen *v* 132
specht *m* 292
specialist *m* 49
speedboot 214
speedbootracen 241
speelfilm *m* 269
speelgoed *o* 75, 105
speelgoedmand 75
speelhuis *o* 75
speelpakje *o* 30
speelplaats *m* 263
speelveld *o* 220, 221, 226, 227, 228
speervissen 245
speerwerpen 234
spek *o* 118
spekboon 122
spel *o* 273
spelconsole 269
speld 276
spelen 75, 229, 272, 273
speler *m* 273
spelersbank 229
spellen 162
spelshow *m* 178
sperzieboon 122
spiegel *m* 40, 63, 71, 167
spiegelei *o* 157
spiegelreflexcamera 270
spieren 16
spies 68
spijker *m* 80
spijkerbroek 31
spijlen 74
spijsvertering *v* 19
spikes *m* 233
spin *m* 230
spin 295
spinazie 123
spinmolen *m* 245
spiraaltje *o* 21

spitsuur 209
splinter *m* 46
spliterwten 131
spoedeisende hulp 48
spoel *m* 276
spoelbak *m* 50, 66
spoelen 91
spons 73, 74, 83
spoor *o* 209
spoornummer *o* 208
spoorwegnet 209
sport 219
sport-bh *m* 35
sportartikelen 105
sportauto *m* 199
sporter *m* 191
sporthemd 251
sportief 34
sportjasje *o* 33
sportmotor *m* 205
sportschoen *m* 37
sportschoenen *m* 31, 251
sportschool 288
sportterrein *o* 168
sportvissen 244, 245
spray *m* 109
spreekkamer 45
sprei 70
spreker *m* 174
springen 227, 238
springer *m* 238
springplank 235, 238
springwedstrijd *m* 243
sprinkhaan *m* 295
sprinter *m* 234
sproeien 90
sprong *m* 235, 237, 239, 243
spruitjes 123
spuit 89, 109, 167
spuitbus 311
spuitfles *m* 311
spuitzak *m* 69
squash *o* 231
Sri Lanka 318
staak *m* 245
staalwol 81
staand 271
staander *m* 88
staart *m* 121, 210, 242, 280, 290, 292, 294
staartbeen *o* 17
staat *m* 315
stad 298
stadion *o* 223
stadsauto *m* 199
stadsfiets 206
stadsplattegrond *m* 261
stadstoerbus *m* 260
staflid *o* 174
stal *m* 185
staljongen *m* 243
stalles 254
stam *m* 296
stamper *m* 167
standaard *m* 205
stang 207

stang 250
stap *m* 243
staplaatsen vrij 266
start- en landingsbaan 212
startblok *o* 234, 238
starten 211
startlijn 234
startsprong *m* 239
statief *o* 166, 270, 281
stationcar *m* 199
stationshal 209
steeg 298
steek *m* 46, 277
steekkeuzetoets *m* 276
steekplaat 276
steeksleutel *m* 80
steel *m* 111, 187, 297
steelpan 69
steen *m* 272, 275
steenboksheerkring *m* 283
steenboor 80
steenkool 288
steenvruchten 126
steiger *m* 186
steken 90
stekje *o* 91
stekken 91
stekker *m* 60
stembanden *m* 19
stempel *o* 173
stempelkussen *o* 173
stengel *m* 297
stenograaf *m* 181
steps *v* 250
ster 280
steranijs *m* 133
stereo 269
steriel 47
sterk 321
sterrenbeeld *o* 281
stethoscoop *m* 45
steunbeer *m* 301
steunwieltjes *o* 207
stevig 124
stewardess *v* 190, 210
stick *m* 249
stiefdochter *v* 23
stiefmoeder *v* 23
stiefvader *m* 23
stiefzoon *m* 23
stier *m* 185
stijgbeugel *m* 242
stijve honing *m* 134
stikken 47
stil 321
stoel *m* 64, 209, 210
stoelleuning *v* 64
stoelriem *m* 211
stoeltjeslift *m* 246
stoep 298
stof *m* 276, 277
stof afnemen 77
stofdoek *m* 77
stoffen luier 30
stoffer *m* 77
stofkap 270

stofzuiger *m* 77, 188
stofzuigerslang 77
stok 90, 91
stokjes 133
stokvis *m* 121
stomen 67
stomerij *v* 115
stoofpot *m* 69
stoofschotel 158
stoomlocomotief 208
stoot *m* 237
stop *m* 60, 72
stopcontact *o* 60
stopknop *m* 197
stoppen 223, 269, 277
stoppen verboden 195
stoppenkast 60
stopwatch *m* 166, 234
storm *m* 286
stortbak *m* 61, 72
storten 96
stortingsformulieren 96
straal 164
straalkacheltje 60
straat 298
straatcafé *o* 148
straathoek *m* 298
straatlantaarn 298
strafmaat 181
strafregister *o* 181
strafschop *m* 223
strafschopgebied *o* 223
strand *o* 264
strandbal *m* 265
strandhuisje *o* 264
strandlaken *o* 265
strandtas 264
strapless 34
stratosfeer 286
streepjescode *m* 106
strekken 251
streng *m* 277
stress *m* 55
strijken 76
strijkijzer *o* 76
strijkplank 76
stripboek *o* 112
stronk *m* 122
stroom *m* 60
stroomaansluiting *v* 266
stroomuitval *m* 60
stroomversnellingen *v* 284
stropdas 32
strotklepje *o* 19
strottenhoofd *o* 19
struisvogel *m* 292
stucadoren 82
stuclijst 63
student *m* 169
studenten flats *m* 168
studie *v* 161
studio *m* 178
stuit 52
stuk *o* 140, 311
stukje chocola *o* 141
stump 225
stut *m* 187

nederlands 337

NEDERLANDS REGISTER • NIEDERLÄNDISCHES REGISTER

stuur o 201, 207
stuur aan de linkerkant 201
stuur aan de rechterkant 201
stuurinrichting v 201
stuurraket 281
stuwdam m 300
suikerglazuur o 141
suikermaïs m 122
suikerriet o 184
suikerziekte v 44
sultana 129
sumo o 237
sunblock o 108, 265
supermarkt 105, 106
supersonische vliegtuig o 211
surfer m 241
surfplank 241
Suriname 315
Swaziland 317
sweatshirt o 33
swing 232
symbool o 177
symfonie v 256
synagoge 300
synchroonzwemmen 239
synthetisch 31
Syrië 318
systeem o 176

T

T-shirt o 30, 33
taart 140
taarten bakken 69
tabak m 112, 184
tablet 109
tachtig 308
tachtigste 309
tackelen 221
tacklebox m 244
taco m 154
Tadzjikistan 318
taekwondo o 236
tafel 64, 148, 167
tafeldekken 64
tafelkleed o 64
tafeltennis o 231
taggen 229
tai chi o 237
taille 12
tak m 296
takkenschaar 88
talen 162
talkpoeder 73
tamboerijn m 257
tamme kastanje 129
tampon m 108
tand m 50
tandarts m 50, 189
tandem m 206
tandenborstel m 72
tandenpoetsen 50
tandglazuur o 50
tandpasta m 72
tandplak 50

tandvlees o 50
tandwiel o 206
tandzijde 50, 72
tang 167
tankstation o 199
tankzone 199
tante v 22
Tanzania 317
tap m 150
tapijt o 63, 71
tarief o 197, 209
tarwe 130, 184
tarwebloem 138
Tasmanië 319
tassen 37
tatoeage v 41
taugé 122
taxichauffeur m 190
taxistandplaats 213
team o 229
technieken v 79, 237
technische voorzieningen v 60
teddybeer m 75
tee m 232, 233
tee m 233
teen m 15
teennagel m 15
teenriempje 207
teentje o 125
tegen 320
tegenover 320
tegenstander m 236
tekendriehoek m 165
tekenen 162, 275
tekenfilm m 178, 255
tekst m 259
telefonist m 99
telefoniste v 99
telefoon m 99, 172
telefooncel m 99
telegram o 98
telelens 270
telescoop m 281
televisie aanzetten 269
televisie uitzetten 269
televisiekijken 269
televisieserie v 178
televisiestudio m 178
tellen 165
teller m 165
tempel m 300
temperatuur v 286
temperatuurmeter m 201
tennis o 230
tennisbaan m 230
tennisbal m 230
tennisschoen m 231
tennisser m 231
tennistoernooi o 230
tent 267
tent opzetten 266
tentoongestelde werk o 261
tentoonstelling v 261
tentstok m 266
tenue o 222

tepel m 12
tequila m 145
termiet 295
terminal m 212
terpentine 83
terras o 85
terreinwagen m 199
territorium o 315
terugspoelknop m 269
testament opmaken 26
teugels m 242
Thailand 318
theater o 254, 299
thee m 144, 149, 155, 184
thee met citroen m 149
thee met melk m 149
theebladen 144
theekopje o 155
theelepel m 65
theepot m 65
theezakje o 144
therapeut m 55
therapeute m 55
thermische ondergoed o 267
thermometer m 45, 167
thermosfeer 286
thermosfles 267
thermostaat m 61
thriller m 255
thuisplaat 228
tiebreak m 230
tien 308
tien over een 304
tien over half twee 304
tien voor half twee 304
tien voor twee 304
tiende 309
tienduizend 309
tijd m 234, 304
tijden 261
tijdschrift o 112, 168
tijdschriften 107
tijdschriftenwinkel m 112
tijger m 291
tijm m 133
time-out m 220
tin o 289
tint 41
tissuedoos 70
titel m 168
toast m 157
toebereiding v 159
toeclip m 207
toegangspoortjes 209
toegangsprijs m 260
toegangsweg m 194, 216
toegift 255
toepassing v 176
toerenteller m 201
toerfiets 206
toerisme o 260
toerist m 260
toeristenbureau o 261
toeristenbus m 197

toeristische attractie v 260
toermalijn m 288
toermotor m 205
toeschouwer m 233
toestel o 99
toets m 176
toetsenbord o 97, 99, 172, 176
toevoer m 61
toffee m 113
toga 169
Togo 317
toiletartikelen 107
toiletbril m 61, 72
toiletpapier o 72
toiletten o 104, 266
tolkantoor o 194
tomaat 125, 157
tomatensap o 144, 149
ton 310
toneel o 254
toneelkostuum o 255
toneelstuk o 254
tong 19, 37, 118
tongschar 120
tonic m 41, 144
tonijn m 120
toonbank 142
toonhoogte v 256
toonladder 256
top m 164
topaas m 288
topinamboer m 125
topje o 35
toren m 272, 300
torenspits 300
torensprong m 239
tornado 287
tot 320
touchdown m 220
touringcar m 196
touwtjespringen 251
traan 51
tractor m 182
trainen 251
trainingsbroek 33
trainingspak o 31, 32
trainster v 250
tram m 196, 208
trancheervork 68
transformator m 60
transmissie v 202
trap m 59
trapezium o 164
traphekje o 75
trapje o 82
trapleuning v 59
trappen 207
traptrede 59
trechter m 166
trein m 208
treinkaartje o 209
treinstation o 208
trekken van een tand of kies 50
trektocht m 243
trellis o 84

triangel m 257
triceps m 16
trifle m 141
trimester o 52
Trinidad en Tobago 314
triplex o 79
troffel m 187
trog m 183
trolleybus m 196
trombone 257
trommel 258
trompet 257
tropen 283
troposfeer 286
trots 25
trottoir o 298
trottoirrand m 298
trouwen 26
truffel 113, 125
trui 33
try 221
Tsjaad 317
Tsjechië 316
tuba m 257
tube 311
tuigage v 215, 240
tuin m 84
tuinbonen 131
tuinboon 122
tuinbroek 30
tuincentrum o 115
tuingereedschappen 88
tuinhandschoenen 89
tuinieren 90
tuinman m 188
tuinmand 88
tuinornamenten o 84
tuinpad o 85
tuinplanten 86
tuinpoort 85
tuinslang 89
tuinstokken 89
tuitbeker m 75
Tunesië 317
turbolader m 203
Turkije 318
Turkmenistan 318
turkoois o 289
Turkse brood o 139
turnen 235
turnster v 235
tussen 320
tussenribspier 16
tutu m 191
twaalf 308
twaalfde 309
twaalfvingerige darm m 18
twee 308
twee uur 304
twee-onder-een-kapwoning v 58
tweede 309
tweede etage v 104
tweede rang m 254
tweedehandswinkel m 115
tweedekker m 211

NEDERLANDS REGISTER • NIEDERLÄNDISCHES REGISTER

tweedeurs 200
tweeduizend 307
tweeduizend een 307
tweeëntwintig 308
tweeëntwintigste 309
tweehonderd 308
tweejarigen *m* 86
tweeling *m* 23
tweepersoonsbed *o* 71
tweepersoonskamer 100
tweespanwedstrijd *m* 243
twijg *m* 296
twintig 308
twintig minuten 304
twintigduizend 309
twintigste 309
typen 205
typen camera's 270

U

ui *m* 124
uil *m* 292
uit 226, 228, 320, 320
uit eten 147
uit het veld sturen 223
uitblazen 141
uitbreken 283
uitdrukvorm *m* 69
uiterlijk *o* 29
uitgaan 75
uitgaande post 172
uitgang *o* 210
uitlaat *m* 203, 204
uitleenbalie *v* 168
uitleendatum *m* 168
uitlenen 168
uitlening *v* 168
uitrollen 67
uitrusting *v* 233 v
uitrusting 238
uitslag *m* 49
uitspoelen 38
uitspraak 180
uitvalstap *m* 251
uitvaren 217
uitwerpen 245
uitzenden 178
uitzending *v* 179
ultralichte vliegtuig *o* 211
ultraviolette straling *v* 286
umpire *m* 230
uniform *o* 94, 189
universiteit *v* 168, 299
universum *o* 280
unster 166
Uranus 280
urenwijzer *m* 304
urinebuis 20
urineleider *m* 21
urinewegen *m* 21
urologie *v* 49
Uruguay 315
uur *o* 304

V

V-hals *m* 33
V-snaar *m* 203
vaak 320
vaas 63, 111
vader *m* 22
vagina 20
vak *o* 100
vakantie *v* 212
vakantiebrochure *v* 212
vakgebied *o* 169
valk *m* 292
vallen 237
valuta 97
van 320
van boord gaan 217
vandaag 306
vangen 220, 225, 227, 229, 245
vanger *m* 229
vangrail 195
vanille 132
vanillepudding *m* 140
Vanuatu 319
varen 86
varken *o* 185
varkenshouderij *v* 183
varkensstal *m* 185
varkensvlees *o* 118
vaste planten 86
vasteplantenborder *m* 85
vastmeren 217
Vaticaanstad 316
vechtsport 236
vechtsporten 237
vee *o* 182, 185
veel 320
veel later 320
veer 71, 163, 293
veerbalans 166
veerboot 215, 216
veerbootterminal *m* 216
veertien 308
veertien dagen 307
veertiende 309
veertig 308
veertig minuten 304
veertigste 309
vegaburger *m* 154
vegen 77
veilig 228
veiligheid *v* 75, 240
veiligheidsbarrière 246
veiligheidsboor 80
veiligheidsbril *m* 81, 167
veiligheidsgordel *m* 198
veiligheidsmaatregelen *m* 212
veiligheidsspeld 47
veiligheidsventiel *o* 61
vel *o* 119
veld *o* 182, 234, 272
veldbed *o* 266
veldgewas *o* 183
veldgewassen *o* 184
velg 206
velgrem 206

Venezuela 315
venkel 122, 133
venkelzaad *o* 133
venster *o* 176, 177
ventiel *o* 207
ventilatie *v* 210
ventilator *m* 60, 202
Venus 280
venusschelp 121
ver 320
verband *o* 47
verbinden 177
verboden in te rijden 195
verdachte 94, 181
verdedigen 229
verdediger *m* 223
verdediging *v* 181, 220
verdedigingsvak *o* 224
verdeler *m* 203
verdieping *v* 58
verdrinken 239
verdunningsmiddel *o* 83
Verenigd Koninkrijk 316
Verenigde Arabische Emiraten 318
Verenigde Staten 314
verf 83
verfbakje *o* 83
verfemmer *m* 83
vergadering *v* 174
vergaderkamer 174
vergelijking *v* 165
vergiet *o* 68
vergiftiging *v* 46
vergroten 172
vergroting *v* 271
verhemelte *o* 19
verhuurder *m* 58
verjaardag *m* 27
verjaardagstaart 141
verjaarsfeest *o* 27
verjaarskaarsjes 141
verkeer *o* 193, 194
verkeerd 321
verkeersagent *m* 195
verkeersbord *o* 298
verkeersborden *o* 195
verkeerslicht *o* 194
verkeerstoren *m* 212
verkeersvliegtuig *o* 210, 212
verkleinen 172
verkoop *m* 175
verkoopster *v* 188
verkoper *m* 104
verkoudheid *v* 44
verlegen 25, 25
verlengen 168
verlenging *v* 223
verlengsnoer *o* 78
verlichting *v* 105
verliefd raken 26
verliezen 273
verliezer *m* 273
verloofde 24
verloofden 24
verloskundige 52

verlostang 53
vermenigvuldigen 165
verplanten 91
verpleegkundige 45, 48, 52, 189
verpotten 91
verrast 25
verrekijker *m* 281
verrijdbare ligbank 48
vers 121, 130
verschillende typen tuinen 84
verschoningsmat 74
verse kaas *m* 136
verse vlees *o* 142
versiering *v* 141
verslag *o* 174
verslaggeefster *v* 179
versnelling *v* 202, 204
versnellingen *v* 206
versnellingspook 201
versnelllingshendel *m* 207
verspringen 235
verstekbak *m* 81
verstekzaag 81
versterker *m* 268
verstraler *m* 198
verstuiking *v* 46
versturen 177
verticale staartvlak *o* 210
vertraging *v* 209
vertrek *v* 213
vertrekhal 213
vervaldatum *m* 109
verveeld 25
verven 274
verwarmingselement *o* 61
verwarmingsregelaar *m* 201
verwonding *v* 46
verzadigd 64
verzegelingsmiddel *o* 83
verzekering *v* 203
verziendheid *v* 51
verzilveren 97
verzinkte staal *o* 79
verzorgen 91
vest *o* 32
vet 39
vetarme room *m* 137
veter *m* 37
vetergat *o* 37
verterschoen *m* 37
vetplant 87
vetrandje *o* 119
vettig 41
vetvrij 137
veulen *o* 185
via 320
viaduct *o* 194
vibrafoon *m* 257
videocassette 269
videogame *m* 269
videorecorder *m* 269

vier 308
vierde 309
vierdeurs 200
vierhonderd 308
vierkant *o* 164
vierkante meter 310
vierkante voet *m* 310
Vietnam 318
vijf 308
vijf over een 304
vijf over half twee 304
vijf voor half twee 304
vijf voor twee 304
vijfde 309
vijfenvijftigduizend vijfhonderd 309
vijfhoek *m* 164
vijfhonderd 308
vijftien 308
vijftiende 309
vijftig 308
vijftigduizend 309
vijftigste 309
vijg 129
vijl 81
vijver *m* 85
vijzel *m* 68, 167
vijzel *m* 167
vin 290
vinaigrette 158
vingerafdruk *m* 94
vingerhoed *m* 276
vingerhoedskruid *o* 297
vingernagel *m* 15
violier 110
viool 256
vioolsleutel *m* 256
virus *o* 44
vis *m* 107, 120
visakte 245
vishaak *m* 244
viskwekerij *v* 183
vismand *m* 245
vissen 294
visser *m* 189, 244
vissersboot 217
vissershaven 217
vistuig *o* 245
visum *o* 213
visverkoopster *v* 188
viswinkel *m* 114, 120
vitaminen 108
vitrinekast 62
vizier *o* 205
vlag 232
vlak *o* 165
vlakgom *o* 163
vlakkebaanren *m* 243
vlas *o* 184
vlecht 39
vlechtjes 39
vleermuis 290
vlees *o* 118, 124
vleeshaak *m* 118
vleesklopper *m* 68
vleessoorten 119
vleesspies 154
vleeswaren 118, 143

nederlands 339

NEDERLANDS REGISTER • NIEDERLÄNDISCHES REGISTER

vleet m 294
vleugel m 210, 256
vleugel m 293
vleugeltje o 119
vlieg 244, 295
vliegdekschip o 215
vliegen 211
vliegticket o 213
vliegtuig o 210, 212
vliegverbinding v 212
vliegvissen 245
vliezen breken 52
vlinder m 295
vlinderslag m 239
vlinderstrikje o 36
vloeibare honing 134
vloeibare reiniger m 77
vloeistofmaat 311
vloer m 62, 71
vloermop m 77
vlotter m 61
vlucht boeken 212
vluchtheuvel m 194
vluchtnummer o 212
vochtig 286
vochtinbrengende crème 41
voedingsbeha m 53
voegenkit 83
voelspriet m 295
voeren 183
voering v 32
voet m 12, 15, 276, 310
voetbal m 222
voetbal o 222
voetbalkleding v 31
voetballer m 222
voetbalschoen m 223
voetbalveld o 222
voetband m 241
voeteneinde o 71
voetgangersgebied o 299
voetgewelf o 15
voetrug m 15
voetzool m 15
voetzoolreflexmassage v 54
vogels m 292
vogelspotten 263
vogelverschrikker m 184
voicemail 99
vol 266, 321
volant m 71
volgende week 307
volkoren 130
volkorenbrood o 139, 149
volkorenmeel o 138
volle maan 280
volle melk 136
volley m 231
volleybal o 227
volpension o 101
voltigeerpaard o 235
volume o 165, 179, 269, 311

volwassene 23
voor 183, 320
voor anker gaan 217
vooraf opgenomen 178
voorbehoedsmiddelen o 21
voorboom m 242
voordeel o 230
voordeur 58
voordeurlamp 58
voorgerecht o 152
voorgevormd 35
voorhoofd o 14
voorhoofdsspier 16
voorhuid 21
voorjaar o 307
voorjaarskool 123
voorruit 198
voorslaghamer m 187
voorstad 299
voorste kies 50
voortplanting v 20
voortplantingsorganen o 20
voortplantingsstelsel o 19
vooruitspoelknop 269
voorvork 207
voorwiel o 196
voorzetsels en bijvoeglijk naamwoorden 320
voorzitten 174
vork 65, 152
vorkheftruck m 186, 216
vormen 164
vormsnoei m 87
vorst m 287
vorstendom o 315
vos m 290
vossenbes 127
vraag 163
vracht 216
vrachtruimte v 215
vrachtschip o 215
vrachtwagen m 194
vrachtwagenchauffeur m 190
vragen 163
vriend m 24
vrienden maken 26
vriendin v 24
vriesvak o 67
vrij 321
vrijdag 306
vrije oefening v 235
vrije slag v 239
vrije tijd m 253
vrije trap m 222
vrijetijdskleding v 33
vrijeworplijn 226
vrijgesproken 181
vrijstaande huis o 58
vroedvrouw v 53
vroeg 305, 320
vrouw v 12, 13, 23, 273
vruchtbaar 20

vruchtengebakje o 140
vruchtenmoes 127
vruchtensalade 157
vruchtensap o 155
vruchtenyoghurt m 157
vruchtvlees o 127, 129
vruchtwaterpunctie v 52
vuil 321
vuile was 76
vuilnisbak m 266
vuilnisemmer m 67
vuist 15, 237
vulkaan m 283
vulkanisch 288
vullen 76
vulling v 50, 140, 154
vulpen 163
vurenhout o 79
vuurbonen 131
vuurpijl m 240
vuursteen m 288
vuurtje stoken 266
vuurtoren m 217

W

waaiermap 173
waardepapieren 97
waarschuwingsknipperlicht o 201
wachtkamer 45
wafels 157
wagon m 208
wakker worden 71
walnoot 129
walnotenolie 134
walrus m 290
wals 187
walvis m 290
wandelen 263
wandelschoen m 37, 267
wandlamp 62
wang 14
warenhuis o 105
warm 286, 321
warme chocolademelk 144, 155
warme dranken m 144
warmwaterkraan 72
was m 76
wasbak m 38
wasbeer m 290
waskamer 76
wasknijper m 76
waslijn 76
wasmachine v 76
wasmachine met droger v 76
wasmand 76
wasmiddel o 77
waspoeder o 77
wassalon m 115
wassen 38
wasservice m 101
wasstraat 199
wastafel 72
wasverzachter m 76
water o 144, 238

waterafvoer m 61
waterfles 267
waterglas o 65
waterhindernis v 232
waterkastanje 124
waterkers 123
waterkoker m 66
waterlijn 214
watermeloen 127
waterpas 80, 187
waterplanten 86
waterpokken 44
waterpolo o 239
waterpomptang 81
waterschildpad 293
waterski m 241
waterskiën 241
waterskiër m 241
watersport 241
waterstraal 95
watertherapie v 55
watertoevoer m 61
watertrappen 239
watertuin m 84
waterval m 285
watervliegtuig o 211
wattenbolletjes m 41
watteren 277
wc m 61
wc-borstel m 72
wc-pot m 61
webpagina v 177
weckfles 135
weddenschap v 273
wedge m 233
wedstrijdschaatsen 247
wedstrijdterrein o 243
wee 52
weefstoel m 277
weegschaal 45, 53, 98, 118, 310
week 306
weekeinde o 306
weer o 286
weerhaak m 244
wegen 194, 310
wegmarkeringen v 194
wegslepen 195
wegwerken 187
wegwerkzaamheden 195
wegwerp- 109
wegwerpcamera 270
wegwerppluier 30
wegwerpscheermesje o 73
wei 182, 245
wekelijks 307
weken 130
wekker m 70
wekker zetten 71
welp m 290
wenkbrauw 14, 51
wenkbrauwborsteltje o 40
wentelteefjes 157
wereld om ons heen 279

wereldkaart 312
werf 217
werk o 171
werkbank 78
werkblad o 66
werkdag m 306
werkgeefster v 24
werknemer m 24
werktuigbouwkunde v 169
werkzaamheden v 77, 183
werpen 221
werper m 229
werpheuvel m 228
werpmolen m 244
wervelkolom 17
wesp 295
Westelijke Sahara 317
westen o 312
western m 255
wetenschapper m 190
wetstaal o 81
weven 277
whiplash 46
whisky m 145
whisky met water 151
wicket o 225
wicketkeeper m 226
wiek 60
wiel o 198, 207
wieldop m 202
wielmoeren 203
wieltje om de sluitertijd in te stellen o 270
wijd o 228
wijn m 145, 151
wijnazijn m 135
wijngaard m 183
wijnglas o 65
wijnhandel m 115
wijnkaart 152
wijnstok m 183
wijsvinger m 15
wijting m 120
wild o 118, 119
wilde rijst m 130
wilde water o 241
wilg m 296
wimper 14, 51
wind m 241, 286
windas 214
winderig 286
windjack o 31, 33
windscherm o 205, 265
windsurfen 241
windsurfer m 241
winegum m 113
winkel m 298
winkelcentrum o 104
winkelen 103
winkelmandje o 106
winkelwagen m 106
winnaar m 273
winnen 273
winter m 31, 307
wintersporten 247
wip 263

NEDERLANDS REGISTER • NIEDERLÄNDISCHES REGISTER

wiskunde *v* 162, 164
wissel *m* 223
wisselkantoor *o* 97
wisselkoers *m* 97
wisselstroom *m* 60
wit 39, 145, 272, 274, 321
Wit-Rusland 316
witbrood *o* 139
witlof 122
witte bes 127
witte bonen 131
witte chocolade *m* 113
witte rijst *m* 130
witte schil 126
witte vlees *o* 118
wodka *m* 145
wodka met sinaasappelsap 151
woensdag 306
woestijn 285
wok 69
wokgerecht *o* 158
wol 277
wolf *m* 290
wolk 287
wolkenkrabber *m* 299, 300
wond 46
wondzalf 74
woonblok *o* 298
woonkamer 62
woordenboek *o* 163
worp *m* 237
worst 154
worstelen 236
worstje *o* 157
worstjes *o* 118
wortel *m* 50, 124, 296
woud *o* 285
wreef 15

Y
yamwortel *m* 125
yard *m* 310
yoga 54
yoghurt *m* 137

Z
zaad *o* 130
zaadbal *m* 21
zaadblaasje *o* 21
zaadbuis 21
zaadcel 20
zaadleider *m* 21
zaagblad *o* 78
zaaien 90, 183
zaaikistje *o* 89
zaailing *m* 91
zacht 129, 321
zachte kaas *m* 136
zadel *o* 204, 206, 242
zadelpen 206
zaden *o* 88, 131
zagen 79
zak *m* 32, 311
zakdoek *m* 36
zakelijke overeenkomst *v* 175
zaken 175
zakendiner *o* 175
zakenlunch *m* 175
zakenman *m* 175
zakenpartner *m* 24
zakenreis 175
zakenvrouw *v* 175
zaklantaarn 267
zalf 47, 109
zalm *m* 120
Zambia 317
zand *o* 85, 264
zandbak *m* 263
zandkasteel *o* 265
zandsteen *o* 288
zandzak *m* 237
zangeres *v* 191
zaterdag 306
zavel *m* 85
zebra *m* 291
zebrapad *o* 195
zee 264, 282
zeebaars *m* 120
zeeduivel *m* 120
zeef 68
zeef 89
zeehond *m* 290
zeeleeuw *m* 290
zeep 73
zeepaardje *o* 294
zeepbakje *o* 73
zeester 295
zeetong 120
zeevissen 245
zeil *o* 241
zeilboot 215
zeiljacht *o* 240
zeilsport 240
zekering *v* 60
zekeringskast *m* 203
zelden 320
zelfbruiner 41
zelfrijzend bakmeel *o* 139
zelfverdediging *v* 237
zelfverzekerd 25
zemelen 130
zenuw 50
zenuwachtig 25
zenuwstelsel *o* 19
zes 308
zesde 309
zeshoek *m* 164
zeshonderd 308
zestien 308
zestiende 309
zestig 308
zestigste 309
zetpil 109
zeven 91, 138
zeven 308
zevende 309
zevenhonderd 308
zeventien 308
zeventiende 309
zeventig 308
zeventigste 309
ziek 321
ziekenhuis *o* 48
ziekenwagen *m* 94
ziekte *v* 44
zijde 277
zijdek *o* 240
zijlijn 220, 221, 226, 230
zijroer *o* 210
zijspiegel *m* 198
zijstraat 299
zijtrap *m* 237
zijvlak *o* 164
zilver *o* 235, 289
zilvervliesrijst *m* 130
Zimbabwe 317
zink *o* 289
zitplaats 254
zitting *v* 64, 242
zoeken 177
zoeker *m* 269, 271
zoet 124, 127, 154
zoete broodbeleg *o* 134
zoete gistbrood *o* 139
zoete room *m* 137
zoetwatervissen 245
zogen 53
zolder *m* 58
zomer *m* 31, 307
zomersproet 15
zon 280, 286
zondag 306
zonder 320
zonder ijs 151
zonder koolzuur 144
zonder pitjes 127
zone 315
zonnebaden 41, 264
zonnebank 41
zonnebloem 184, 297
zonnebloemolie 134
zonnebloempit 131
zonnebrand *m* 46
zonnebrandcrème 108, 265
zonnebril *m* 51, 265
zonnehoed *m* 30, 265
zonnestelsel *o* 280
zonnewijzer *m* 262
zonnig 286
zonsondergang *m* 305
zonsopgang *m* 305
zoogcompressen *o* 53
zoogdieren 290
zool 37
zoom *m* 34
zoon *m* 22
zout *o* 64, 152
zuchten 25
Zuid-Afrika 317
Zuid-Amerika 315
Zuid-Korea 318
zuidelijk halfrond *o* 283
Zuidelijke Oceaan 313
zuiden *o* 312
zuidvruchten 129
zuigfles 75
zuignap *m* 53
zuil 300
zuivel *m* 136
zuivelproducten 107
zuring 123
zus *v* 22
zuur 127
zuurdesembrood *o* 139
zwaan 293
zwaar 321
zwaard *o* 236, 241
zwaardvis *m* 120, 294
zwaartekracht 280
zwachtel *m* 47
zwager *m* 23
zwak 321
zwaluw 292
zwanger 52
zwanger worden 20
zwangerschap *v* 52
zwangerschapstest *m* 52
zwart 39, 272, 274, 321
zwarte band *m* 237
zwarte bes 127
zwarte gat *o* 280
zwarte koffie *m* 148
zwarte olijf 143
zwarte thee *m* 149
Zwarte Zee 313
zwavel *m* 289
Zweden 316
zweefvliegen 248
zweefvliegtuig *o* 211, 248
zweetbandje *o* 230
zwembad *o* 101, 238, 250
zwemband *m* 265
zwembandjes 238
zwembroek 238
zwemmen 238
zwemmer *m* 238
zwemplank 238
zwemsport 238
zwemtechnieken *v* 239
zwemvest *o* 240
zwemvlies *o* 239
Zwitserland 316
zwoerd *o* 119

Duits register • deutsches Register

A

à la carte 152
Aal *m* 294
abbiegen 195
Abdeckband *n* 83
Abdecktuch *n* 83
Abend *m* 305
Abenddämmerung *f* 305
Abendessen *n* 64
Abendkleid *n* 34
Abendmenü *n* 152
Abenteuerfilm *m* 255
Abfahrtslauf *m* 247
Abfalleimer *m* 61
Abfallentsorgung *f* 61
Abfallsortiereinheit *f* 61
Abfertigungsschalter *m* 213
Abflug *m* 213
Abflughalle *f* 213
Abfluss *m* 61, 72
Abflussrohr *n* 61
Abführmittel *n* 109
abheben 99
Abhebungsformular *n* 96
Abkühlgitter *n* 69
Ablage *f* 172
Ablasshahn *m* 61
Ableger *m* 91
Abmessung *f* 165
Absatz *m* 37
abschalten 269
Abschlag *m* 232
abschleppen 195
Abschleppwagen *m* 203
Abschürfung *f* 46
Abschuss *m* 281
Abschussrampe *f* 281
Abseilen *n* 248
abseits 247
Abseits *n* 223
Absender *m* 98
Absperrhahn *m* 61
Abspielen *n* 269
Abteil *n* 209
Abteilung *f* 49
Abtropfbrett *n* 67
Abzeichen *n* 189
abziehen 82
Abzug *m* 271
Accessoires *n* 36
Achat *m* 289
Achillessehne *f* 16
Achse *f* 205
Achselhöhle *f* 13
acht 308
Achteck *n* 164
achter 309
Achterbahn *f* 262
Achterdeck *n* 214
Achtung 323
achtzehn 308

achtzehnter 309
achtzig 308
Ackerbaubetrieb *m* 183
Ackerland *n* 182
Acrylfarbe *f* 274
Adamsapfel *m* 19
addieren 165
Adler *m* 292
Adresse *f* 98
Adzukibohnen *f* 131
Aerobic *n* 251
Affe *m* 291
Afghanistan *n* 318
Afrika *n* 317
AfterSun-Lotion *f* 108
Ägypten *n* 317
Ahorn *m* 296
Ahornsirup *m* 134
Aikido *n* 236
Airbag *m* 201
akademisch 169
Akazie *f* 110
Akku *m* 78
Akkuschrauber *m* 78
Aktenordner *m* 173
Aktenschrank *m* 172
Aktentasche *f* 37
Aktien *f* 97
Aktienpreis *m* 97
Aktionen *f* 227, 229, 233
Aktivität *f* 162, 245, 262, 263
Akupressur *f* 55
Akupunktur *f* 55
Alarmanlage *f* 58
Alaska *n* 314
Albanien *n* 316
Algerien *n* 317
alkoholfrei 144, 154
alkoholisch 145
Allee *f* 299
Allergie *f* 44
Alligator *m* 293
Alpenpflanze *f* 87
alt 321
Alternativtherapien *f* 54
Aluminium *n* 289
Amazonien *n* 312
ambulant 48
Ameise *f* 295
Amethyst *m* 288
Amniozentese *f* 52
Ampere *n* 60
Amphibien *n* 294
an 320
an Bord gehen 217
Ananas *f* 128
Ananassaft *m* 149
Anästhesist *m* 48
Anbau *m* 58
anbeißen 245
anbraten 67

anbringen 82
Anden 312
Andenken *n* 260
Andorra *n* 316
Anfang *m* 321
Angebot *n* 106
Angebot *n* 174
Angeklagte *m* 180, 181
Angelgerät *n* 245
Angelhaken *m* 244
Angelrute *f* 244
Angelschein *m* 245
Angelsport *m* 244
angemacht 159
Angestellte *m* 174
Angler *m* 244
Angola *n* 317
angreifen 220, 221, 223
Angriff *m* 220, 237
Angriffszone *f* 224
Anhang *m* 177
Anhänger *m* 36, 266
Anker *m* 214, 217, 240
Ankerwinde *f* 214
Anklage *f* 94, 180
Ankunft *f* 213
anlegen 217
Anleihe *f* 97
Anlieger frei 323
Anorak *m* 31, 33
Anprobe *f* 104
Anrede *f* 23
Anrufbeantworter *m* 99
Anspielkreis *m* 224
Anspitzer *m* 163
anstreichen 83
Antifalten 41
Antigua and Barbuda 314
antihaftbeschichtet 69
Antiquitätenladen *m* 114
Antiseptikum *n* 47
Antwort *f* 163
antworten 163
Anwaltsbüro *n* 180
Anwendung *f* 176
Anzeige *f* 94
Anzeigetafel *f* 104, 225
Aperitif *n* 153
Apfel *m* 126
Apfelsaft *m* 149
Apfelstecher *m* 68
Apfelwein *m* 145
Apfelweinessig *m* 135
Apotheke *f* 108
Apotheker *m* 108
Apothekerin *f* 108
applaudieren 255
Aprikose *f* 126
April *m* 306
Aquamarin *m* 288
Aquarellfarbe *f* 274

Äquator *m* 283
Äquatorial-Guinea *n* 317
Arabisches Meer *n* 313
Arbeit *f* 171
Arbeitgeberin *f* 24
Arbeitnehmer *m* 24
Arbeitsessen *n* 175
Arbeitsfläche *f* 66
Arbeitszimmer *n* 63
Architekt *m* 190
architektonische Garten *m* 84
Architektur *f* 300
Architrav *m* 301
Argentinien *n* 315
Arithmetik *f* 165
Arm *m* 13
Armaturen *f* 201
Armaturenbrett *n* 201
Armband *n* 36
Armbanduhr *f* 36
Arme Ritter *m* 157
Ärmel *m* 34
ärmellos 34
Armenien *n* 318
Armlehne *f* 210
Armstütze *f* 200
Aromatherapie *f* 55
aromatisch 130
aromatisiert 134
Art-déco *n* 301
Arterie *f* 19
Artischocke *f* 124
Arzneiausgabe *f* 108
Arzt *m* 45, 189
Asche *f* 283
Aschenbecher *m* 150
Aserbaidschan *n* 318
Asien *n* 318
Asphalt *m* 187
Ass *n* 230, 273
Assistentin *f* 24
assistiert 53
Ast *m* 296
Asteroid *m* 280
Asthma *n* 44
Astigmatismus *m* 51
Astronaut *m* 281
Astronomie *f* 281
Atemloch *n* 290
ätherisches Öl *n* 55
Äthiopien *n* 317
Atlantischer Ozean *m* 312
Atmosphäre *f* 282, 286
Atmung *f* 47
Atmungssystem *n* 19
Atrium *n* 104
auf 320
Auf Wiedersehen 322
aufgebracht 25

aufgehen 139
aufgenommen 48
aufgezeichnet 178
Aufhängung *f* 203, 205
Auflaufform *f* 69
Auflaufförmchen *n* 69
auflockern 91
Auflösungszeichen *n* 256
Aufnahme *f* 269
Aufsatz *m* 163
Aufschlag *m* 231
aufschlagen 231, 266
Aufschlaglinie *f* 230
Aufschnitt *m* 118, 143
aufstehen 71
Aufstrich *m* 134
auftauen 67
auftrennen 277
aufwachen 71
aufwärmen 154, 251
Auge *n* 14, 51
Augenbraue *f* 14, 51
Augenbrauenstift *m* 40
Augenheilkunde *f* 49
Augenoptiker *m* 51
August *m* 306
aus 225, 226, 228, 320
ausblasen 141
ausbrechen 283
Ausfahrt *f* 194
Ausfallschritt *m* 251
Ausgang *m* 210, 322
Auskunft *f* 99, 168
Auslandsflug *m* 212
Auslass *m* 61
auslaufen 217
Ausleger *m* 95
Auslegerkorb *m* 95
Ausleihe *f* 168, 168
ausleihen 168
Auslöser *m* 270
Auspuff *m* 203
Auspuffrohr *n* 204
Auspufftopf *m* 203, 204
ausputzen 91
ausrollen 67
Ausrüstung *f* 165, 233, 238
Aussage *f* 180
Ausschnitt *m* 34
Außenbordmotor *m* 215
Außenfeld *n* 229
Außer Betrieb 322
äußere Erscheinung *f* 29
Äußere *n* 198
außerhalb 320
ausspülen 38
Ausstellung *f* 261
Ausstellungsstück *n* 261
ausstrecken 251
Auster *f* 121
Australien *n* 319

Ausverkauf *m* 322
auswärts essen 147
Auswechslung *f* 223
auswerfen 245
Auszeit *f* 220
Auto *n* 198, 200, 202
Autobahn *f* 194, 323
Automatik *f* 200
Automatiktür *f* 196
Autostereoanlage *f* 201
Autotür *f* 198
Autounfall *m* 203
Autoverleih *m* 213
Autowaschanlage *f* 199
Avocado *f* 128
Ayurveda *n* 55

B

B *n* 256
Baby *n* 23, 30
Babyflasche *f* 75
Babyhandschuhe *m* 30
Babyphon *n* 75
Babyprodukte *n* 107
Babyschuhe *m* 30
Babytasche *f* 75
Babytrageschlinge *f* 75
Babywanne *f* 74
Bach *m* 285
backen 67, 69, 138, 138
Backenzahn *m* 50
Bäcker *m* 139
Bäckerei *f* 114, 138
Backgammon *n* 272
Backofen *m* 66
Backpflaume *f* 129
Backpinsel *m* 69
Backpulver *n* 139
Backware *f* 107
Badeanzug *m* 238, 265
Badehose *f* 238
Badekappe *f* 238
Bademantel *m* 32, 73
Badematte *f* 72
Bademeister *m* 239, 265
baden 72
Badetuch *n* 73
Badewanne *f* 72
Badezimmer *n* 72
Badminton *n* 231
Bagger *m* 187
baggern 227
Baguette *n* 138
Bahamas 314
Bahn *f* 234, 238
Bahnhof *m* 208
Bahnhofshalle *f* 209
Bahnnetz *n* 209
Bahnsteig *m* 208
Bahrain *n* 318
Baiser *n* 140
Bajonettfassung *f* 60
Balearen 316
Balken *m* 186
Balkon *m* 59, 254
Ball *m* 75
Ballaststoffe *m* 127

Ballen *m* 15, 184
Ballett *n* 255
Ballettröckchen *n* 191
Balljunge *m* 231
Ballwechsel *m* 230
Bambus *m* 86, 122
Banane *f* 128
Band *m* 17, 27, 39, 111, 141
Bandage *f* 47
Bangladesch *n* 318
Bank *f* 96, 250, 262
Bankdirektor *m* 96
Bankgebühr *f* 96
Bar *f* 150, 152
Barbados *n* 314
Barhocker *m* 150
Barkeeper *m* 150, 191
barock 301
Barren *m* 235
Basalt *m* 288
Baseball *m* 228
Basilikum *n* 133
Basisstation *f* 99
Basketball *m* 226
Basketballspieler *m* 226
Bassgitarre *f* 258
Bassgitarrist *m* 258
Bassklarinette *f* 257
Bassschlüssel *m* 256
Batterie *f* 167, 202, 260
Bau *m* 186
Bauarbeiter *m* 186
Bauch *m* 12
Bauchmuskel *m* 16
Bauchspeicheldrüse *f* 18
bauen 186
Bauer *m* 272
Bauerngarten *m* 84
Bauernhaus *n* 182
Bauernhof *m* 182, 184
Bauholz *n* 187
Baum *m* 86, 240, 296
Baumwolle *f* 184, 277
Baustelle *f* 186, 323
Baustile *m* 301
Beat *m* 259
Beben *n* 283
Becher *m* 65
Becherglas *n* 167
Becken *n* 17, 61, 257
bedecken 90
Bedienung *f* 152
Bedienung inbegriffen 152
Beere *f* 296
Beerenobst *n* 127
Befestigung *f* 89
Befruchtung *f* 20
begeistert 25
Begräbnis *n* 26
Behälter *m* 311
Behandlungslampe *f* 50
Behandlungsschürze *f* 50
Behindertenparkplatz

m 195
bei 320
Beil *n* 95
Beilage *f* 153
Beilagenteller *m* 65
Bein *n* 12, 64, 119
Beinstütz *m* 251
Beize *f* 79
Bekannte *m* 24
belegt 155
Beleuchtung *f* 178
Belgien *n* 316
Belichtung *f* 271
Belichtungsmesser *m* 270
Belize *n* 314
Benin *n* 317
Benzin *n* 199
Benzinpreis *m* 199
Benzintank *m* 203
Berater *m* 55
Berg *m* 284
Bericht *m* 174
Beruf *m* 188, 190
Berufung *f* 181
Beruhigungsmittel *n* 109
berühmt 261
Besatzungsluke *f* 281
Beschleuniger *m* 281
beschneiden 91
Besen *m* 77
besetzt 99, 321
besser 321
Besteck *n* 64, 65
bestellen 153
Bestleistung *f* 234
Bestuhlung *f* 254
Besuchszeiten *f* 48
Betonblock *m* 187
Betonmischmaschine *f* 186
Betrag *m* 96
Betrieb *m* 183
Bett *n* 70
Bettcouch *f* 63
Bettdecke *f* 71
Bettlaken *n* 71
Bettwäsche *f* 71
Bettzeug *n* 74
beugen 251
Beutel *m* 291, 311
Bewährung *f* 181
bewässern 183
Beweismittel *n* 181
bewölkt 286
bewusstlos 47
bezahlen 153
Beziehung *f* 24
Bezirk *m* 315
Bhutan *n* 318
Biathlon *n* 247
Bibliothek *f* 168, 299
Bibliothekar *m* 190
Bibliothekarin *f* 168

Bidet *n* 72
Biene *f* 295
Bier *n* 145, 151
bifokal 51
Bikini *m* 264
Bilderrahmen *m* 62
Bildhauer *m* 191
Bildhauerei *f* 275
Bildschirm *m* 97, 172, 176, 269
Bildschirmhintergrund *m* 177
Bildsucher *m* 271
Bildtelefon *n* 99
billig 321
Bimsstein *m* 73, 288
Binse *f* 86
Bio-Abfall *m* 61
biodynamisch 91
Biologie *f* 162
biologisch 122
biologisch kontrolliert 118
Birke *f* 296
Birma *n* 318
Birne *f* 126
bis 320
Biskuitform *f* 69
Biskuittörtchen *n* 140
Biss *m* 46
Bitte 322
Bitte anklopfen 322
Bitte sehr 322
bitter 124
Bizeps *m* 16
Bizepsübung *f* 251
Blase *f* 20, 46
Blatt *n* 122, 296
Blätter *n* 110
Blätterteig *m* 140
blau 274
blauer Fleck *m* 46
Blauschimmelkäse *m* 136
Blazer *m* 33
Blechblasinstrument *n* 257
bleifrei 199
Bleigürtel *m* 239
Bleistift *m* 163, 275
Blendenregler *m* 270
Blinddarm *m* 18
Blinker *m* 198, 204
Blitz *m* 270, 287
Block *m* 237
blocken 227
blond 39
Blues *m* 259
blühend 297
Blume *f* 110
Blumenampel *f* 84
Blumenarrangement *n* 111
Blumenbeet *n* 85, 90
Blumengeschäft *n* 110
Blumengirlande *f* 111
Blumenkohl *m* 124

Blumenstrauß *m* 111
Blumentopf *m* 89
Blumenvase *f* 111
Bluse *f* 34
Blutdruck *m* 44
Blutdruckmesser *m* 45
Blüte *f* 297
Blütenblatt *n* 297
Blutung *f* 46
Blutuntersuchung *f* 48
Blutwurst *f* 157
Bobsport *m* 247
Bockshornklee *m* 132
Boden *m* 85
Bodenakrobatik *f* 235
Bodendecker *m* 87
Bodenturnen *n* 235
Bogen *m* 85, 164, 249, 301
Bogenschießen *n* 249
Bohnen *f* 131, 144
bohren 79
Bohrer *m* 50, 78, 80
Bohrfutter *n* 78
Bohrmaschine *f* 78
Bohrwinde *f* 78
Boiler *m* 61
Boje *f* 217
Bolivien *n* 315
Bomber *m* 211
Bonbon *n* 113
Bongos *n* 257
Bordkarte *f* 213
Bordstein *m* 298
Börse *f* 97
Börsenmakler *m* 97
Bosnien und Herzegowina *n* 316
Botsuana *n* 317
Boutique *f* 115
Bowling *n* 249
Bowlingkugel *f* 249
Boxen *n* 236
Boxershorts *f* 33
Boxgymnastik *f* 251
Boxhandschuh *m* 237
Boxring *m* 237
Brand *m* 95
Brandteig *m* 140
Brandung *f* 241
Brandungsangeln *n* 245
Brandwunde *f* 46
Brasilien *n* 315
braten 67
Braten *m* 158
bratfertig 119
Bratpfanne *f* 69
Bratsche *f* 256
Brauenbürstchen *n* 40
braun 274
Brause *f* 89
breit 321
Breitbildfernseher *m* 269
Breite *f* 165
Breitengrad *m* 283
Bremsbacke *f* 207
Bremse *f* 200, 204

343

DUITS REGISTER • DEUTSCHES REGISTER

bremsen 207
Bremsflüssigkeitsbehälter *m* 202
Bremsgriff *m* 207
Bremspedal *n* 205
Brenner *m* 67
Brettspiel *n* 272
Bridge *n* 273
Brie *m* 142
Brief *m* 98
Brieffreund *m* 24
Briefkasten *m* 58, 99
Briefmarke *f* 98, 112
Briefmarkensammeln *n* 273
Brieftasche *f* 37
Briefträger *m* 98, 190
Briefumschlag *m* 173
Brille *f* 51
Brillengestell *n* 51
Brioche *f* 157
Brokkoli *m* 123
Brombeere *f* 127
Bronze *f* 235
Brosche *f* 36
Broschüre *f* 96
Brot *n* 138, 157
Brötchen *n* 139, 143, 155
Brotfrucht *f* 124
Brotmesser *n* 68
Brotschneider *m* 139
browsen 177
Browser *m* 177
Bruch *m* 165
Brücke *f* 300
Bruder *m* 22
Brühe *f* 158
Brunei *n* 319
brünett 39
Brunnenkresse *f* 123
Brust *f* 12, 12, 119
Brustbein *n* 17
Brustflosse *f* 294
Brustkorb *m* 17
Brustmuskel *m* 16
Brustschwimmen *n* 239
Brustübung *f* 251
Brustwarze *f* 12
Brustwirbel *f* 17
Brutkasten *m* 53
Bube *m* 273
Buch *n* 168
Buche *f* 296
buchen 212
Bücherregal *n* 63, 168
Buchhalter *m* 97
Buchhaltung *f* 175
Buchladen *m* 115
buchstabieren 162
Buffet *n* 152
Bug *m* 210, 214, 240
Bügelbrett *n* 76
Bügeleisen *n* 76
bügeln 76
Bugfahrwerk *m* 210
Buggy *m* 232

Bühne *f* 254
Bühnenbild *n* 254
Bukett *n* 35
Bulgarien *n* 316
Bull's Eye *n* 273
Bullauge *n* 214
Bund *m* 258
Bungalow *m* 58
Bungeejumping *n* 248
Bunker *m* 232
Bunsenbrenner *m* 166
Buntstift *m* 163
Burg *f* 300
Bürgersteig *m* 298
Burggraben *m* 300
Burkina Faso *n* 317
Büro *n* 24, 172, 172, 174
Büroausstattung *f* 172
Bürobedarf *m* 173
Bürogebäude *n* 298
Büroklammer *f* 173
bürsten 38, 50
Burundi *n* 317
Bus *m* 196
Busbahnhof *m* 197
Busfahrer *m* 190
Bushaltestelle *f* 197, 299
Businessclass *f* 211
Büstenhalter *m* 35
Bustier *n* 35
Bustypen *m* 196
Butter *f* 137, 156
Buttermilch *f* 137
Butternusskürbis *m* 125
Byte *n* 176

C

Cabrio *n* 199
Caddie *m* 233
Café *n* 148, 262
Cafetière *f* 65
Camcorder *m* 260, 269
Camembert *m* 142
Campari *m* 145
Camping *n* 266
Campingplatz *m* 266
Campingplatzverwaltung *f* 266
Campus *m* 168
Capoeira *n* 237
Cappuccino *m* 148
Cashewnuss *f* 129, 151
Catcher *m* 229
CD *f* 269
CD-Spieler *m* 268
Cello *n* 256
Champagner *m* 145
Chassis *n* 203
Check-up *m* 50
Cheddar *m* 142
Cheerleader *m* 220
Chef *m* 24
Chemie *f* 162
Chickenburger *m* 155
Chicorée *m* 122
Chile *n* 315

Chili *m* 132
China *n* 318
chippen 233
Chip *f* 113
Chiropraktik *f* 54
Chirurg *m* 48
Chirurgie *f* 49
Chor *m* 301
Chorizo *f* 143
Chrysantheme *f* 110
Chutney *n* 135
Cockpit *n* 210
Cocktail *m* 151
Cocktailrührer *m* 150
Cocktailshaker *m* 150
Cola *f* 144, 151
Collage *f* 275
Comicheft *n* 112
Computer *m* 172, 176
Container *m* 216
Containerhafen *m* 216
Containerschiff *n* 215
Costa Rica *n* 314
Couchtisch *m* 62
Countrymusik *f* 259
Cousin *m* 22
Creme *f* 109
Crêpes *f* 155
Crew *f* 241
Croissant *n* 156
Crosstrainer *m* 250
CT-Bild *n* 48
Curling *n* 247
Curry *n* 158
Currypulver *n* 132

D

Dach *n* 58, 203
Dachboden *m* 58
Dachgarten *m* 84
Dachgepäckträger *m* 198
Dachgesims *n* 58
Dachrinne *f* 58
Dachsparren *m* 186
Dachziegel *m* 58, 187
Dame *f* 272, 273
Damenbinde *f* 108
Damenkleidung *f* 34
Damenoberbekleidung *f* 105
Damensattel *m* 242
Damenschneiderin *f* 191
Damenwäsche *f* 105
Damespiel *n* 272
Dammschnitt *m* 52
dämpfen 67
Dampflokomotive *f* 208
Dänemark *n* 316
Danke 322
Darlehen *n* 96
Darts *n* 273
Dartscheibe *f* 273
das Dschibuti 317
Datei *f* 177
Dattel *f* 129
Datum *n* 306

Dauerwelle *f* 39
Daumen *m* 15
Deck *n* 214
Deckanstrich *m* 83
Decke *f* 62, 71, 74
Deckel *m* 61, 66, 69
decken 64, 227
Dekoration *f* 141
Delfin *m* 290
Deltamuskel *m* 16
Demokratische Republik Kongo *f* 317
Deo *n* 73, 108
Dermatologie *f* 49
Designerin *f* 191
Desinfektionsmittel *n* 51
Desinfektionstuch *n* 47
Desktop *m* 177
Dessertwagen *m* 152
Dezember *m* 306
Diagonale *f* 164
Diamant *m* 288
Diaphragma *n* 21
dichte Nebel *m* 287
Dichtung *f* 61
dick 321
Dickdarm *m* 18
Dicke Bohne *f* 122
Diele *f* 59
Dienstag *m* 306
Dienstleistung *f* 93, 101
Diesel *m* 199
Diesellokomotive *f* 208
digital 269
Digitalkamera *f* 270
Dill *m* 133
Dioptrie *f* 51
Diplom *n* 169
Dirigent *m* 256
Discman *m* 268
Diskette *f* 176
Diskuswerfen *n* 234
diskutieren 163
Dissertation *f* 169
Distel *f* 297
Disziplin *f* 247
dividieren 165
Diwali *n* 27
DJ *m* 179
Dock *n* 214, 216
Dokumentarfilm *m* 178
Dominica *n* 314
Dominikanische Republik *f* 314
Domino *n* 273
Donner *m* 286
Donnerstag *m* 306
Doppel *n* 230
Doppelbett *n* 71
Doppeldecker *m* 196, 211
Doppelhaus *n* 58
doppelt 151
Doppelzimmer *n* 100
Dorf *n* 299
Dörrobst *n* 129, 156
dort 320

Dose *f* 145, 311
Dosengetränk *n* 154
Dosenöffner *m* 68
Dosierung *f* 109
Dozent *m* 169
Drachen *m* 248
Drachenfliegen *n* 248
Drahtseil *n* 79
drechseln 79
Drehstuhl *m* 172
Drehzahlmesser *m* 201
drei 308
Dreieck *n* 164
Dreifuß *m* 166
Dreipunktlinie *f* 226
dreißig 308
dreitürig 200
dreizehn 308
dreizehnter 309
Dress *m* 222
Dressurreiten *n* 243
dribbeln 222, 227
dritter 309
driven 233
Dromedar *n* 291
drucken 172
drücken 322
Druckon *m* 275
Drucker *m* 172, 176
Druckfarbe *f* 275
Druckknopf *m* 30
Druckluftflasche *f* 239
Druckluftgerät *n* 199
Drüse *f* 19
Dufflecoat *m* 31
düngen 90, 91
Dünger *m* 91
Dunk *m* 227
dunkel 41, 321
Dunkelkammer *f* 271
dünn 321
Dünndarm *m* 18
Dunstabzug *m* 66
durch 320
Durchfall *m* 44, 109
Durchmesser *m* 164
Durchschwung *m* 233
Dusche *f* 72, 266
duschen 72
Duschgel *n* 73
Duschkopf *m* 72
Duschtür *f* 72
Duschvorhang *m* 72
Düse *f* 89
Duty-free-Shop *m* 213
DVD *f* 268
DVD-Spieler *m* 268
Dynamo *m* 207

E

Eau de Toilette *n* 41
Ebene *f* 285
EC-Karte *f* 96
Eckball *m* 223
Eckfahne *f* 223
Eckzahn *m* 50
Eclair *n* 140

DUITS REGISTER • DEUTSCHES REGISTER

Economyclass f 211
Ecuador n 315
Edamer m 142
Edelstein m 36
Ehefrau f 22
Ehemann m 22
Ei n 20, 137, 157
Eiche f 296
Eichelkürbis m 125
Eichhörnchen m 290
Eidechse f 293
Eierbecher m 65, 137
Eierschale f 137
Eierstock m 20
Eigelb n 137, 157
Eileiter m 20
Eimer m 77, 82, 265
ein wenig 320
Einbahnstraße f 194, 298, 323
Einbauschrank m 71
Einbruchdiebstahl m 94
einchecken 212
einfach 151
einfädeln 277
einfrieren 67
Eingang m 59, 322
Eingangssperre f 209
eingelegt 159
eingemacht 135
einholen 245
einjährig 86
Einkauf m 103
Einkaufskorb m 106
Einkaufstasche f 106
Einkaufswagen m 106
Einkaufszentrum n 104
Einlagen f 53
einleiten 53
einlochen 233
einloggen 177
einlösen 97
Einmachglas n 135
eins 308
Einsatzpapier n 83
einschalten 269
Einschienenbahn f 208
einschlafen 71
Einschreiben n 98
Einstand m 230
einstellen 179, 271
Einstellknopf m 167
Einstellung f 203
Eintopf m 158
eintopfen 91
Eintritt frei 322
Eintrittsgeld n 260
Einweg- 109
Einwegkamera f 270
Einwegrasierer m 73
einweichen 130
Einwickelpapier n 111
Einwurf m 223, 226
einzahlen 96
Einzahlungsformular n 96
Einzel n 230

Einzelbett n 71
Einzelhaus n 58
Einzelzimmer n 100
Einzugsauftrag m 96
Eis n 120, 137, 149, 151, 287
Eisbär m 291
Eisen n 109, 233, 289
Eisenwarenhandlung f 114
Eisfach n 67
Eisfläche f 224
Eishockey n 224
Eishockeyspieler m 224
Eiskaffee m 148
Eisklettern n 247
Eiskübel m 150
Eiskunstlauf m 247
Eislaufen n 247
Eisprung m 20, 52
Eisschnelllauf m 247
Eistee m 149
Eiswürfel m 151
Eiszange f 150
Eiszapfen m 287
Eiweiß n 137
Ekzem n 44
El Salvador n 314
Elefant m 291
Elektriker m 188
Elektrizität f 60
Elektroartikel m 105, 107
Elektrolokomotive f 208
Elektronenblitz m 270
Elektrorasierer m 73
elf 308
Elfenbeinküste f 317
Elfmeter m 223
elfter 309
Ellbogen m 13
Elle f 17
Ellipse f 164
Eltern 23
E-Mail f 177
E-Mail-Adresse f 177
E-Mail-Konto n 177
Embryo m 52
emigrieren 26
Empfang m 100
empfangen 20
Empfängnis f 52
Empfängnisverhütung f 21
Empfangsdame f 100, 190
Empfangshalle f 100
Empfehlungszettel m 173
empfindlich 41
Emulsionsfarbe f 83
Ende n 321
Endivie f 123
Endlinie f 226
endokrines System n 19
Endokrinologie f 49
Endzone f 220

Englischhorn n 257
Enkel m 22
Enkelin f 22
Enkelkind n 23
entbinden f 52, 53
Entbindungsstation f 48, 49
Ente f 119, 185
Entenei n 137
Entenküken n 185
Entfernung f 310
entgrätet 121
Enthaarung f 41
enthäutet 121
Entisolierzange f 81
entlang 320
entlassen 48
Entschuldigung f 322
entschuppt 121
Entspannung f 55
Entwässerung f 91
entwickeln 271
Entzündungshemmer m 109
Epilepsie f 44
Erbsen f 131
Erdbeben n 283
Erdbeere f 127
Erdbeermilchshake m 149
Erde f 85, 280, 282
Erdgeschoss n 104
Erdkruste f 282
Erdkunde f 162
Erdnuss f 129, 151
Erdnussbutter f 135
Erdnussöl n 135
Erdung f 60
Erdzone f 283
Ergebnis n 49
erhalten 177
Eritrea n 317
Erkältung f 44
Ermittlung f 94
Erntedankfest n 27
ernten 91, 183
Ersatzrad n 203
Ersatzspieler m 223
erschrocken 25
Erste Hilfe f 47
erste/r 320
Erste-Hilfe-Kasten m 47
erster 309
ersticken 47
ertrinken 239
eruptiv 288
Erwachsene m 23
Erweiterung f 52
Esel m 185
Espresso m 148
essen 64, 75
Essen n 149
Essig m 135, 142
Esskastanie f 129
Essteller m 65
Esszimmer n 64
Estland n 316

Estragon m 133
Etage f 104
etwas 320
Eukalyptus m 296
Eule f 292
Europa n 316
Examensarbeit f 169
Exosphäre f 286
Extraktion f 50
Eyeliner m 40

F

Fabrik f 299
Fach n 100
Facharzt m 49
Fachbereich m 169
Fächerordner m 173
Fachhochschule f 169
Fadenführung f 276
Fagott n 257
Fahne f 221
Fähre f 215, 216
fahren 195
Fahrer m 196
Fahrerkabine f 95
Fahrersitz m 196
Fahrkarte f 209
Fahrkartenschalter m 209, 216
Fahrplan m 197, 209, 261
Fahrpreis m 197, 209
Fahrrad n 206
Fahrradhelm m 206
Fahrradkette f 206
Fahrradlampe f 207
Fahrradschloss n 207
Fahrradständer m 207
Fahrradweg m 206
Fahrschein m 197
Fahrstuhl m 59, 100, 104
Fährterminal m 216
Fairway n 232
Falke m 292
Falkland-Inseln f 315
Fallen n 237
Fallschirm m 248
Fallschirmspringen n 248
Faltbett n 266
Falte f 15
falten 98
Familie f 22
fangen 220, 225, 227, 229, 245
Fan m 258
Farbe f 83, 273, 274
Farbton m 41
Farbtopf m 83
Farn m 86
Fasan m 119, 293
Fassungsvermögen n 311
faul 127
Faust f 15, 237
Fax n 98, 172
Faxgerät n 172
Februar m 306

Fechten n 249
Feder f 163, 293
Federball m 231
Federmäppchen n 163
Federwaage f 166
fegen 77
Fehler m 230
Fehlgeburt f 52
Feier f 140
Feige f 129
Feijoa f 128
Feile f 81
feine Nebel m 287
Feinkost f 107, 142
Feld n 182, 228, 234, 272
Feldauslinie f 221
Feldfrucht f 183, 184
Feldhockey n 224
Felge f 206
Felgenbremse f 206
Fels m 284
Fenchel m 122, 133
Fenchelsamen m 133
Feng Shui n 55
Fenster n 58, 177, 186, 197, 210
Fensterladen m 58
Ferkel n 185
Fernbedienung f 269
Fernglas n 281
fernsehen 269
Fernsehserie f 178
Fernsehstudio n 178
Ferse f 13, 15
Fertiggericht n 107
Fesseln f 237
fest 124
Fest n 27
festlich 141
festmachen 217
Festnahme f 94
Festplattenlaufwerk n 176
Fett n 119
fettarm 137
fettfrei 137
fettig 39, 41
feucht 286
Feuchtigkeitscreme f 41
Feuchttuch n 74
Feuer machen 266
Feueranzünder m 266
feuerfest 69
Feuerlöscher m 95
Feuermelder m 95
Feuerstein m 288
Feuertreppe f 95
Feuerwache f 95
Feuerwehr f 95
Feuerwehrschlauch 95
Feuerwehrmann m 189
Feuerzeug n 112
Fidschi n 319
Fieber n 44
Figur f 260
Filet n 119, 121

nederlands • deutsch 345

DUITS REGISTER • DEUTSCHES REGISTER

filetiert 121
Film m 260, 271
Filmspule f 271
Filoteig m 140
Filter m 270
Filterkaffee m 148
Filterpapier n 167
Finanzberaterin f 97
Finger m 15
Fingerabdruck m 94
Fingerhut m 276, 297
Fingernagel m 15
Finnland n 316
Finsternis f 280
Firma f 175
Fisch m 107, 120
Fische f 294
Fischer m 189
Fischerboot n 217
Fischereihafen m 217
Fischfangarten f 245
Fischgeschäft n 114, 120
Fischhändlerin f 188
Fischkorb m 245
Fischzucht f 183
Fish and Chips m 155
Fitness f 250
Fitnesscenter n 250
Fitnessgerät n 250
Fitnessraum m 101
Fitnesstrainerin f 250
flach 239
Fläche f 165, 310
Flachholzbohrer m 80
Flachrennen n 243
Flachs m 184
Flachzange f 80
Fladenbrot n 139
Flagge f 232
Flamingo m 292
Flasche f 61, 134, 135, 311
Flaschenöffner m 68, 150
Flaschenwasser n 144
Flauschdecke f 74
Fledermaus f 290
Fleisch n 107, 118, 119, 124, 142
Fleischerhaken m 118
Fleischklopfer m 68
Fleischklöße m 158
Fleischsorten f 119
Fleischspieß m 155
Flicken m 207
Fliege f 36, 244, 295
Fliegenangeln m 245
Fließhecklimousine f 199
Flipchart n 174
Florentiner m 141
Florett n 249
Floristin f 188
Flosse f 290
Flugbegleiterin f 190, 210
Flügel m 60, 119, 293
Fluggastbrücke f 212

Flughafen m 212
Fluginformationsanzeige f 213
Flugnummer f 212
Flugticket n 213
Flugverbindung f 212
Flugzeug n 210
Flugzeugträger m 215
Fluss m 284
Flüssigkeitsmaß n 311
Flüssigreiniger m 77
Flussmündung f 285
Fock f 240
Fohlen n 185
Föhn m 38
föhnen 38
Folk m 259
Follikel m 20
Football m 220
Footballspieler m 220
Forelle f 120
Formbügel m 35
Formen f 164
Formschnitt m 87
Forschung f 169
Fortpflanzung f 20
Fortpflanzungsorgane n 20
Fortpflanzungssystem n 19
Foto n 271
Fotoalbum n 271
Fotoapparattypen m 270
Fotofinish n 234
Fotogeschäft n 115
Fotograf m 191
Fotografie f 270
fotografieren 271
Fotorahmen m 271
Fötus m 52
Foul n 223, 226
Foullinie f 229
Foyer n 255
Fracht f 216
Frachtraum m 215
Frachtschiff n 215
Frage f 163
fragen 163
Fraktur f 46
Frankreich n 316
französischer Senf m 135
Französisch-Guayana n 315
Frau f 12, 13, 23
Fräulein n 23
Freesie f 110
frei 266, 321
freigesprochen 181
Freilandhaltung f 118
Freistoß m 222
Freitag m 306
Freiwurflinie f 226
Freizeit f 253
Freizeitkleidung f 33
Fremdenführerin f 260
Frequenz f 179

Freund m 24
Freundin f 24
Fries m 301
frisch 121, 127, 130
Frischkäse m 136
Friseur m 188
Friseurin f 38
Frisierartikel f 38
Frisiersalon m 115
Frisiertisch m 71
Frisierumhang m 38
Frisuren f 39
frittiert 159
Frosch m 294
Frost m 287
Frostschutzmittel n 199
fruchtbar 20
Früchtejogurt m 157
Fruchtfleisch n 127, 129
Fruchtgummi m 113
Fruchtmark n 127
Fruchtwasser n 52
früh 305, 320
Frühkohl m 123
Frühling m 307
Frühlingszwiebel f 125
Frühstück n 64, 101, 156, 157
Frühstücksbuffet n 156
Frühstücksspeck m 157
Frühstückstablett n 101
Frühstückstisch m 156
Fuchs m 290
Fuchsschwanz m 81
Fugenkitt m 83
Fühler m 295
Führerstand m 208
Führung f 260
füllen 76
Füller m 163
Füllung f 140, 155
Fumble m 220
fünf 308
Fünfeck n 164
fünfter 309
fünfzehn 308
fünfzehnter 309
fünfzig 308
Funkantenne f 214
für 320
Furche f 183
Fürstentum n 315
Fuß m 12, 15, 310
Fußabtreter m 59
Fußball m 222
Fußballdress m 31
Fußballfeld n 222
Fußballschuh m 223
Fußballspieler m 222
Fußboden m 62, 71
Fußende n 71
Fußgängerüberweg m 195
Fußgängerzone f 299
Fußbrücken m 15
Fußschlaufe f 241
Fußsohle f 15

Fußweg m 262
Futter n 32
Futteral n 51
füttern 183

G

Gabel f 65, 153, 207
Gabelstapler m 186, 216
Gabun n 317
Gagat m 288
gähnen 25
Galapagos-Inseln f 315
Galaxie f 280
Gallone f 311
Galopp m 243
galvanisiert 79
Gambia n 317
Gang m 106, 168, 210, 254
Gänge m 153, 206
Gans f 119, 293
Gänseblümchen m 297
Gänseei n 137
ganz 129, 132
Garage f 58
Gardine f 63
Garn n 276
Garnele f 120, 121
Garten m 84
Gartenanlage f 262
Gartenarbeit f 90
Gartencenter n 115
Gartengeräte f 88
Gartenhandschuhe f 89
Gartenkorb m 88
Gartenkürbis m 124
Gartenornament n 84
Gartenpflanze f 86
Gartensauerampfer m 123
Gartenschere f 89
Gartenschlauch m 89
Gartenstöcke m 89
Gartentypen m 84
Gärtner m 188
Gasbrenner m 61, 267
Gashebel m 204
Gaspedal m 200
Gasse f 298
Gast m 64, 100
Gästebuch n 100
Gastgeber m 64
Gastgeberin f 64
Gatenummer f 213
Gaumen m 19
Gaze f 47
Gebäck n 140, 149
Gebäckblech n 69
gebacken 159
Gebärmutter f 20, 52
Gebärmutterhals m 20, 52
Gebäude n 261, 299, 300
Gebäudereiniger m 188
geben 273
Gebiet n 299

Gebirgskette f 282
geboren werden 26
gebraten 155, 159
Gebrauchsanweisung f 109
Gebrauchtwarenhändler m 115
Geburt f 52, 53
Geburtsgewicht n 53
Geburtshelfer m 52
Geburtstag m 27
Geburtstagsfeier f 27
Geburtstagskerze f 141
Geburtstagskuchen m 141
Geburtsurkunde f 26
Geburtszange f 53
gedämpft 159
Gedeck n 65, 152
Gedränge n 221
Gefahr f 195
Gefängnis n 181
Gefängniswärter m 181
Gefängniszelle f 181
gefärbt 39
Geflügel n 107, 119
Gefrierfach n 67
Gefrier-Kühlschrank m 67
gefroren 137
Gefühl n 25
gefüllt 159
gegen 320
gegenüber 320
Gegner m 236
gegrillt 159
Gehalt m 175
gehen lassen 139
Gehirn n 19
Gehirnerschütterung f 46
Gehrungslade f 81
Geige f 256
Geißblatt n 297
gekocht 137
gekrümmt 165
Gel n 109
geladen 60
Geländemotorrad n 205
Geländer n 59
Geländewagen m 199
gelangweilt 25
gelb 274
gelbe Karte 223
Gelbwurz f 132
Geld n 97
Geldautomat m 97
Geldwirtschaft f 97
Geleebonbon m 113
Gelenk n 17
gemahlen 132, 144
Gemälde n 62, 261, 274
Gemüse n 107, 124
Gemüsefach n 67
Gemüsegarten m 85, 182
Gemüsehändler m 188
Gemüseladen m 114

DUITS REGISTER • DEUTSCHES REGISTER

genau 320
Generation f 23
Generator m 60
geöffnet 260
Geometrie f 165
Georgien n 318
Gepäck n 100, 198, 213
Gepäckablage f 209
Gepäckabteilung f 104
Gepäckanhänger m 212
Gepäckausgabe f 213
Gepäckband n 212
Gepäckfach n 196, 210
Gepäckröntgenmaschine f 212
Gepäckträger m 204, 207
gepökelt 118, 143
gerade 165
geradeaus 260
geraspelt 132
geräuchert 118, 121, 143, 159
Gerbera f 110
Gerichtsdiener m 180
Gerichtssaal m 180
Gerichtsstenograf m 181
Gerichtstermin m 180
Gerichtsverfahren n 180
gerieben 136
geröstet 129
Gerste f 130, 184
Gerüst n 186
gesalzen 121, 129, 137
Gesäßbacke f 13
Gesäßmuskel m 16
gesäubert 121
Geschäft n 114, 175
Geschäftsabkommen n 175
Geschäftsbogen m 173
Geschäftsfrau f 175
Geschäftsführer m 175
Geschäftsmann m 175
Geschäftspartnerin f 24
Geschäftsreise f 175
geschält 129
Geschenk n 27
Geschenkartikelladen m 114
Geschichte f 162
Geschirr n 64, 65
Geschlechtskrankheit f 20
Geschlechtsteil m 12
Geschlechtsverkehr m 20
geschlossen 260, 321
Geschwindigkeitsbegrenzung f 195
Geschworenenbank f 180
Geschworener m 180
Gesicht n 14
Gesichtsbehandlung f 41
Gesichtscreme f 73
Gesichtsmaske f 41

Gesichtspuder m 40
Gesichtsschutzmaske f 225
Gesichtswasser n 41
Gesims n 300
gestalten 91
Gestänge m 267
Gestein n 288
Gestell n 166, 174
gestern 306, 320
Gesundheit f 43
Gesundheitsfürsorge f 168
geteilt durch 165
Getränk n 144
Getränke n 107, 144, 156
Getreide n 130
Getreideart f 130
Getreideflocken f 107, 130, 156
Getriebe n 202, 204
getrocknet 129, 131, 143, 159
Gewächshaus n 85
Geweih n 291
Gewicht n 166, 244, 310
Gewichte n 250
Gewichtsstange f 251
Gewinnanteile m 97
gewinnen 273
Gewinner m 273
Gewitter n 287
Gewölbe n 15, 300
Gewürze n 132
Gewürzessig m 135
Gewürznelke f 133
Geysir m 285
Ghana n 317
Giebel m 300
Giebeldreieck n 301
gießen 67, 89, 90
Gießkanne f 89
Gin m 145
Gin Tonic m 151
Gips m 83
Giraffe f 291
Girokonto n 96
Gitarre f 258
Gitarrist m 258
Gitterstäbe m 74
Gladiole f 110
glänzend 83
Glas n 51, 69, 134, 134, 152, 311
Gläser n 150
Glasflasche f 166
glasieren 139
Glaskeramikkochfeld n 66
Glasstäbchen n 167
Glaswaren f 65
glatt 39
Glattrochen m 294
gleich 165
Gleichstrom m 60

Gleichung f 165
Gleis n 209
Gleisnummer f 208
Gleitschirmfliegen m 248
Gletscher m 284
Glied n 36
Glimmer m 289
Glimmerschiefer m 288
glücklich 25
Glühfaden m 60
Glühlampe f 60
Gneis m 288
Gold n 235, 289
Goldbrasse f 120
Goldfisch m 294
Golf n 232
Golfball m 233
Golfplatz m 232
Golfschläger f 233
Golfschuh m 233
Golfspieler m 232
Golftasche f 233
Golfturnier m 233
Gong m 257
Gorilla m 291
gotisch 301
Gottesanbeterin f 295
GPS-System n 201
graben 90
graduieren 26
Graduierte f 169
Graduierungsfeier f 169
Gramm n 310
Granat m 288
Granatapfel m 128
Granit m 288
Grapefruit f 126
Graphit m 289
Gras n 87, 262
Grasfangsack m 88
Grasland n 285
Gräte f 121
grau 39, 274
Graubrot n 139, 149
grauer Star m 51
Gravieren n 275
Greifzange f 167
Grenada n 314
Griechenland n 316
Grieß m 130
Griff m 36, 88, 230, 237
Griffe f 37
Grill m 267
Grille f 295
grillen 67
Grillpfanne f 69
Grippe f 44
grober Senf m 135
Grönland n 314
groß 321
Großbritannien n 316
Großeltern 23
Großmutter f 22
Großraumlimousine f 199
Großsegel n 240
Großvater m 22
Grübchen n 15

grün 129, 232, 274
Grundfarbe f 83
Grundfläche f 164
Grundierung f 40, 83
Grundlinie f 230
Grundriss m 261
grüne Bohnen f 122
grüne Erbsen f 122
Grünkohl m 123
Grüntee m 149
Gruppentherapie f 55
Guatemala n 314
Guave f 128
Guinea n 317
Guinea-Bissau n 317
Gummiband n 173
Gummihöschen n 30
Gummiknüppel m 94
Gummistiefel m 31
Gummistiefel m 89
Gurke f 125
Gürtel m 32, 36, 236, 237
Gürtelschnalle f 36
gut 321
Gute Nacht 322
Guten Abend 322
Guten Morgen 322
Guten Tag 322
Güterzug m 208
Guyana n 315
Gymnastik f 235
Gymnastikband n 235
Gymnastikhose f 251
Gynäkologe m 52
Gynäkologie f 49

H

Haar n 14, 38
Haarband n 39
Haarbürste f 38
Haarfarbe f 39
Haargel m 38
Haarklammer f 38
Haarknoten m 39
Haarreif m 38
Haarspliss m 39
Haarspray n 38
Haarspülung f 38
Hacke f 88
Hackfleisch n 119
Hackmesser n 68
Hafen m 214, 216, 217
Hafenmeister m 217
Hafer m 130
Haferbrei m 157
Haftbefehl m 180
Haftentlassung f 181
Hagel m 286
Hahn m 61, 185
Hähnchen n 119, 155
Hähnchenstückchen n 155
Hahnenfuß m 297
Haifisch m 294
Haiti n 314

Häkelhaken m 277
Häkeln n 277
Haken m 187, 276
halbfest 136
Halbfettmilch f 136
Halbinsel f 282
Halbkugel f 283
Halbpension f 101
Halbzeit f 223
Halfter n 243
Halloween n 27
Hals m 12, 258
Halskette f 36
Halskrawatte f 46
Halspastille f 109
Halstuch m 36
Halswirbel m 17
Haltegriff m 196
Halteknopf m 197
halten 223
Halten verboten 195
Haltung f 232
Hämatit m 289
Hamburger m 154, 155
Hammer m 80
hämmern 79
Hamster m 290
Hand f 13, 15
Handbohrer m 81
Handbremse f 203
Handfeger m 77
Handfläche f 15
Handgabel f 89
Handgelenk n 13, 15
Handgepäck n 211, 213
Handicap n 233
Handknöchel m 15
Handlauf m 59
Handrad m 276
Handsäge f 89
Handschaltung f 200
Handschellen f 94
Handschuh m 224, 228, 233, 236, 246
Handschuhe m 36
Handtasche f 37
Handtuch n 73, 73
Handtuchhalter m 72
Handy n 99
Hang m 284
Hängematte f 266
Hängeordner m 173
Hantel f 251
Hardware f 176
Harfe f 256
Harke f 88
harken 90
Harnleiter m 21
Harnröhre f 20
Harnsystem n 19
hart 129, 321
Hartfaserplatte f 79
Hartholz n 79
Hartkäse m 136
Haselnuss f 129
Haselnussöl n 134
hässlich 321

deutsch

nederlands • deutsch 347

DUITS REGISTER • DEUTSCHES REGISTER

Hauptfahrwerk n 210
Hauptgericht n 153
Hauptmahlzeit f 158
Hauptstadt f 315
Haus n 57, 58
Hausanschlüsse m 60
Hausapotheke f 72
Hausaufgabe f 163
Hausbriefkasten m 99
Haushaltsraum m 76
Haushaltswaage f 69
Haushaltswaren f 107
Haushaltswäsche f 105
Hausschuhe m 31
Haustür f 58
Haustürlampe f 58
Haut f 14, 119, 126
Hautausschlag m 44
Hautpflege f 108
Hawaii n 314
Heavymetal n 259
Hebamme f 53
Hebel m 61, 150
Heck n 210, 240
Hecke f 85, 90, 182
Heckenschere f 89
Hecktür f 198
Hefe f 138
Hefebrötchon n 139
Hefeknoten m 139
Heft n 163
heften 277
Hefter m 173
hegen 91
Heidekraut n 297
Heidelbeere f 127
Heilbuttfilet n 120
Heilkraut n 55
Heimwerkstatt f 78
heiraten 26
heiß 286, 321
Heißluftballon m 211
Heißwasserhahn m 72
Heizdecke f 71
Heizelement n 61
Heizkörper m 60
Heizlüfter m 60
Heizofen m 60
Heizungsregler m 201
hell 41, 321
Helm m 220, 228
Hemd n 32, 251
Hemdchen n 30
Henkel m 106
Herbizid n 183
Herbst m 31, 307
Herde f 183
Hering m 266
Herr m 23
Herrenbekleidung f 32, 105
Herrenfriseur m 39
Herrenhalbschuh m 37
herunterladen 177
Herz n 18, 119, 122, 273
Herz- und Gefäßsystem n 19

Herzinfarkt m 44
Herzmuschel f 121
Heu n 184
Heuschnupfen m 44
Heuschrecke f 295
heute 306
Hieb m 237
hier 320
hier essen 154
Hi-Fi-Anlage f 268
Hilfskoch m 152
Himalaya m 313
Himbeere f 127
Himbeerkonfitüre f 134
hinauf 320
Hindernis n 243
hinter 320
Hinterrad n 197
hinunter 320
Hirsch m 291
Hirse f 130
historisch 261
HNO-Abteilung f 49
Hobel m 81
hobeln 79
hoch 271, 321
hochbinden 91, 91
Hochfrisur f 39
Hochgeschwindigkeitszug m 208
hochglanz 271
Hochschule f 168
Hochseefischerei f 245
Hochsprung m 235
Höchstlademarke f 214
Hochzeit f 26, 35
Hochzeitsfeier f 26
Hochzeitskleid n 35
Hochzeitsreise f 26
Hochzeitstag m 26
Hochzeitstorte f 141
hochziehen 251
Höcker m 291
Hockey n 224
Hockeyball m 224
Hockeyschläger m 224
Hoden m 21
Hodensack m 21
Hof m 58, 84, 182
Höhe f 165, 211
Höhenleitwerk n 210
Höhle f 284
Hole-in-One n 233
Holz n 79, 233, 275
Holzarbeit f 275
Holzblasinstrumente f 257
Holzbohrer m 80
Holzkohle f 266
Holzleim f 78
Holzlöffel m 68
Holzspäne m 78
homogenisiert 137
Homöopathie f 55
Honduras n 314
Honig m 134
Hörer m 99

Hormon n 20
Horn n 257, 291
Hornhaut f 51
Horrorfilm m 255
Hörsaal m 169
Hose f 32, 34
Hot Dog m 155
Hotel n 100, 264
Hubschrauber m 211
Huf m 242, 291
Hufeisen n 242
Hüfte f 12
Hügel m 284
Huhn n 119, 185
Hühnerei n 137
Hühnerfarm f 183
Hühnerstall m 185
Hülse f 130
Hülsenfrüchte f 130
Hummer m 121, 295
Hund m 290
hundert 308
Hundeschlittenfahren n 247
hungrig 64
Hupe f 201, 204
Hürdenlauf m 235
Hurrikan m 287
Husten m 44
Hustenmedikament n 108
Hut m 36
Hüttenkäse m 136
Hydrant m 95
Hypnotherapie f 55
hypoallergen 41
Hypotenuse f 164
Hypothek f 96

I

Igel m 290
Imbissstand m 154
Imbissstube f 154
immer 320
immergrün 86
Immobilienmakler m 115
Immobilienmaklerin f 189
Impfung f 45
impotent 20
in 320
Indien n 318
indigoblau 274
Indischer Ozean m 313
Indonesien n 319
Industriegebiet n 299
Infektion f 44
Information f 261, 303
Infusomat n 53
Ingwer m 125, 133
Inhalationsapparat m 44
Inhalierstift m 109
Inlandsflug m 212
Inlinerfahren n 263
Innenausstattung f 200
Innenfeld n 228
Innenstadt f 299
Innereien f 118

innerhalb 320
Inning n 228
ins Bett gehen 71
Insektenschutzmittel n 108
Insektenspray n 267
Insel f 282
Inspektor m 94
installieren 177
Instrument n 258
Insulin n 109
Intensivstation f 48
Intercity m 209
interessant 321
Internet n 177
Interview n 179
Ionosphäre f 286
Irak n 318
Iran m 318
Irland n 316
Iris f 51, 110
Isolierband n 81
Isolierung f 61
Israel n 318
Italien n 316

J

Ja 322
Jacht f 215
Jachthafen m 217
Jacke f 32, 34
Jade m 288
Jagdflugzeug n 211
Jagdrennen n 243
Jahr n 306, 307
Jahreszeit f 307
Jahrhundert n 307
jährlich 307
Jahrmarkt m 262
Jahrtausend n 307
Jahrzehnt n 307
Jakobsmuschel f 121
Jalousie f 63
Jamaika n 314
Jamswurzel f 125
Januar m 306
Japan n 318
jäten 91
Jazz m 259
Jeans f 31
jede 320
Jemen m 318
jenseits 320
Jetskifahren n 241
jetzt 304, 320
joggen 251
Jogging n 251, 263
Jogurt m 137
Johannisbeere f 127, 127
Joker m 273
Jordanien n 318
Journalist m 191
Judo n 236
Jugendliche f 23
Jugendstil m 301
Juli m 306

jung 321
Junge m 23
Junge n 290
Juni m 306
Jupiter m 280
Juwelier m 188
Juwelierarbeit f 275
Juweliergeschäft n 114

K

Kabel n 79, 207
Kabelfernsehen n 269
Kabeljau m 120
Kabinda n 317
Kabine f 210, 214
Kabinenlift m 246
kacheln 82
Käfer m 295
Kaffee m 144, 148, 153, 156, 184
Kaffeelöffel m 153
Kaffeemaschine f 148, 150
Kaffeemilchshake m 149
Kaffeetasse f 65
kahl 39
Kai m 216
Kaiserschnitt m 52
Kajak n 241
Kakadu m 293
Kakaopulver n 148
Kaki f 128
Kaktus m 87
Kaktusfeige f 128
Kalb n 185
Kalbfleisch n 118
Kalender m 306
Kalining rad n 316
Kalk m 85
Kalkstein m 288
kalt 286, 321
kaltgepresst 135
Kaltwasserhahn m 72
Kalzit m 289
Kalzium n 109
Kambodscha n 318
Kamera f 178, 260
Kamera für APS-Film f 270
Kamerakran m 178
Kameramann m 178
Kameratasche f 271
Kamerun n 317
Kamillentee m 149
Kamin m 63
Kamingitter n 63
Kaminsims n 63
Kamm m 38
kämmen 38
Kammer f 283
Kampf m 237
Kampfsport m 236
Kampfsportarten f 237
Kanada n 314
Kanal m 178, 269, 299
Kanalschacht m 299
Kanarienvogel m 292

nederlands • deutsch

DUITS REGISTER • DEUTSCHES REGISTER

Kandare f 242
kandiert 129
Känguru n 291
Kaninchen n 118, 290
Kante f 246
Kanter m 243
Kanu n 214
Kanusport m 241
Kapern f 143
Kapitalanlage f 97
Kapitän m 214
Kapsel f 109
Kapstachelbeere f 128
Kapuze f 31
Kapuzenmuskel m 16
Karamell m 113
Karamellpudding m 141
Karate n 236
Kardamom m 132
Kardanwelle f 202
Kardiologie f 49
Karibisches Meer n 312
Karies m 50
Karneval m 27
Karo n 273
Karosserie f 202
Karotte f 124
Karte f 27, 223
Kartenreiter m 173
Kartenschlitz m 97
Kartenspiel n 273
Kartentelefon n 99
Kartoffel f 124, 124
Kartoffelchips m 151
Kartoffelstampfer m 68
Kasachstan n 318
Käse m 136, 156
Kasino n 261
Kaspisches Meer n 313
Kasse f 106, 106, 150, 255
Kasserolle f 69
Kassette f 269
Kassettenrekorder m 269
Kassierer m 96, 106
Katalog m 168
Katamaran m 215
Katar n 318
Kathedrale f 300
Katheter m 53
Kätzchen m 290
Katze f 290
Katzenauge n 204
Kaufhaus n 105
Kaugummi m 113
Kaulquappe f 294
Kaution f 181
Kegel m 164, 249
Kehldeckel m 19
Kehle f 19
Kehlkopf m 19
Kehrblech m 77
Keilriemen m 203
Keine Zufahrt 323
Keks m 113
Kekse f 141

Kelch m 297
Kelle f 187
Kellergeschoss n 58
Kellner m 148, 152
Kellnerin f 191
Kendo n 236
Kenia n 317
Kennmarke f 94
kentern 241
Kern m 122, 127, 128, 129, 130, 282
Kerngehäuse n 127
kernlos 127
Kerze f 63
Kescher m 244
Kessel m 61
Kesselpauke f 257
Ketschup m 135
Kette f 36
Kettenzahnrad n 207
Keule f 119, 228
Keyboard n 258
Kichererbsen f 131
Kickboxen n 236
kicken 221, 223
Kiefer f 296
Kieferknochen m 17
Kiel m 214
Kieme f 294
Kies m 88
Kilogramm n 310
Kilometer m 310
Kilometerzähler m 201
Kind n 23, 31
Kinder 23
Kinderabteilung f 104
Kinderbett n 74
Kinderheilkunde f 49
Kinderkleidung f 30
Kinderportion f 153
Kindersicherung f 75
Kindersitz m 198, 207
Kinderstation f 48
Kinderstuhl m 75
Kinderwagen m 75
Kinderzimmer n 74
Kinn n 14
Kino n 255, 299
Kinosaal m 255
Kipper m 187
Kirche f 299, 300
Kirgisistan n 318
Kirsche f 126
Kirschtomate f 124
Kissenbezug m 71
Kiwi f 128
Klammer f 166, 173
Klampe f 240
Klappe f 179
Klapptisch m 210
Klarinette f 257
Klasse f 163
Klassenzimmer n 162
klassische Musik f 255, 259
klassizistisch 301
Klatschmohn m 297

Klaue f 291
Klavier n 256
Klebepistole f 78
Klebstoff m 275
Klee m 297
Kleid n 31, 34
Kleiderbügel m 70
Kleiderschrank m 70
Kleidung f 205
Kleie f 130
klein 321
Kleinbus m 197
Kleinkind n 30
Kleinwagen m 199
Kleisterbürste f 82
Klementine f 126
Klemmbrett n 173
Klempner m 188
Klettergerüst n 263
Klettern n 248
Kletterpflanze f 87
Klient m 180
Klimaanlage f 200
Klinge f 89
Klingel f 197
Klinik f 48
Klippe f 285
Klitoris f 20
Klöppel m 277
Klubhaus n 232
Klubsandwich n 155
Knabbereien f 151
Knäckebrot n 139, 156
knackig 127
Knebelknopf m 31
kneten 138
Knie n 12
Kniebeuge f 251
knielang 34
Kniescheibe f 17
Knieschützer m 205, 227
Kniesehnenstrang m 16
Knoblauch m 125, 132
Knoblauchpresse f 68
Knöchel m 13, 15
knöchellang 34
Knochen m 17, 119
Knochenasche f 88
Knockout m 237
Knopf m 32
Knopfloch n 32
Knorpel m 17
Knospe f 111, 297
Koalabär m 291
Koch m 190
köcheln lassen 67
kochen 67, 130
Kochen n 67
Köcher m 249
Kochfeld n 67
Kochmütze f 190
Kochtopf m 69
Köder m 244
Köderhaken m 244
ködern 245
Kofferkuli m 100, 208, 213

Kofferraum m 198
Kohl m 123
Kohle f 288
Kohlensäure f 144
Kohlestift m 275
Kohlrabi m 123
Kohlrübe f 125
Koikarpfen m 294
Kokon m 295
Kokosnuss f 129
Kolben m 166
Kolibri m 292
Kollege m 24
Kolonie f 315
Kolumbien n 315
Kombination f 247
Kombinationszange f 80
Kombiwagen m 199
Kombüse f 214
Komet m 280
Kommandobrücke f 214
Kommandoturm m 215
Kommode f 70
Kommunikation f 98
Komödie f 255
Komoren 317
Kompass m 240, 312
Komposterde f 88
Komposthaufen m 85
Kondensmilch f 136
Konditor m 113
Konditorcreme f 140
Konditorei f 114
Kondom n 21
Konfirmation f 26
Konfitüre f 156
Konglomerat n 288
Kongo m 317
König m 272, 273
Konserve f 107
Konsultation f 45
Kontaktlinsen f 51
Kontaktlinsenbehälter m 51
Kontinent m 282, 315
Kontonummer f 96
Kontoüberziehung f 96
Kontrabass m 256
Kontrafagott n 257
Kontrollturm m 212
Konzert n 255, 258
Kopf m 12, 19, 112, 230
Kopfdünger m 90
köpfen 222
Kopfende n 70
Kopfhaut f 39
Kopfhörer m 268
Kopfkissen n 70
Kopfschmerz m 44
Kopfschutz m 74, 236
Kopfstütze f 200
Kopfverletzung f 46
kopieren 172
Kopilot m 211
Koppel f 243
Korallenriff n 285
Korb m 207, 226

Korbbrett n 226
Körbchen n 74
Korbring m 226
Koriander m 133
Korinthe f 129
Korken m 134
Korkenzieher m 150
Körner n 131
Körnerbrot n 139
Körper m 12, 164
Körperlotion f 73
Körperpuder m 73
Körpersysteme n 19
Körperverletzung f 94
Korrekturstift m 40
Korsett n 35
Korsika n 316
Kosovo n 316
Kotelett n 119
Krabbe f 121
Kraftstoffanzeige f 201
Kraftstofftank m 204
Krafttraining n 251
Kragen m 32
Krähe f 292
Krake m 121, 295
Kralle f 293
Krampf m 239
Krämpfe m 44
Kran m 187, 216
Kranich m 292
krank 321
Krankenhaus n 48
Krankenschwester f 45, 48, 52, 189
Krankenwagen m 94
Krankheit f 44
Kranz m 111
Krater m 283
kratzen 77
Kraulen n 239
Kraut m 86
Kräuter f 132, 133, 134
Kräutergarten m 84
Kräuterheilkunde f 55
Kräuterheilmittel n 108
Kräutermischung f 132
Kräutertee m 149
Krawatte f 32
Krawattennadel f 36
Krebs m 121, 295
Kreditkarte f 96
Kreide f 162, 288
Kreis m 164
Kreissäge f 78
Kreisverkehr m 195
Kreuz n 256, 273
Kreuzblume f 300
kreuzen 241
Kreuzkümmel m 132
Kreuzschlitzschraubenzieher m 80
Kreuzung f 298
Kricket n 225
Kricketball m 225
Kricketspieler m 225
Krickettor n 225

nederlands • deutsch 349

DUITS REGISTER • DEUTSCHES REGISTER

Kriechpflanze f 87
Kriegsschiff n 215
Kriminalbeamte m 94
Kristalltherapie f 55
Kroatien n 316
Krokodil n 293
Krokodilklemme f 167
Krone f 50
Kröte f 294
Krug m 65, 151
Kruste f 139
Kuba n 314
Küche f 66, 152
Kuchenblech n 69
Küchenchef m 152
Kuchenform f 69
Küchengerät n 68
Küchengeräte f 66, 105
Küchenmaschine f 66
Küchenmesser n 68
Küchenregal n 66
Küchenschrank m 66
Kuchenteil m 141
Kugel f 149, 164
Kugelstoßen n 234
Kuh f 185
Kühler m 202
Kühlmittelbehälter m 202
Kuhlschrank m 67
Kuhmilch f 136
Küken n 185
Kulisse f 254
Kultivator m 182
Kümmel m 131
Kumquat f 126
Kunde m 96, 104, 106, 152, 175
Kundendienst m 104
Kundendienstabteilung f 175
Kundin f 38
Kung-Fu n 236
Kunst f 162
Kunstfertigkeit f 275
Kunstgalerie f 261
Kunstgeschichte f 169
Kunsthandlung f 115
Kunsthandwerk n 274, 276
Kunsthochschule f 169
Künstlerin f 274
Kupfer n 289
Kuppel f 300
Kupplung f 200, 204
Kürbis m 125
Kürbiskern m 131
Kurierdienst m 99
kurz 32, 321
kurzgebraten 159
Kurzhaarschnitt m 39
Kurzsichtigkeit f 51
Kurzwaren f 105
Kurzwelle f 179
Kuscheltier n 75
Kuskus m 130
Küste f 285
Küstenwache f 217

Kuwait n 318

L

Labor n 166
Laborwaage f 166
Lächeln n 25
lachen 25
Lachs m 120
Lack m 79, 83
Lacrosse n 249
Lacrosseschläger m 249
Laden m 298
Lagerfeuer n 266
Laib m 139
Lake f 143
Laken n 74
Lakritze f 113
Laktose f 137
Lamm n 118, 185
Lampe f 62, 105
Land n 282, 315
Landebahn f 212
landen 211
Landkarte f 195
Landschaft f 284
Landungsbrücke f 214
Landungssteg m 217
Landwirt m 182, 189
lang 32
Länge f 165, 310
Längengrad m 283
Langkorn n 130
Langlauf m 247
langsam 321
Langsam fahren 323
Längsschnitt m 282
langweilig 321
Langwelle f 179
Laos n 318
Laptop m 175, 176
Lärche f 296
Lastwagen m 194
Lastwagenfahrer m 190
Laterne f 217
Latte f 235
Lätzchen n 30
Latzhose f 30
Laubbaum m 86
Laubrechen m 88
Laubsäge f 81
Lauch m 125
Lauf m 228
Laufband n 106, 250
Läufer m 272
Laufstall m 75
laut 321
Lautsprecher m 176, 209, 258
Lautsprecherbox f 268
Lautstärke f 179, 269
Lava f 283
Lawine f 247
Leadsänger m 258
Lebensgefahr f 322
Lebensmittel n 106
Lebensmittelabteilung f 105

Lebensmittelgeschäft n 114
Leber f 18, 118
Lederanzug m 205
Lederschuh m 37
Lederschuhe m 32
leer 321
Leerlauf m 203
Leerung f 98
legen 38
leger 34
Leggings f 31
Leguan m 293
Lehm m 85
Lehne f 64
Lehrer m 54
Lehrerin f 162, 190
leicht 321
Leichtathletik f 234
Leichtflugzeug n 211
Leinen n 277
Leinwand f 255, 274
leise 321
Leiste f 12
Leiter f 95, 186
Leitkegel m 187
Leitplanke f 195
Leitung f 60
Leitungswasser n 144
Lendenbereich m 13
Lendensteak n 119
Lendenwirbel f 17
Lenkrad n 201
Lenkstange f 207
lernen 163
Lernen n 161
Leselampe f 210
Leseausweis m 168
Lesesaal m 168
Lesotho n 317
Lettland n 316
letzte/r 320
Leuchtrakete f 240
Leuchtstreifen m 205
Leuchtturm m 217
Leukoplast n 47
Levkoje f 110
Lexikon n 163
Libanon m 318
Libelle f 295
Liberia n 317
Libyen n 317
Licht n 94
Lichtmaschine f 203
Lichtschalter m 201
Lidschatten m 40
Liebesfilm m 255
Liechtenstein n 316
Lied n 259
Lieferung f 154
Liege f 48
Liegestuhl m 265
Liegestütz m 251
Liga f 223
Likör m 145

lila 274
Lilie f 110
Limonade f 144
Limone f 126
Limousine f 199
Linde f 296
Lineal n 163, 165
Linie f 165
Liniennummer f 196
Linienrichter m 220, 223, 230
Liniensystem n 256
links 260
Linkssteuerung f 201
Linse f 51, 270
Linsen f 131
Lipgloss n 40
Lippe f 14
Lippenkonturenstift m 40
Lippenpinsel m 40
Lippenstift m 40
Litauen n 316
Liter m 311
Literatur f 162
Literaturliste f 168
Literaturwissenschaft f 169
Litschi f 128
livo 178
Lob m 231
Loch n 232
Locher m 173
Lockenstab m 38
Lockenwickler m 38
lockig 39
Löffel m 65
Löffelbiskuit m 141
Loganbeere f 127
Loge f 254
Logo n 31
Lohnliste f 175
Lokomotive f 208
Lorbeerblatt n 133
Löschfahrzeug n 95
loslassen 245
löslich 109
Lösungsmittel n 83
löten 79
Lötkolben m 81
Lottoschein m 112
Lötzinn n 79, 81
Löwe m 291
Löwenzahn m 123, 297
Luffaschwamm m 73
Luftdüse f 210
Luftfilter m 202, 204
Luftkissenboot n 215
Luftmanschette f 45
Luftmatratze f 267
Luftpost f 98
Luftpumpe f 207
Luftröhre f 18
Lunge f 18
Lungenautomat m 239
Lupine f 297
Lutscher m 113

Luxemburg n 316
Luzerne f 184
lymphatisches System n 19

M

Macadamianuss f 129
Madagaskar n 317
Mädchen n 23
Magen m 18
Magenschmerzen m 44
mager 119
Magermilch f 136
Magister m 169
Magma n 283
Magnesium n 109
Magnet m 167
Mähdrescher m 182
mähen 90
Mahlzeit f 64
Mähne f 242, 291
Mai m 306
Mais m 122, 130, 184
Maisbrot n 139
Maiskeimöl n 135
Majonäse f 135
Majoran m 133
Make-up n 40
Makramee n 277
Makrele f 120
mal 165
Malachit m 289
Malawi n 317
Malaysia n 319
Malediven 318
Malerei f 274
Malerin f 191
Mali n 317
Malspieler m 228
Malta n 316
Malzessig m 135
Malzgetränk n 144
Manager m 174
Manchego m 142
Mandarine f 126
Mandel f 129, 151
Mandelöl n 134
Mango f 128
Mangold m 123
Mangostane f 128
Maniküre f 41
Maniok m 124
Mann m 12, 13, 23
männlich 21
Mannschaft f 220
Manschette f 32
Manschettenknopf m 36
Mantel m 32, 282
Maracas f 257
Marathon m 234
Margarine f 137
Margerite f 110
Marienkäfer m 295
mariniert 143, 159
Marketingabteilung f 175
Markise f 148
Markt m 115

nederlands • deutsch

DUITS REGISTER • DEUTSCHES REGISTER

Marmor m 288
Marokko n 317
Mars m 280
Marshmallow n 113
Martini m 151
März m 306
Marzipan n 141
Maschine f 187
Maschinenbau m 169
Maschinengewehr n 189
Maschinenraum m 214
Masern 44
Maske f 236, 249
Maß n 150, 151, 165
Massage f 54
Maße n 310
Mast m 240
Mastdarm m 21
Match n 230
Material n 187
Materialien n 79
Mathematik f 162, 164
Matratze f 70, 74
matt 83, 271
Matte f 54, 235
Mauer f 58, 186, 222
Mauerturm m 300
Mauerwerkbohrer m 80
Maurer m 188
Mauretanien m 317
Mauritius n 317
Maus f 176, 290
Mautstelle f 194
Mazedonien n 316
MDF-Platte f 79
Mechanik f 202
Mechaniker m 188, 203
Medaille f 235
Medien n 178
Medikament n 109
Meditation f 54
Medizin f 169
Meer n 264, 282
Meerbarbe f 120
Meeresfrüchte f 121
Mehl n 138, 139
mehrjährig 86
Mehrkornbrot n 139
Meile f 310
Meisterschaft f 230
melken 183
Melodie f 259
Melone f 127
Mensa f 168
Mensch m 11
Menstruation f 20
Menüleiste f 177
Merkur m 280
Merlan m 120
Mesosphäre f 286
Messbecher m 69, 150, 311
messen 310
Messer n 65, 66, 80
Messerschärfer m 68, 118
Messleiste f 45

Messlöffel m 109
Metall n 79
Metallbohrer m 80
Metalle n 289
Metallsäge f 81
metamorph 288
Meteor m 280
Meter m 310
Metermaß n 80
Metzger m 118
Metzgerei f 114
Mexiko n 314
Mieder m 35
Miesmuschel f 121
Miete f 58
mieten 58
Mieter m 58
Migräne f 44
Mikrofon n 179, 258
Mikrofongalgen m 179
Mikroskop n 167
Mikrowelle f 66
Milch f 136, 149, 156
Milchkaffee m 148
Milchprodukt n 107
Milchprodukte n 136
Milchproduktion f 183
Milchpulver n 137
Milchpumpe f 53
Milchreis m 130, 140
Milchschokolade f 113
Milchshake m 137, 149
Milchtüte f 136
Milliarde f 309
Milligramm n 310
Milliliter m 311
Millimeter m 310
Million f 309
Milz f 18
Mineralien n 289
Mineralwasser n 144
Minibar f 101
Minidiskrekorder m 268
minus 165
Minuspol m 167
Minute f 304
Minutenzeiger m 304
Minze f 133
mischen 273
Mischpult n 179
Mistgabel f 88
mit 320
mitnehmen 154
Mittag m 305
Mittagessen n 64
Mittagsmenü n 152
Mittelamerika n 314
Mittelfeld n 228
Mittelfinger m 15
Mittelfußknochen m 17
Mittelhandknochen m 17
mittelhart 136
Mittelkreis m 222, 224, 226
Mittellinie f 226
Mittelmeer n 313
Mittelpunkt m 164

Mittelstreifen m 194
Mittelstürmer m 222
Mittelwelle f 179
Mitternacht f 305
Mittwoch m 306
Mixer m 66
Mixerschüssel f 66
Möbel f 105
Möbelgeschäft n 115
Mobile n 74
Mode f 277
Modedesigner m 277
Modell n 169, 190
Modellbau m 275
Modellierholz n 275
Modem n 176
Moderator m 178
Moldawien n 316
Monaco n 316
Monat m 306
monatlich 307
Monatshygiene f 108
Mond m 280
Mondbohnen f 131
Mondfähre f 281
Mondsichel f 280
Mondstein m 288
Mongolei f 318
Monopoly n 272
Monsun m 287
Montag m 306
Montenegro n 316
Monument n 261
Mopp m 77
morgen 306, 320
Morgen m 305
Morgendämmerung f 305
Morgenrock m 31
Mörser m 68, 167
Mörtel m 187
Mosambik n 317
Moschee f 300
Moskitonetz n 267
Motocross n 249
Motor m 88, 202, 204
Motorbootsport m 241
Motorhaube f 198
Motorrad n 204
Motorradhelm m 204
Motorradrennen n 249
Motorradständer m 205
Mountainbike n 206
Mousse f 141
Möwe f 292
Mozzarella m 142
MP3-Spieler m 268
Muffin m 140
Muffinform f 69
mulchen 91
Mülleimer m 67, 266
Müllschlucker m 61
Multivitaminmittel n 109
Mumps m 44
Mund m 14
Mundschutz m 189, 237

Mundstück n 112
Mundwasser n 72
Mungbohnen f 131
Münze f 97
Münzfernsprecher m 99
Münzrückgabe f 99
Muschel f 265, 295
Museum n 261
Musical n 255
Musik f 162, 255
Musiker m 191
Musikgeschäft n 115
Musikhochschule f 169
Musikinstrumente n 256
Musikstile m 259
Muskatblüte f 132
Muskatnuss f 132
Muskel m 16
Mutter f 22, 80
Muttermal n 14
Mütze f 36
Myanmar n 318

N

Naanbrot n 139
Nabe f 206
Nabel m 12
Nabelschnur f 52
nach 320
Nachbar m 24
Nachmittag m 305
Nachrichten f 100, 178
Nachrichtensprecher m 191
Nachrichtensprecherin f 179
nachschneiden 39
Nacht f 305
Nachtfalter m 295
Nachthemd n 31, 35
Nachtisch m 153
Nachttisch m 70
Nachttischlampe f 70
Nachtwäsche f 31
Nacken m 13
Nacktschnecke f 295
Nadel f 109, 276
Nadelbaum m 86
Nadelkissen n 276
Nagel m 80
Nagelfeile f 41
Nagelhaut f 15
Nagelknipser m 41
Nagelkopf m 80
Nagellack m 41
Nagellackentferner m 41
Nagelschere f 41
nahe 320
nähen 277
Nähfuß m 276
Nähkorb m 276
Nähmaschine f 276
Nahrungsergänzungsmittel n 55
Nahrungsmittel n 117, 134

Naht f 34, 52

Namensbändchen n 53
Namibia n 317
Nascherei f 113
Nase f 14
Nasenbluten n 44
Nasenklemme f 238
Nasenloch n 14
Nasenriemen m 242
Nashorn n 291
nass 286, 321
Nation f 315
Nationalpark m 261
Naturfaser f 31
Naturheilkunde f 55
Naturreis m 130
Naturwissenschaft f 162, 166
navigieren 240
Nebelfleck m 280
neben 320
Nebengebäude n 182
Nebenhöhle f 19
Nebenwirkungen f 109
Neffe m 23
Negativ n 271
Negligé n 35
nein 322
Nektarine f 126
Nelke f 110
Nenner m 165
Nennwert m 97
Nepal n 318
Neptun m 280
Nerv m 19, 50
Nervensystem n 19
nervös 25
Nessel f 297
Netz n 217, 226, 227, 231, 245
Netzhaut f 51
Netzwerk n 176
neu 124, 321
Neubelag m 187
Neugeborene n 53
Neujahr n 27
Neumond m 280
neun 308
neunter 309
neunzehn 308
neunzehnter 309
neunzig 308
Neurologie f 49
Neuseeland n 319
neutral 60, 224
Nicaragua n 314
nicht 322
Nichte f 23
Nichtraucherbereich m 152
Nickel n 289
nie 320
Niederlande 316
niedrig 321
Niere f 18, 119
Niesen n 44
Niger m 317
Nigeria n 317

DUITS REGISTER • DEUTSCHES REGISTER

Nilpferd n 291
Nockenriemen m 203
Nordamerika n 314
Norden m 312
Nordkorea n 318
nördlich 283
Nordpol m 283
Nordpolarmeer n 312
Nordsee f 312
normal 39
Norwegen n 316
Notation f 256
Notaufnahme f 48
Notausgang m 210, 322
Notbremse f 209
Notdienst m 94
Note f 163, 255, 256
Notfall m 46
Notiz f 163, 175, 191
Notizblock m 173
Notizbuch n 172
Notrufsäule f 195
November m 306
Nudelholz n 69
Nudeln f 158
Nugat m 113
null 230, 308
Nummernschild n 198
Nüsse f 129, 151
Nylon n 277

O
oben 98
Oberarmknochen m 17
Oberdeck n 260
Oberfräse f 78
Oberschenkel m 12
Oberschenkelknochen m 17
Oberschenkelmuskel m 16
Objektivlinse f 167
Objektträger m 167
Oboe f 257
Obsidian m 288
Obst n 107, 126, 128, 157
Obstanbau m 183
Obstkorb m 126
Obstkuchenform f 69
Obstsaft m 156
Obsttortelett n 140
Obus m 196
offen 321
Öffnungszeiten f 322
oft 320
ohne 320
Ohnmacht f 25, 44
Ohr n 14
Öhr n 244
Ohrring m 36
okay 322
Okra f 122
Oktober m 306
Okular n 167, 269
Öl n 134, 142, 143, 199
Oldtimer m 199

Ölfarbe f 274
Olive f 143, 151
Olivenöl n 134
Ölmessstab m 202
Ölsumpf m 204
Öltanker m 215
Oman n 318
Omelett n 158
Onkel m 22
Onkologie f 49
online 177
Onyx m 289
Opal m 288
Oper f 255
Operation f 48
Operationssaal m 48
Optiker m 189
orange 274
Orange f 126
Orangenlimonade f 144
Orangenmarmelade f 134, 156
Orangensaft m 149, 151
Orchester n 254, 256
Orchestergraben m 254
Orchidee f 111
Ordner m 172, 177
Oregano m 133
Organ n 18
Origami n 275
ornamental 87
Orthopädie f 49
Öse f 37, 276
Osten m 312
Osteopathie f 54
Österglocke f 111
Ostern n 27
Österreich n 316
Ostsee f 313
Otter m 290
Ouvertüre f 256
Overall m 83
Overheadprojektor m 163
Ozean m 282
Ozeandampfer m 214
Ozeanien n 319
Ozonschicht f 286

P
Paar n 24
Päckchen n 112, 311
Paddel n 241
Page m 100
Pagenkopf m 39
Pak-Choi m 123
Paket n 99
Pakistan n 318
Palette f 186, 274
Palme f 86, 296
Palmherz n 122
Palmtop m 175
Panama n 314
Pandabär m 291
Paniermehl n 139
Panne f 203
Panzer m 293

Papagei m 293
Papaya f 128
Papierbehälter m 172
Papierführung f 172
Papierklammer f 173
Papierkorb m 172, 177
Papierserviette f 154
Papiertaschentuch n 108
Papiertaschentuchschachtel f 70
Pappe f 275
Pappel f 296
Pappmaschee n 275
Paprika f 124
Paprika m 132
Papua-Neuguinea n 319
Par n 233
Paraguay n 315
parallel 165
Parallelogramm n 164
Paranuss f 129
Parfum n 41
Parfümerie f 105
Park m 261, 262
parken 195
Parkett n 254
Parkplatz m 298
Parkuhr f 195
Parkverbot n 323
Parmesan m 142
Partner m 23
Partnerin f 23
Pass m 213, 223, 226
Passagier m 216
Passagierhafen m 216
Passah n 27
passen 220, 221
Passionsfrucht f 128
Passkontrolle f 212, 213
Pastellstift m 274
Pastete f 142, 143, 156, 158
pasteurisiert 137
Pastinake f 125
Patchwork n 277
Pathologie f 49
Patient m 48
Patientenkurve f 48
Patientenstuhl m 50
Patientenzimmer n 48
Patientin f 45
Patiogarten m 84
Pause f 254, 269
Pausenzeichen n 256
Pay-Kanal m 269
Pazifischer Ozean m 312
Pecannuss f 129
Pedal n 206
Pediküre f 41
Peeling n 41
Pelikan m 292
Pendler m 208
Penis m 21
Peperoni f 124, 143
Peperoniwurst f 142
Pergola f 84
Periduralanästhesie f 52

Periodikum n 168
Perlenkette f 36
Personal n 175
Personalabteilung f 175
Personenwaage f 45
Peru n 315
Perücke f 39
Pessar n 21
Pestizid n 89, 183
Petersilie f 133
Petrischale f 166
Pfannengericht n 158
Pfannenwender m 68
Pfannkuchen m 157
Pfau m 293
Pfeffer m 64, 152
Pfefferkorn n 132
Pfefferminz n 113
Pfefferminztee m 149
Pfeife f 112
Pfeil m 249
Pferch m 185
Pferd n 185, 235, 242
Pferderennen n 243
Pferdeschwanz m 39
Pferdestall m 243
Pfingstrose f 111
Pfirsich m 126, 128
pflanzen 183
Pflanzen f 296
Pflanzenarten f 86
Pflanzenöl n 135
Pflanzenschildchen n 89
Pflanzschaufel f 89
Pflaster n 47
Pflaume f 126
pflücken 91
pflügen 183
pfropfen 91
Pfund n 310
Phantombild n 181
Philippinen 319
Philosophie f 169
Physik f 162, 169
Physiotherapie f 49
Picknick n 263
Picknickbank f 266
Picknickkorb m 263
Pier m 217
Pik n 273
Pikkoloflöte f 257
Pilates n 251
Pilates-Übung f 251
Pille f 21
Pilot m 190, 211
Pilz m 125
Piment m 132
Pinguin m 292
Piniennuss f 129
PIN-Kode m 96
Pinne f 240
Pinnwand f 173
Pinsel m 274
Pint n 311
Pintobohnen f 131
Pinzette f 40, 47, 167
Pipette f 167

Pistazie f 129
Piste f 247
Pistole f 94
Pitabrot n 139
Pitcher m 229
Pizza f 154, 155
Pizzabelag m 155
Pizzeria f 154
Plädoyer n 180
Plakat n 255
Plakatfarbe f 274
Planet m 280, 282
Planschbecken n 263
Plastiktüte f 122
plastische Chirurgie f 49
Plateau n 284
Plateauschuh m 37
Platin n 289
Platte f 85, 283
Plattenspieler m 268
Platz m 299
Platzanweiser m 255
Platzverweis m 223
Plazenta f 52
plus 165
Pluspol m 167
Pluto m 280
pochieren 67
pochiert 159
Podium n 256
Poker n 273
Pol m 60, 282
Polarkreis m 283
Polarlicht n 286
Polen n 316
polieren 77
Politologie f 169
Politur f 77
Polizei f 94
Polizeiauto n 94
Polizeiwache f 94
Polizist m 94, 189
Poller m 214, 298
Polo n 243
Polster n 224
Polyester n 277
Pommes frites 154
Poolbillard n 249
Popcorn n 255
Popmusik f 259
Pore f 15
Port m 176
Portefeuille n 97
Portion f 64
Portionierer m 68
Portmonee n 37
Portokosten 98
Portugal n 316
Portwein m 145
Porzellan n 105
Posaune f 257
Pose f 244
Post f 98
Postanweisung f 98
Postbeamte m 98
Posteingang m 177
postgraduiert 169

DUITS REGISTER • DEUTSCHES REGISTER

Postkarte f 112
Postleitzahl f 98
Postsack m 98
Poststempel m 98
Posttasche f 190
Potpourri n 111
Praline f 113
Präsentation f 174
Preis m 152
Preiselbeere f 127
Preisliste f 154
Premiere f 254
Presse f 178
Pressluftbohrer m 187
Privatbadezimmer n 100
Privatjet m 211
Privatzimmer n 48
Problem n 271
Profilsäge f 81
Programm n 176, 254, 269
Programmgestaltung f 178
Projektor m 174
Promenade f 265
Promotion f 169
Propeller m 211
Prosciutto m 143
Prospekt m 254
Prostata f 21
Protokoll n 174
Protokollführer m 180
Provinz f 315
Provision f 97
Prozentsatz m 165
Prozessor m 176
Prüfung f 163
Psychiatrie f 49
Psychotherapie f 55
Publikum n 254
Puck m 224
Puder m 109
Puderdose f 40
Puderpinsel m 40
Puderquaste f 40
Puderrouge f 40
Puerto Rico n 314
Pullover m 33
Puls m 47
Pult n 162
Pumps m 37
Punk m 259
Punkt m 273
pünktlich 305
Pupille f 51
Puppe f 75
Puppenhaus n 75
püriert 159
Pute f 119
Putter m 233
putzen 77
Puzzle n 273
Pyramide f 164

Q
Quadrat n 164
Quadratfuß m 310
Quadratmeter m 310
Qualle f 295
Quart n 311
Quarz m 289
Quecksilber n 289
quer 271
Querflöte f 257
Querlatte f 222
Querruder n 210
Quiche f 142
Quitte f 128
Quittung f 152

R
Rachen m 19
Racquetball n 231
Rad n 198, 207
Radar m 214, 281
radfahren 207
Radfahren n 263
Radicchio m 123
Radiergummi m 163
Radieschen n 124
Radio einstellen n 269
Radio n 179, 268
Radiologie f 49
Radiowecker m 70
Radius m 164
Radkappe f 202
Radmutter f 203
Radschlüssel m 203
Rafting n 241
Rahmen m 206
Rahmkäse m 136
Rakete f 211
Rallyefahren n 249
RAM n 176
Ramadan m 27
Rang m 254
Rap m 259
Raps m 184
Rapsöl m 135
Rasen m 85, 90
Rasenmäher m 88, 90
Rasensprenger m 89
Rasentrimmer m 88
Rasieren n 73
Rasierklinge f 73
Rasierschaum m 73
Rasierwasser m 73
Rassel f 74
Rathaus n 299
Ratte f 290
Rattenschwänze m 39
Rauch m 95
Rauchen n 112
Rauchen verboten 322
Raucherbereich m 152
Räucherfisch m 143
Räucherhering m 157
Rauchmelder m 95
Raumanzug m 281
Raumfähre f 281
Raumforschung f 281
Raumstation f 281
Raupe f 295
Raureif m 287

Reagenzglas n 166
Rebound m 226
Rechnung f 152
Recht n 180
rechte Feld n 229
Rechteck n 164
rechts 260
rechts fahren 323
Rechtsabteilung f 175
Rechtsanwalt m 180, 190
Rechtsberatung f 180
Rechtssteuerung f 201
Rechtswissenschaft f 169
Reck n 235
Recyclingbehälter n 61
Redakteurin f 191
Redewendung f 322
reduziert 322
Reflexzonenmassage f 54
Reformhaus n 115
Regal n 268
Regen m 287
Regenbogen m 287
Regenbogenforelle f 120
Regenhaut f 245, 267
Regenmantel m 31, 32
Regenschirm m 36
Regenwald m 285
Reggae m 259
Region f 315
Regisseur m 254
Reibahle f 80
Reibe f 68
reiben 67
reif 129
Reifen m 198, 205, 206
Reifendruck m 203
Reifenpanne f 203, 207
Reifenprofil m 207
Reifenschlüssel m 207
Reihe f 210, 254
Reihenhaus n 58
Reiki n 55
Reiniger m 41
Reinigung f 115
Reinigungsartikel f 77
Reinigungsmittel n 51, 77
Reinigungstuch n 108
Reis m 130, 158, 184
Reisebüro n 114
Reisebürokauffrau f 190
Reisebus m 196
Reiseführer m 260
Reisekrankheitstabletten f 109
Reisescheck m 97
Reisetasche f 37
Reiseziel n 213
Reismelde f 130
Reißverschluss m 277
Reißzwecke m 173
Reiten n 263
Reiter m 242

Reitgerte f 242
Reithelm m 242
Reithose f 242
Reitsport m 242
Reitstiefel m 242
Reitweg m 263
Rekord m 234
Relieftapete f 83
Renaissance f 301
Rennbahn f 234
Rennboot n 214
Rennbügel m 207
rennen 229
Rennen n 234
Rennfahrer m 249
Rennmaschine f 205
Rennpferd n 243
Rennrad n 206
Rennrodeln n 247
Rennsport m 249
renovieren 82
Reparaturkasten m 207
Reporterin f 179
Reptilien n 293
Restaurant n 101, 152
Rettich m 125
Rettungsboot n 214, 240
Rettungsring m 240
Rettungssanitäter m 94
Rettungsturm m 265
Return m 231
Revers n 32
Rezept n 45
R-Gespräch n 99
Rhabarber m 127
Rhombus m 164
Richter m 180
richtig 321
Richtungsangabe f 260
Riemen m 207
Riesenslalom m 247
Rinde f 136, 142, 296
Rindfleisch n 118
Ring m 36, 235
Ringbefestigungen f 89
Ringen n 236
Ringfinger m 15
Ringordner m 173
Rinnstein m 299
Rippchen n 155
Rippe f 17
Rippenstück n 119
Robbe f 290
Robe f 169
Rochen m 120, 294
Rochenflügel m 120
Rock m 30, 34
Rockbund m 35
Rockkonzert n 258
Rocky Mountains 312
Rodeo n 243
Roggenbrot n 138
Roggenmehl n 138
roh 124, 129
Rohr n 202
Rohrabschneider m 81
Rohrzange f 81

Rokoko n 301
Rolle f 244, 245, 311
Rollenheft n 254
Roller m 83, 205
Rollo n 63
Rollschuh m 249
Rollschuhfahren n 249
Rollstuhl m 48
Rollstuhlzugang m 197
Rolltreppe f 104
Röntgenaufnahme f 48, 50
Röntgenbild n 50
Röntgenschirm m 45
rosa 274
Röschen n 122
rosé 145
Rose f 110
Rosenkohl m 123
Rosine f 129
Rosinenbrot n 139
Rosmarin m 133
Rost m 67
rostfreie Stahl m 79
rot 39, 271, 274
rotbraun 39
Rote Bete f 125
rote Karte f 223
Rotes Meer n 313
Rotorblatt n 211
Rotzunge f 120
Rough n 232
Route f 260
Ruanda n 317
Rübe f 124
Rubin m 288
Rücken m 13
Rückenbürste f 73
Rückenflosse f 294
rückenfrei 35
Rückenlehne f 210
Rückenmantel m 16
Rückenschwimmen n 239
Rückgabedatum n 168
Rückhand f 231
Rücklauf n 269
Rücklicht n 204, 207
Rucksack m 31, 37, 267
Rücksitz m 200
Rückspiegel m 198
Rückstrahler m 207
rückwärts 195
Rucola n 123
Ruder m 241
Ruderboot n 214
Ruderer m 241
Rudermaschine f 250
rudern 241
Rufknopf m 48
Rugby n 221
Rugbyball m 221
Rugbyspieler m 221
Rugbytrikot n 221
Ruhestand m 26
Rührei n 157
rühren 67

DUITS REGISTER • DEUTSCHES REGISTER

Rührschüssel f 69
Ruine f 261
Rum m 145, 151
Rumänien n 316
Rumpf m 210, 214, 240
Rumpfheben n 251
Rumpsteak n 119
runde Ausschnitt m 33
Runde f 237
Rundfunkstation f 179
Rundkorn n 130
Rüssel m 291
Russische Föderation f 318
Rutsche f 263
rutschen 229

S

Säbel m 236
Sackgasse f 323
säen 90, 183
Safaripark m 262
Safran m 132
Saft m 109, 127, 149, 159
saftig 127
Sägeblatt n 78
sägen 70
Sahara f 313
Sahne f 137, 140, 157
Sahnetorte f 141
Saint Kitts und Nevis n 314
Saint Lucia n 314
Saint Vincent und die Grenadinen n 314
saisonal 129
Saite f 230, 258
Saiteninstrumente n 256
Salamander m 294
Salami f 142
Salat m 123, 149, 158
Salatsoße f 158
Salbe f 47, 109
Salbei m 133
Salomonen 319
Salto m 235
Salz n 64, 152
salzig 155
Sambia n 317
Samen m 122, 130
Samen m 88
Samenausführungsgang m 21
Samenbläschen n 21
Samenleiter m 21
Sämling m 91
Samstag m 306
San Marino n 316
Sand m 85, 264
Sandale f 31, 37
Sandburg f 265
Sandkasten m 263
Sandsack m 237
Sandstein m 288
Sandwich n 149, 155
Sandwichtheke f 143

Sängerin f 191
Sanitärtechnik f 61
São Tomé und Príncipe n 317
Saphir m 288
Sardine f 120
Sardinien n 316
Satellit m 281
Satellitenschüssel f 269
Satsuma f 126
satt 64
Sattel m 206, 242
Sattelgurt m 242
Sattelstütze f 206
Saturn m 280
Satz m 230
sauber 76, 321
Saubohnen f 131
Saudi-Arabien n 318
sauer 127, 137
Sauerteigbrot n 139
Sauger m 75
Säugetiere n 290
Saugglocke f 53, 81
Säuglingspflege f 74
Saugschlauch m 77
Säule f 301
Saum m 34
Sauna f 250
Saxofon m 257
Scanner m 106, 176
Schabe f 295
Schablone f 83
Schach n 272
Schachbrett n 272
Schädel m 17
Schaf n 185
Schaffarm n 183
Schaffner m 209
Schafmilch f 137
Schal m 31
Schale f 126, 127, 128, 129
schälen 67
Schäler m 68
Schalotte f 125
schalten 207
Schalter m 60, 96, 98, 100
Schalthebel m 201, 207
Schamlippen f 20
scharf 124
Schaschlik n 158
Schattenpflanze f 87
Schauer m 286
Schaufel f 187, 265
Schaukel f 263
Schaum m 148
Schaumbad n 73
Schaumlöffel m 68
Schauspieler m 179, 191, 254
Schauspielerin f 254
Scheck m 96
Scheckheft n 96
Scheibe f 119, 121, 139
Scheibenbrot n 138

Scheibenputzmittelbehälter m 202
Scheibenschießen n 249
Scheibenwaschanlage f 199
Scheibenwischer m 198
Scheide f 20
Scheidenmuschel f 121
Scheidung f 26
Schein m 97
Scheinwerfer m 198, 205, 259
Schellfisch m 120
Schenkel m 119
Schere f 38, 47, 88, 188, 276
Scheune f 182
Schiebedach n 202
Schiedsrichter m 222, 225, 226, 227, 229, 230
Schiefer m 288
Schienbein n 12, 17
Schienbeinschutz m 225
Schiene f 47, 208, 209
schießen 223
Schiff n 214, 215
Schiffsschraube f 214
Schild n 104, 172
Schilddrüse f 18
Schildkröte f 293
Schinken m 119, 143, 156
Schirm m 233
Schlafabteil n 209
Schlafanzug m 30, 33
Schläfe f 14
schlafen 74
Schlaflosigkeit f 71
Schlafmatte f 267
Schlafsack m 267
Schlaftablette f 109
Schlafzimmer n 70
Schlag (elektrisch) m 46
Schlag m 228, 233
Schlaganfall m 44
Schläge f 231
schlagen 67, 224, 225, 229
Schläger m 224
Schlägerspiele n 231
Schlagfehler m 228
Schlagholz n 225
Schlaginstrumente n 257
Schlagmal n 228
Schlagmann m 225, 228
Schlagsahne f 137
Schlagzeug n 258
Schlagzeuger m 258
Schlange f 293
Schlauch m 95, 207
Schlauchboot n 215
Schlauchwagen m 89
schlecht 321
schlechter 321
Schlegel m 275
Schleier m 35

Schleierkraut n 110
Schleifmaschine f 78
Schleppdampfer m 215
Schleppe f 35
Schleudertrauma n 46
Schleudern 76
Schließfächer n 239
Schlinge f 46
Schlittenfahren n 247
Schlittschuh m 224
Schlittschuh m 224, 247
Schloss n 59
Schlot m 283
Schlucht f 284
Schluff m 85
Schlüssel m 59, 80, 207
Schlüsselbein n 17
Schlüsselblume f 297
schmal 321
Schmerzmittel n 109
Schmerztabletten f 47
Schmetterball m 231
Schmetterling m 239, 295
schmirgeln 82
Schmirgelpapier n 81, 83
Schmortopf m 69
Schmuck m 36
Schmuckkasten m 36
Schmucksteine m 288
schmutzig 76, 321
Schnabel m 293
Schnabelbecher m 75
schnarchen 71
Schnauze f 293
Schnecke f 295
Schnee m 287
Schneeanzug m 30
Schneebesen m 68
Schneemobil n 247
Schneeregen m 286
Schneidebrett n 68
schneiden 38, 67, 79, 277
Schneider m 191
Schneiderei f 115
Schneiderkreide f 276
Schneiderpuppe f 276
Schneidezahn m 50
schnell 321
Schnellimbiss m 154
Schnellstraße f 195
Schnitt m 46
Schnittlauch m 133
Schnittmuster n 276
Schnitz m 126
schnitzen 79
Schnorchel m 239
Schnur f 244
schnurlose Telefon n 99
Schnurrhaare m 290
Schnürschuh m 37
Schnürsenkel m 37
Schock m 47
schockiert 25
Schokolade f 113, 144, 156

Schokoladenaufstrich m 135
Schokoladenmilchshake m 149
Schokoladenstückchen n 141
Schokoladentorte f 140
schön 321
Schönheit f 40
Schönheitsbehandlungen f 41
Schönheitspflege f 105
Schöpflöffel m 68
Schornstein m 58, 214
Schot f 241
Schote f 122
Schraube f 80
Schraubenschlüssel m 80
Schraubenzieher m 80
Schraubenziehereinsätze m 80
Schraubstock m 78
schreiben 162
Schreibtisch m 172
Schreibtischschränkchen n 172
Schreibwaren f 105
schreien 25
Schreiner m 188
Schriftart f 177
Schritt m 243
schrubben 77
Schubkarre f 88
Schublade f 66, 70, 172
schüchtern 25
Schuhabteilung f 104
Schuhe f 34, 37
Schuhgeschäft n 114
Schulbuch n 163
Schulbus m 196
schuldig 181
Schule f 162, 299
Schüler m 162
Schuljunge m 162
Schulleiter m 163
Schulmädchen n 162
Schultasche f 162
Schulter f 13
Schulterblatt n 17
Schulterpolster m 35
Schulterriemen m 37
Schuluniform f 162
Schuppe f 294
Schuppe f 121
Schuppen f 39, 293
Schuppen m 85
Schürze f 30, 69
Schuss m 151
Schüssel f 65
Schutz m 88
Schutzanstrich m 83
Schutzblech n 205
Schutzbrille f 81, 167
Schutzhelm m 95, 186
Schutzkappe f 270

354   nederlands • deutsch

DUITS REGISTER • DEUTSCHES REGISTER

Schutzmaske f 228
Schutzpolster n 220
schwach 321
Schwager m 23
Schwägerin f 23
Schwalbe f 292
Schwamm m 73, 74, 83
Schwan m 293
schwanger 52
Schwangerschaft f 52
Schwangerschaftstest m 52
Schwanz m 121, 290, 292, 294
Schwarte f 119
schwarz 39, 272, 274, 321
Schwarzbier n 145
Schwarzes Loch n 280
Schwarzes Meer n 313
Schwarztee m 149
Schwebebalken m 235
Schweden n 316
Schwefel m 289
Schweif m 242, 280
Schwein n 185
Schweinefarm f 183
Schweinefleisch m 118
Schweinestall m 185
Schweißband m 230
Schweiz f 316
schwer 321
Schwerkraft f 280
Schwert n 241
Schwertfisch m 120, 294
Schwester f 22
Schwiegermutter f 23
Schwiegersohn m 22
Schwiegertochter f 22
Schwiegervater m 23
schwierig 321
Schwimmbad n 101
Schwimmbecken n 238, 250
Schwimmbrett n 238
Schwimmbrille f 238
schwimmen 238
Schwimmer m 61, 238
Schwimmflosse f 239
Schwimmflügel m 238
Schwimmreifen m 265
Schwimmsport m 238
Schwimmstile f 239
Schwimmweste f 240
schwingen 232
Science-Fiction-Film m 255
Scotch m 151
Scrabble n 272
Scrollbalken m 177
sechs 308
Sechseck n 164
sechster 309
sechzehn 308
sechzehnter 309
sechzig 308
sedimentär 288

See m 285
Seebarsch m 120
Seefischerei f 245
Seelöwe m 290
Seemann m 189
Seepferd n 294
Seestern m 295
Seeteufel m 120
Seezunge f 120
Segel n 241
Segelboot n 215
Segelfliegen n 248
Segelflugzeug n 211, 248
Segeljacht f 240
Segelsport m 240
Sehenswürdigkeiten f 261
Sehkraft f 51
Sehne f 17
Sehnerv m 51
Sehtest m 51
Seide f 277
Seife f 73
Seifenoper f 178
Seifenschale f 73
Seil n 248
Seilspringen n 251
Seite f 164
Seitendeck n 240
Seitenleitwerk n 210
Seitenlinie f 220, 221, 226, 230
Seitenruder n 210
Seitenschneider m 81
Seitenspiegel m 198
Seitenstraße f 299
Seitenstreifen m 194
Seitlißstoß m 237
Seitpferd n 235
Sekretariat n 168
Sekunde f 304
Sekundenzeiger m 304
Selbstbräunungscreme f 41
selbstsicher 25
Selbstverteidigung f 237
Sellerie m 124
selten 320
senden 177, 178
Sendung f 179
Senegal m 317
Senf m 135, 155
Senfkorn n 131
Senkblei n 82
senkrecht 165
Sepie f 121
September m 306
Serbien n 316
Server m 176
Serviceprovider m 177
servieren 64
Servierlöffel m 68
Serviette f 65, 152
Serviettenring n 65
Sesamkorn n 131
Sesamöl n 134

Sessel m 63
Sessellift m 246
Set n 64, 179
Setzkasten m 89
Setzkescher m 244
seufzen 25
Shampoo n 38
Sherry m 145
Shiatsu n 54
Shorts f 30, 33
Sibirien n 313
Sicherheit f 75, 240
Sicherheitsbohrer m 80
Sicherheitsgurt m 198, 211
Sicherheitsnadel f 47
Sicherheitssperre f 246
Sicherheitsventil n 61
Sicherheitsvorkehrung f 212
sichern 177
Sicherung f 60
Sicherungskasten m 60, 203
Sieb n 68, 89
sieben 91, 138, 308
siebter 309
siebzehn 308
siebzehnter 309
siebzig 308
Siegerpodium n 235
Sierra Leone n 317
Signal n 209
Silber n 235, 289
Silo n 183
Simbabwe n 317
Singapur n 319
Sirene f 94
Sitz m 204, 209, 210, 242
Sitzfläche f 64
Sitzplatz n 254
Sitzung f 174
Sitzungsraum m 174
Sizilien n 316
Skalpell n 81, 167
Skateboard n 249
Skateboardfahren n 249, 263
Skelett n 17
Ski m 246
Skianzug m 246
Skibrille f 247
Skihang m 246
Skiläuferin f 246
Skipiste f 246
Skisport m 246
Skisprung m 247
Skistiefel m 246
Skistock m 246
Skizze f 275
Skizzenblock m 275
Skorpion m 295
Slalom m 247
Slice m 230
Slip m 33, 35
Slipeinlage f 108

Slipper m 37
Slowakei f 316
Slowenien n 316
Smaragd m 288
SMS f 99
Snackbar f 148
Snooker n 249
Snowboarding n 247
Socken f 33
Sodabrot m 139
Sodawasser n 144
Sofa n 62
Sofakissen n 62
Sofortbildkamera f 270
Software f 176
Sohle f 37
Sohn m 22
Sojabohnen f 131
Sojabohnensprosse f 122
Soldat m 189
Somalia n 317
Sommer m 31, 307
Sommersprosse f 15
Sonate f 256
Sonde f 50
Sonderangebot n 322
Sonne f 280
Sonnenaufgang m 305
sonnenbaden 264
Sonnenbank f 41
Sonnenblocker m 108, 265
Sonnenblume f 184, 297
Sonnenblumenkern m 131
Sonnenblumenöl n 134
Sonnenbrand m 46
Sonnenbräune f 41
Sonnenbrille f 51, 265
Sonnenhut m 30, 265
Sonnenmilch f 265
Sonnenschein m 286
Sonnenschirm m 148, 264
Sonnenschutzcreme f 108
Sonnensystem n 280
Sonnenuhr f 262
Sonnenuntergang m 305
sonnig 286
Sonntag m 306
Sorbet n 141
Soße f 135, 143, 155, 159
Soufflé n 158
Soufflèform f 69
Soundtrack m 255
Soziussitz m 204
Spachtel m 82
Spachtelmasse f 83
spachteln 82
Spalier n 84
Spanholz n 79
Spanien n 316
Spann m 15
Spannung f 60

Spareinlagen f 96
Spargel m 124
Sparkonto n 96
Sparring n 237
spät 305, 320
Spatel m 167
Spaten m 88
später 304, 320
Spatz m 292
spazierengehen 75
Specht m 292
Speck m 118
Speckscheibe f 119
Speerfischen n 245
Speerwerfen m 234
Speiche f 17, 207
Speicher m 176
Speisekarte f 148, 153, 154
Speiseröhre f 19
Speisewagen m 209
Spermium n 20
Sperrholz n 79
Spezialitäten f 152
Spiegel m 40, 63, 71, 167
Spiegelei n 157
Spiegelreflexkamera f 270
Spiel n 230, 273
Spielanzug m 30
Spielbahn f 225, 233
Spiele f 272
spielen 75, 229, 273
Spieler m 273
Spielerbank f 229
Spielergebnis n 273
Spielernummer f 226
Spielfeld n 220, 221, 226, 227, 228
Spielfeldgrenze f 225
Spielfilm m 269
Spielhaus n 75
Spielkonsole f 269
Spielmarke f 272
Spielplatz m 263
Spielshow f 178
Spielstand m 220
Spielwaren f 105
Spielzeug n 75
Spielzeugkorb m 75
Spieß m 68
Spikes m 233
Spin m 230
Spinat m 123
Spinne f 295
Spinnerkasten m 244
Spirale f 21
Spitze f 35, 36, 122, 164, 246
Spitzenklöppelei f 277
Spitzhacke f 187
Splitter m 46
Sport m 162, 219
Sportangeln n 245
Sportart f 248
Sportartikel m 105

nederlands • deutsch

355

DUITS REGISTER • DEUTSCHES REGISTER

Sport-BH m 35
Sportjackett n 33
Sportler m 191
Sportplatz m 168
Sportschuh m 31, 37
Sportschuhe m 251
Sportwagen m 75, 199
Sprachen f 162
Sprachmitteilung f 99
Spray n 109
Sprechanlage f 59
Sprecher m 174
Sprechzimmer n 45
Springbrunnen m 85
springen 227, 238
Springer m 238, 272
Springreiten n 243
Sprinter m 234
Spritzbeutel m 69
Spritze f 48, 109, 167
Spritzflasche f 89
Spritzschutz m 66
Sprühbehälter m 311
Sprühdose f 311
sprühen 91
Sprung m 235, 237, 239, 243
Sprungball m 226
Sprungbrett m 235, 238
Sprungfeder f 71
Spuckbecken n 50
Spülbecken n 66
Spule f 276
Spüle f 61
spülen 76, 77
Spuler m 276
Spülkasten m 61
Spülmaschine f 66
Spur f 194
Squash n 231
Sri Lanka n 318
Staat m 315
Staatsanwaltschaft f 180
Stab m 225, 235
Stabhochsprung m 234
Stachel m 295
Stachelbeere f 127
Stadion n 223
Stadium n 23
Stadt f 298
Stadtplan m 261
Stadtrundfahrtbus m 260
Staffelei f 274
Staffellauf m 235
Stahlwolle f 81
Stake f 245
Stall m 185
Stallbursche m 243
Stamm m 296
Stammabschnitt m 96
Ständer m 88, 268
Stange f 90, 133, 207, 250
Stängel m 111, 297
Stangenbohne f 122
Stangensellerie m 122
Stangenweißbrot n 139

stark 321
Startbahn f 212
Startblock m 234, 238
starten 211
Startlinie f 234
Startsprung m 239
Stativ n 166, 270, 281
Staub m 77
Staubgefäß n 297
Staubsauger m 77, 188
Staubtuch n 77
Staudamm m 300
Staudenrabatte f 85
Stechbeitel m 81, 275
stechen 90
Stechmücke f 295
Stechpalme f 296
Steckdose f 60
Stecker m 60
Stecknadel f 276
Steckschlüssel m 80
Steckschlüsseleinsatz m 80
Steg m 258
Steigbügel m 242
Stein m 272, 275
Steingarten m 84
Steinobst n 126
Steißbein n 17
Steißgeburt f 52
Stempel m 173
Stempelkissen n 173
Steppdecke f 71
Stepper m 250
sterben 26
stereo 269
steril 20, 47
Stern m 280
Sternanis m 133
Sternbild n 281
Sternfrucht f 128
Sternhyazinthe f 297
Stethoskop n 45
Steuer f 96
Steuerrakete f 281
Steuerung f 204, 269
Stich m 46, 277
Stichplatte f 276
Stichsäge f 78
Stichwahltaste f 276
Stickerei f 277
Stiefel m 220
Stiefmutter f 23
Stiefsohn m 23
Stieftochter f 23
Stiefvater m 23
Stiel m 187, 297
Stier m 185
Stifthalter m 172
Stillbüstenhalter m 53
stillen 53
Stimmbänder n 19
Stipendium n 169
Stirn f 14
Stirnmuskel m 16
Stirnriemen m 242
Stirnrunzeln m 25

Stock m 91
Stockwerk n 58
Stoff m 276, 277
Stoffwindel f 30
stolz 25
Stop m 269
stopfen 277
Stoppball m 230
Stoppuhr f 234
Stöpsel m 72, 166
Storch m 292
Stoß m 237, 239
Stößel m 68, 167
Stoßstange f 198
Stoßzahn m 291
Stoßzeit f 209
Strafmaß n 181
Strafraum m 223
Strafregister n 181
Straftäter m 181
Strähnchen n 39
Strampelanzug m 30
Strand m 264
Strandhäuschen n 264
Strandsandale f 37
Strandtasche f 264
Strandtuch n 265
Strang m 277
Straße f 194, 298
Straßenanzug m 32
Straßenarbeiten f 187
Straßenbahn f 196, 208
Straßenbaustelle f 195
Straßencafé n 148
Straßenecke f 298
Straßenlaterne f 298
Straßenmarkierungen f 194
Straßenrad n 206
Straßenschild m 298
Stratosphäre f 286
Strauß m 111, 292
Strebepfeiler m 301
Strecken n 251
Streichbürste f 83
Streichhölzer m 112
Stress m 55
Stretchlimousine f 199
Strichkode m 106
Stricken n 277
Strickjacke f 32
Stricknadel f 277
Strohhalm m 144, 154
Strom m 60
Stromanschluss m 266
Stromausfall m 60
stromführend 209
Stromkabel n 176
Stromnetz n 60
Stromschnellen f 284
Stromzähler m 60
Struktur f 300
Strumpfband n 35
Strümpfe m 35
Strumpfhalter m 35
Strumpfhose f 34, 35
Strunk m 122

Stück n 140, 311
Stuckrahmen m 63
Student m 169
Studentenheim n 168
Studioeinrichtung f 178
Stufenbarren m 235
Stuhl m 64
Stunde f 163, 304
Stundenzeiger m 304
Sturm m 286
Sturz m 186
Stütze f 187
stutzen 90
stützen 91
Stützräder n 207
subtrahieren 165
suchen 177
Südafrika n 317
Südamerika n 315
Sudan m 317
Süden m 312
Südfrüchte f 129
Südkorea n 318
südlich 283
Südpolarmeer n 313
Sukkulente f 87
Sultanine f 129
Sumo m 237
Sumpf m 285
Supermarkt m 106
Suppe f 153, 158
Suppenlöffel m 65
Suppenteller m 65
Surfbrett n 241
Surfer m 241
Suriname n 315
süß 124, 127, 137, 155
Süßkartoffel f 125
Süßwaren f 107, 113
Süßwarengeschäft n 113
Süßwasserangeln n 245
Swasiland n 317
Sweatshirt n 33
Symbol n 177
Symphonie f 256
Synagoge f 300
Synchronschwimmen n 239
synthetisch 31
Syrien n 318
System n 176

T

Tabak m 112, 184
Tablett n 152, 154
Tablette f 109
Tachometer m 201, 204
Taco m 155
Tadschikistan n 318
Taekwondo n 236
Tafel f 113, 162
Tag m 305, 306
Tagesdecke f 70
Tagesordnung f 174
taggen 229
Tai Chi n 237
Taille f 12

Taiwan n 319
Takelung f 215, 240
Taktstock m 256
Taktstrich m 256
Tal n 284
Tamburin n 257
Tampon m 108
Tandem n 206
Tangelo f 126
Tankstelle f 199
Tankstellenplatz m 199
Tansania n 317
Tante f 22
Tanzakademie f 169
Tänzerin f 191
Tanzmusik f 259
Tapete f 82
Tapetenkleister m 82
Tapezierbürste f 82
tapezieren 82
Tapeziermesser m 82
Tapezierschere f 82
Tapeziertisch m 82
Tapisserie f 277
Tarowurzel f 124
Tasche f 32, 37
Taschenlampe f 267
Taschenrechner m 165
Taschentuch n 36
Tasmanien n 319
Tastatur f 172, 176
Taste f 176
Tastenfeld n 97, 99
Tätigkeiten f 77, 183
Tätowierung f 41
Taube f 292
Tauchen n 239
Taucheranzug m 239
Tauchermaske f 239
Taufe f 26
tausend 309
Tausendfüßer m 295
Taxifahrer m 190
Taxistand m 213
Team n 229
Techniken f 79, 237
Teddy m 75
Tee m 144, 149, 149, 156, 184
Tee n 233
Teebeutel m 144
Teeblätter n 144
Teekanne f 65
Teelöffel m 65
Teetasse f 65
Teich m 85
Teig m 138, 140
Teigschaber m 68
Teilchen n 140
Teiler m 173
teilnehmen 174
Teint m 41
Telefon n 99, 172
Telefonzelle f 99
Telegramm n 98
Teleprompter m 179
Teleskop n 281

DUITS REGISTER • DEUTSCHES REGISTER

Teller *m* 65
Tempel *m* 300
Temperatur *f* 286
Temperaturanzeige *f* 201
Tennis *n* 230
Tennisball *m* 230
Tennisplatz *m* 230
Tennisschläger *m* 230
Tennisschuhe *m* 231
Tennisspieler *m* 231
Teppich *m* 63, 71
Tequila *m* 145
Termin *m* 45, 175
Terminal *m* 212
Terminkalender *m* 173, 175
Termite *f* 295
Terpentin *n* 83
Terrasse *f* 85
Terrassencafé *n* 148
Territorium *n* 315
Tesafilm *m* 173
Tesafilmhalter *m* 173
Testament *n* 26
teuer 321
Text *m* 259
Thailand *n* 318
Theater *n* 254, 299
Theaterkostüm *m* 255
Theaterstück *n* 254
Theke *f* 142, 150
Therapeutin *f* 55
Thermometer *m* 45, 167
Thermosflasche *f* 267
Thermosphäre *f* 286
Thermostat *m* 61
Thermowäsche *f* 267
Thriller *m* 255
Thymian *m* 133
Tiebreak *m* 230
tief 239
Tiefe *f* 165
tiefgefroren 121, 124
Tiefkühlkost *f* 107
Tiegel *m* 166
Tierärztin *f* 189
Tiere *n* 290, 292, 294
Tierfutter *n* 107
Tierhandlung *f* 115
Tiger *m* 291
Timor-Leste *n* 319
Tintenfisch *m* 121, 295
Tisch *m* 64, 148, 167
Tischdecke *f* 64
Tischtennis *n* 231
Tischtennisschläger *m* 231
Titel *m* 168
Toast *m* 157
Toaster *m* 66
Tochter *f* 22
Toffee *n* 113
Togo *n* 317
Toilette *f* 72, 104, 266
Toilettenartikel *m* 41, 107
Toilettenbürste *f* 72
Toilettenpapier *n* 72

Toilettensitz *m* 61, 72
Tomate *f* 125, 157
Tomatenketschup *m* 154
Tomatensaft *m* 144, 149
Ton *m* 275
Tonabnehmer *m* 258
Tonhöhe *f* 256
Tonicwater *n* 144
Tonleiter *f* 256
Tonmeister *m* 179
Tonne *f* 310
Tonstudio *n* 179
Topas *m* 288
Töpfchen *n* 74
Töpferei *f* 275
Töpferscheibe *f* 275
Topfhandschuh *m* 69
Topfpflanze *f* 87, 110
Topinambur *m* 125
Tor *n* 85, 182, 221, 222, 223, 224, 247
Torlinie *f* 220, 223, 224
Tornado *m* 287
Tornetz *n* 222
Torpfosten *m* 220, 222
Torraum *m* 221, 223
Torwart *m* 222, 224, 225
Touchdown *m* 220
Tourenfahrrad *n* 206
Tourer *m* 205
Tourist *m* 260
Touristenattraktion *f* 260
Touristenbus *m* 197
Touristeninformation *f* 261
Trab *m* 243
Trabrennen *n* 243
Tragbahre *f* 94
Tragebettchen *n* 75
Träger *m* 35, 186
trägerlos 34
Tragfläche *f* 210
Tragflügelboot *n* 215
trainieren 251
Trainingsanzug *m* 31, 32
Trainingshose *f* 33
Trainingsrad *n* 250
Traktor *m* 182
Tranchiergabel *f* 68
Träne *f* 51
Transformator *m* 60
Transmission *f* 202
Traubenkernöl *n* 134
Traubensaft *m* 144
traurig 25
Treppe *f* 59
Treppenabsatz *m* 59
Treppengeländer *n* 59
Treppengitter *n* 75
treten 207
Trethebel *m* 61
Triangel *m* 257
Trichter *m* 166
Triebwerk *n* 210
Trifle *f* 141
Trimester *n* 52

Trinidad und Tobago *n* 314
Trinkgeld *n* 152
Trittleiter *f* 82
Trizeps *m* 16
trocken 39, 41, 130, 145, 286, 321
Trockenblumen *f* 111
Trockendock *n* 217
trocknen 76
Trockner *m* 76
Trog *m* 183
Trolleybus *m* 196
Trommel *f* 257, 258
Trompete *f* 257
Tropen 283
Tropf *m* 53
Tropfen *m* 109
Tropfer *m* 109, 167
Troposphäre *f* 286
Trüffel *f* 125
Trüffel *m* 113
Truthahn *m* 185, 293
Tschad *m* 317
Tschechische Republik *f* 316
T-Shirt *n* 30, 33
Tuba *f* 257
Tube *f* 311
Tulpe *f* 111
Tunesien *n* 317
Tunfisch *m* 120
Tür *f* 196, 209
Turbolader *m* 203
Türgriff *m* 200
Türkei *f* 318
Türkette *f* 59
Türkis *m* 289
Türklingel *f* 59
Türklopfer *m* 59
Turkmenistan *n* 318
Turm *m* 272, 300
Turmalin *m* 288
Turmspitze *f* 300
Turmsprung *m* 239
Turnen *n* 235
Turnerin *f* 235
Turnierplatz *m* 243
Türriegel *m* 59
Türverriegelung *f* 200
Tüte *f* 311
Typ *m* 205

U
U-Bahn *f* 208
U-Bahnplan *m* 209
Übelkeit *f* 44
über 320
über Par 233
überbelichtet 271
Überdach *n* 266
Überführung *f* 194
übergeben (sich) 44
Übergepäck *n* 212
überholen 195
Überholspur *f* 194
Überlauf *m* 61

übermorgen 307
Übernachtung *f* 101
überrascht 25
Überschallflugzeug *n* 211
Überschwemmung *f* 287
Überweisung *f* 49, 96
U-Boot *n* 215
Übungen *f* 251
Übungsschwung *m* 233
Ufer *n* 284
Uganda *n* 317
Uhr *f* 62, 304
Uhrzeit *f* 304
Ukraine *f* 316
Ulme *f* 296
Ultraleichtflugzeug *n* 211
Ultraschall *m* 52
Ultraschallaufnahme *f* 52
Ultraviolettstrahlen *m* 286
um 320
Umfang *m* 164
Umhängetasche *f* 37
Umlaufbahn *f* 280
Umleitung *f* 195, 323
umpflanzen 91
Umschlag *m* 98
umsteigen 209
Umwelt *f* 279
Umzug *m* 27
Unentschieden *n* 223
Unfall *m* 46
Ungarn *n* 316
ungesalzen 137
Uniform *f* 94, 189
Universität *f* 299
Universum *n* 280
Unkraut *n* 86
Unkrautvernichter *m* 91
unpasteurisiert 137
unscharf 271
unschuldig 181
unter 233
unter Par 320
Unterarm *m* 12
unterbelichtet 271
unterbrochen 99
Unterführung *f* 194
Untergrund *m* 91
Unterhaltungselektronik *f* 268
Unterhemd *n* 33, 35
Unterkiefer *m* 14
Unterlegscheibe *f* 80
Unterrock *m* 35
Unterschrift *f* 96, 98
Untersetzer *m* 150
Untersuchung *f* 45, 49
Unterwäsche *f* 32, 35
Unze *f* 310
Uranus *m* 280
Urlaub *m* 212
Urlaubsprospekt *m* 212
Urologie *f* 49
Urteil *n* 181
Uruguay *n* 315
Usbekistan *n* 318

V
Vanille *f* 132
Vanillepudding *m* 140
Vanuatu *n* 319
Vase *f* 63
Vater *m* 22
Vatikanstadt *f* 316
V-Ausschnitt *m* 33
vegetarisch 155
Vene *f* 19
Venezuela *n* 315
Ventil *n* 207
Ventilator *m* 60, 202
Venus *f* 280
Venusmuschel *f* 121
Verankerung *f* 217
Veranstaltung *f* 243
verärgert 25
Verband *m* 47
verbinden 177
verbleit 199
Verbrechen *n* 94
Verdächtige *m* 94, 181
Verdauungssystem *n* 19
Verdeck *n* 75
Verdünner *m* 83
Vereinigte Arabische Emirate 318
Vereinigte Staaten 314
Verfallsdatum *n* 109
Verfügung *f* 180
Vergiftung *f* 46
Vergnügungspark *m* 262
vergrößern 172
Vergrößerung *f* 271
Verkäufer *m* 104
Verkäuferin *f* 188
Verkaufsabteilung *f* 175
Verkehr *m* 193, 194
Verkehrsampel *f* 194
Verkehrsflugzeug *n* 210, 212
Verkehrsinsel *f* 194
Verkehrspolizist *m* 195
Verkehrsschild *n* 195
Verkehrsstau *m* 195
verkleinern 172
Verkühlung *f* 44
verlängern 168
Verlängerung *f* 223
Verlängerungskabel *n* 78
verlegen 25
Verletzung *f* 46
verlieben 26
verlieren 273
Verlierer *m* 273
Verlobte 24
vermehren 91
Vermieter *m* 58
Vermittlung *f* 99
Verordnung *f* 109
verputzen 82
verrühren 67, 138
Verschluss *m* 36, 37
Versicherung *f* 203
Versiegelungsmittel *n* 83

nederlands • deutsch 357

DUITS REGISTER • DEUTSCHES REGISTER

Versorgungsfahrzeug n 212
Verspätung f 209
Verstärker m 268
Verstauchung f 46
Versuch m 166, 221
Verteidiger m 223
Verteidigung f 181, 220
Verteidigungszone f 224
Verwandte 23
verwirrt 25
Vibrafon n 257
Videokassette f 269
Videorekorder m 269
Videospiel n 269
Vieh n 182, 185
viel 320
Vielleicht 322
vier 308
Viertelstunde f 304
vierter 309
viertürig 200
vierzehn 308
vierzehnter 309
vierzig 308
Vietnam n 318
Violinschlüssel m 256
Virus m 44
Visier n 205
Visum n 213
Vitamintabletten f 108
Vitrine f 62
Vögel f 292
Vogelbeobachtung f 263
Vogelscheuche f 184
Volant m 71
voll 266, 321
Volley m 231
Volleyball m 227
Vollkorn n 130
Vollkornbrot n 139
Vollkornmehl n 138
Vollmilch f 136
Vollmond m 280
Vollpension f 101
Volumen n 165, 311
von 320
von Bord gehen 217
vor 320
vorbestellen 168
Vordach n 58
Vorderrad n 196
Vorderzwiesel m 242
Vorfahrt gewähren 323
Vorfeld n 212
vorgeburtlich 52
vorgestern 307
Vorhand f 231
Vorhang m 63, 254
Vorhaut f 21
Vorladung f 180
Vorlauf m 269
Vorschlaghammer m 187
Vorsitz m 174
Vorspeise f 153
Vorstadt f 299

Vorteil m 230
vorzeitig 52
Vulkan m 283

W
Waage f 53, 98, 118, 310
Waagschale f 310
Wabenhonig m 134
Wachtel f 119
Wachtelei n 137
Wächter m 189
Wade f 13
Wadenbein n 17
Wadenmuskel m 16
Waffeln f 157
Wagen m 208
Wagenheber m 203
Wagentypen m 199
wählen 99
Währung f 97
Wal m 290
Wald m 285
Walnuss f 129
Walnussöl n 134
Walross n 290
Walze f 187
Wandern n 263
Wanderritt m 243
Wanderschuh m 37
Wanderschuhe m 267
Wandlampe f 62
Wange f 14
Wanne f 83
Warenlager n 216
Warenregal n 106
warm 286
Wärmflasche f 70
Warnlichter n 201
Wartehäuschen n 197
Wartezimmer n 45
Waschbär m 290
Waschbecken n 38, 72
Wäsche f 76
Wäschedienst m 101
Wäscheklammer f 76
Wäschekorb m 76
Wäscheleine f 76
waschen 38
Wäscheschleuder f 76
Waschmaschine f 76
Waschmittel n 77
Waschpulver n 77
Waschsalon m 115
Waschtrockner m 76
Wasser n 144, 151, 238
Wasser treten 239
Wasserball m 239, 265
Wasserbehandlung f 55
Wasserfall m 285
Wasserflasche f 206, 267
Wasserflugzeug n 211
Wassergarten m 84
Wasserglas n 65
Wasserhahn m 66
Wasserhindernis n 232
Wasserkastanie f 124

Wasserkocher m 66
Wassermelone f 127
Wasserpflanze f 86
Wasserraum m 91
Wasserschildkröte f 293
Wasserski m 241
Wasserski n 241
Wasserskifahrer m 241
Wassersport m 241
Wasserstrahl m 95
Wasserwaage f 80, 187
Watstiefel f 244
Wattebällchen n 41
Wattieren n 277
WC n 61
Weberei f 277
Website f 177
Webstuhl m 277
Wechselkurs m 97
wechseln 203, 269
Wechselstrom m 60
Wechselstube f 97
Wecker m 70, 71
Wedge n 233
Weg m 58, 85
Wegwerfwindel f 30
Wehe f 52
weiblich 20
weich 129, 321
Weichholz n 79
Weichkäse m 136
Weichspüler m 76
Weide f 182, 296
Weihnachten n 27
Wein m 145, 151
Weinberg m 183
Weinbrand m 145
weinen 25
Weinessig m 135
Weinglas n 65
Weinhandlung f 115
Weinkarte f 152
Weinstock m 183
Weintraube f 127
weiß 39, 145, 272, 274, 321
Weißbrot n 138, 139
weißer Reis m 130
Weißrussland n 316
weit 320
Weitsichtigkeit f 51
Weitsprung m 235
Weizen m 130, 184
Weizenmehl n 138
Weizenschrot n 130
Welle f 241, 264
Wellenlänge f 179
Wellenreiten n 241
Welpe m 290
Weltkarte f 312
Weltraum m 280
Wende f 237
Wendekreis m 283
Werbung f 269
werfen 221, 225, 227, 229, 229
Werfer m 225

Werferplatte f 228
Werft f 217
Werkbank f 78
Werkstatt f 199
Werktag m 306
Werkzeug n 187
Werkzeuggestell n 78
Werkzeuggürtel m 186
Werkzeugkasten m 80
Werkzeugleiste f 177
Wertpapier n 97
Wespe f 295
Weste f 33
Westen m 312
Western m 255
Westsahara f 317
Wette f 273
Wetter n 286
Wetzstahl m 81
Whisky m 145
Wickelmatte f 74
Wickelraum m 104
Widerhaken m 244
Wiederbelebung f 47
wiegen 310
Wiese f 285
Wild n 118
Wildbret n 119
Wildreis m 130
Wildwasser n 241
Wimper f 14, 51
Wimperntusche f 40
Wind m 241, 286
Windel f 75
windig 286
Windjacke f 33
Windpocken 44
Windschutz m 265
Windschutzscheibe f 198, 205
Windsurfer m 241
Windsurfing n 241
Winkel m 164
Winkelmesser m 165
Winter m 31, 307
Wintersport m 247
Wippe f 263
Wirbel m 258
Wirbellose 295
Wirbelsäule f 17
Wirtschaftsprüfer m 190
Wirtschaftswissenschaft f 169
wischen 77
Wissenschaftler m 190
Woche f 306, 307
Wochenende n 306
wöchentlich 307
Wodka m 145, 151
wohl 321
Wohnblock m 59, 298
Wohnmobil n 266
Wohnung f 59
Wohnwagen m 266
Wohnzimmer n 62
Wok m 69
Wolf m 290

Wolke f 287
Wolkenkratzer m 299, 300
Wolle f 277
Wörterbuch n 163
Wunde f 46
Wundsalbe f 74
Wurf m 237
Würfel m 164, 272
Wurflinie f 225
Wurm m 295
Wurst f 142, 155
Würstchen n 118, 157
Wurzel f 39, 124, 296
Würzmittel f 135
Wüste f 285

Y
Yard n 310
Yoga n 54

Z
Zahl f 308
zählen 165
Zähler m 165, 270
Zahlung f 96
Zahn m 50
Zahnarzt m 50
Zahnärztin f 189
Zahnbelag m 50
Zahnbürste f 72
Zahnfleisch n 50
Zahnfüllung f 50
Zahnpasta f 72
Zahnpflege f 72, 108
Zahnprothese f 50
Zahnrad n 206
Zahnschmelz m 50
Zahnschmerzen 50
Zahnseide f 50, 72
Zahnspange f 50
Zahnwurzel f 50
Zange f 167
Zäpfchen n 109
Zapfhahn m 150
Zapfsäule f 199
Zartbitterschokolade f 113
Zaumzeug n 242
Zaun m 182
Zaun m 85
Zebra n 291
Zeder f 296
Zeh m 15
Zehe f 125
Zehennagel m 15
zehn 308
zehnter 309
Zeichendreieck n 165
zeichnen 162
Zeichnen n 275
Zeigefinger m 15
Zeit f 234, 261
Zeiteinstellscheibe f 270
Zeitmesser m 166

DUITS REGISTER • DEUTSCHES REGISTER

Zeitschrift *f* 107, 112, 168
Zeitung *f* 112
Zeitungshändler *m* 112
Zelle *f* 94
Zelt *n* 266, 267
Zeltboden *m* 267
zelten 266
Zeltspannleine *f* 266
Zeltstange *f* 266
Zement *m* 186
Zentimeter *m* 310
Zentimetermaß *n* 276
Zentralafrikanische Republik *f* 317
Zentrale *f* 175
Zentraleinheit *f* 176
zerbrechlich 98
zerstoßen 132
Zeuge *m* 180
Zicklein *n* 185
Ziege *f* 185
Ziegelstein *m* 187
Ziegenkäse *m* 142
Ziegenmilch *f* 136
zielen 227
Ziellinie *f* 234
Zielscheibe *f* 249
Zierstrauch *m* 87
Zigarette *f* 112
Zigarre *f* 112
Zimmer *n* 58, 100
Zimmernummer *f* 100
Zimmerreinigung *f* 101
Zimmerschlüssel *m* 100
Zimmerservice *m* 101
Zimt *m* 133
Zink *n* 289
Zinn *n* 289
Zinssatz *m* 96
Zirkel *m* 165
Zirkeltraining *n* 251
Zitrone *f* 126, 149, 151
Zitronenaufstrich *m* 134
Zitronengras *n* 133
Zitrusfrüchte *f* 126
Zoll *m* 212, 310
Zollamt *n* 216
Zone *f* 315
Zoo *m* 262
Zoologie *f* 169
Zoom *n* 270
Zopf *m* 39
zu 320
Zubereitung *f* 159
Zubringer *m* 194, 197
Zucchini *f* 125
züchten 91
Zuckerguss *m* 141
Zuckerkrankheit *f* 44
Zuckerrohr *n* 184
Zufahrtsstraße *f* 194, 216
Zug *m* 208, 239, 273
Zugabe *f* 255
Zügel *f* 242
Zugfenster *n* 209
Zugtypen *m* 208

Zuleitung *f* 61
Zündkerze *f* 203
Zündung *f* 200
Zunge *f* 19, 37, 118
Zuschauer *m* 233
Zustellung *f* 98
zwanzig 308
zwanzigster 309
zwei 308
Zweibettzimmer *n* 100
Zweig *m* 296
Zweigstelle *f* 175
zweijährig 86
Zweispännerrennen *n* 243
zweiter 309
zweitürig 200
Zwerchfell *n* 19
Zwiebel *f* 86, 124
Zwillinge 23
Zwinge *f* 78
Zwirn *m* 89
zwischen 320
Zwischenrippenmuskel *m* 16
zwölf 308
Zwölffingerdarm *m* 18
zwölfter 309
Zylinder *m* 164
Zylinderkopf *m* 202
Zypern *n* 318

nederlands • deutsch   359

deutsch

Dankbetuiging • Dank

DORLING KINDERSLEY dankt Tracey Miles und Christine Lacey für die Design-Assistenz, Georgina Garner für ihre redaktionelle und administrative Unterstützung, Sonia Gavira, Polly Boyd und Cathy Meeus für die redaktionelle Hilfe und Claire Bowers für die Erstellung des Bildnachweises.

Der Verlag dankt den folgenden Personen und Institutionen für die freundliche Genehmigung zum Abdruck ihrer Bilder: Abkürzungen: t=oben, b=unten, r=rechts, l=links, c=Mitte

Abode: 62; **Action Plus:** 224bc; **alamy. com:** 154t; A.T. Willett 287bcl; Michael Foyle 184bl; Stock Connection 287bcr; **Allsport/ Getty Images:** 238cl; **Alvey and Towers:** 209 acr, 215bcl, 215bcr, 241cr; **Peter Anderson:** 188cbr, 271br. **Anthony Blake Photo Library:** Charlie Stebbings 114cl; John Sims 114tcl; **Andyalte:** 98tl; **apple mac computers:** 268tcr; **Arcaid:** John Edward Linden 301bl; Martine Hamilton Knight, Architects: Chapman Taylor Partners, 213cl; Richard Bryant 301br; **Argos:** 41tcl, 66cbl, 66cl, 66br, 66bcl, 69cl, 70bcl, 71t, 77tl, 269tc, 270tl; **Axiom:** Eitan Simanor 105bcr; Ian Cumming 104t; Vicki Couchman 148cr; **Beken Of Cowes Ltd:** 215cbc; **Bosch:** 76tcr, 76tc, 76tcl; **Camera Press:** 27c, 38tr, 256t, 257cr; Barry J. Holmes 148tr; Jane Hanger 159cr; Mary Germanou 259bc; **Corbis:** 78b; Anna Clopet 247tr; Bettman 181tl, 181tr; Bo Zauders 156t; Bob Rowan 152bl; Bob Winsett 247cbl; Brian Bailey 247br; Carl and Ann Purcell 162l; Chris Rainer 247ctl; ChromoSohm Inc. 179tr; Craig Aurness 215bkl; David H.Wells 249cbr; Dennis Marsico 274bl; Dimitri Lundt 236bc; Duomo 211bl; Gail Mooney 277ctcr; George Lepp 248c; Gunter Marx 248cr; Jack Fields 210b; Jack Hollingsworth 231bl; Jacqui Hurst 277cbr; James L. Amos 247bl, 191ctr, 220bcr; Jan Butchofsky 277cbc; Johnathan Blair 243cr; Jon Feingersh 153tr; Jose F. Poblete 191br; Jose Luis Pelaez.Inc 153tc, 175tl; Karl Weatherly 220bl, 247tcr; Kelly Mooney Photography 259tl; Kevin Fleming 249bc; Kevin R. Morris 105tr, 243tl, 243tc; Kim Sayer 249tcr; Lynn Goldsmith 258t; Macduff Everton 231bcl; Mark Gibson 249bl; Mark L. Stephenson 249tcl; Michael Pole 115tr; Michael S. Yamashita 247ctcl; Mike King 247cbl; Neil Rabinowitz 214br; Owen Franken 112t; Pablo Corral 115bc; Paul A. Sounders 169br, 249ctcl; Paul J. Sutton 224c, 224br; Peter Turnley 105tcr; Phil Schermeister 227b, 248tr; R. W Jones 309; R.W. Jones 175tr; Richard Hutchings 168b; Rick Doyle 241ctr; Robert Holmes 97br, 277ctc; Roger Ressmeyer 169tr; Russ Schleipman 229; Steve Raymer 168cr; The Purcell Team 211ctr; Tim Wright 178; Vince Streano 194t; Wally McNamee 220br, 220bcl, 224bl; Yann Arhus-Bertrand 249tl; **Demetrio Carrasco / Dorling Kindersley (c) Herge / Les Editions Casterman:** 112ccl; **Dixons:** 270cl, 270cr, 270bl, 270bcl, 270bcr, 270ccr; **Education Photos:** John Walmsley 26tl; **Empics Ltd:** Adam Day 236br; Andy Heading 243c; Steve White 249cbc; **Getty Images:** 48bcl, 100t, 114bcr, 154bl, 102, 116, 120t, 138t, 146, 150t, 114bcr, 154bl, 287tr; 94tr; **Dennis Gilbert:** 106tc; **Hulsta:** 70t; **Ideal Standard Ltd:** 72t; **The Image Bank/Getty Images:** 58; **Impact Photos:** Eliza Armstrong 115cr; John Arthur 190tl; Philip Achache 216t; **The Interior Archive:** Henry Wilson, Alfie's Market 114bl; Luke White, Architect: David Mikhail, 59tl; Simon Upton, Architect: Phillippe Starck, St Martins Lane Hotel 100bcr, 100br; **Jason Hawkes Aerial Photography:** 216t; **Dan Johnson:** 26cbl, 35r; **Kos Pictures Source:** 215cbl, 240tc, 240tr; David Williams 216b; **Lebrecht Collection:** Kate Mount 169bc; **MP Visual. com:** Mark Swallow 202t; **NASA:** 280cr, 280ccl, 281tl; **P&O Princess Cruises:** 214bl; **P A Photos:** 181br; **The Photographers' Library:** 186bl, 186bc, 186t; **Plain and Simple Kitchens:** 66t; **Powerstock Photolibrary:** 169tl, 256t, 287tc; **Rail Images:** 208c, 208 cbl, 209br; **Red Consultancy:** Odeon cinemas 257br; **Redferns:** 259br; Nigel Crane 259c; **Rex Features:** 106br, 259cc, 259tr, 259bl, 280b; Charles Ommaney 114tcr; J.F.F Whitehead 243cl; Patrick Barth 101tl; Patrick Frilet 189cbl; Scott Wiseman 287bl; **Royalty Free Images:** Getty Images/Eyewire 154bl; **Science & Society Picture Library:** Science Museum 202b; **Skyscan:** 168t, 182c, 298; Quick UK Ltd 212; **Sony:** 268bc; **Robert Streeter:** 154br; **Neil Sutherland:** 82tr, 83tl, 90t, 118, 188ctr, 196tl, 196tr, 299tr, 299bl; **The Travel Library:** Stuart Black 264t; **Travelex:** 97cl; **Vauxhall:** Technik 198t, 199tl, 199tr, 199cl, 199cr, 199ctcl, 199ctcr, 199tcl, 199tcr, 200; **View Pictures:** Dennis Gilbert, Architects: ACDP Consulting, 106t; Dennis Gilbert, Chris Wilkinson Architects, 209tr; Peter Cook, Architects: Nicholas Crimshaw and partners, 208t; **Betty Walton:** 185br; **Colin Walton:** 2, 4, 7, 9, 10, 28, 42, 56, 92, 95c, 99tl, 99tcl, 102, 116, 120t, 138t, 146, 150t, 160, 170, 161ctl, 192, 218, 252, 260br, 260l, 261tr, 261c, 261cr, 271cbl, 271cbr, 271ctl, 278, 287br, 302, 401.

DK PICTURE LIBRARY:
Akhil Bahkshi; Patrick Baldwin; Geoff Brightling; British Museum; John Bulmer; Andrew Butler; Joe Cornish; Brian Cosgrove; Andy Crawford and Kit Hougton; Philip Dowell; Alistair Duncan; Gables; Bob Gathany; Norman Hollands; Kew Gardens; Peter James Kindersley; Vladimir Kozlik; Sam Lloyd; London Northern Bus Company Ltd; Tracy Morgan; David Murray and Jules Selmes; Musée Vivant du Cheval, France; Museum of Broadcast Communications; Museum of Natural History; NASA; National History Museum; Norfolk Rural Life Museum; Stephen Oliver; RNLI; Royal Ballet School; Guy Ryecart; Science Museum; Neil Setchfield; Ross Simms and the Winchcombe Folk Police Museum; Singapore Symphony Orchestra; Smart Museum of Art; Tony Souter; Erik Svensson and Jeppe Wikstrom; Sam Tree of Keygrove Marketing Ltd; Barrie Watts; Alan Williams; Jerry Young.

COVER VORN: © Svenja-Foto/Corbis

COVER HINTEN: © Dorling Kindersley

Weitere Fotografien von Colin Walton.

Colin Walton dankt:
A&A News, Uckfield; Abbey Music, Tunbridge Wells; Arena Mens Clothing, Tunbridge Wells; Burrells of Tunbridge Wells; Gary at Di Marco's; Jeremy's Home Store, Tunbridge Wells; Noakes of Tunbridge Wells; Ottakar's, Tunbridge Wells; Selby's of Uckfield; Sevenoaks Sound and Vision; Westfield, Royal Victoria Place, Tunbridge Wells.

Alle anderen Abbildungen
© Dorling Kindersley.
Weitere Informationen unter:
www.dkimages.com